DER SCHRITT AUS PLATONS HÖHLE

Loyev Books

DER SCHRITT AUS PLATONS HÖHLE

Philosophische Praxis, Philosophische Beratung und Selbsttransformation

Zweite Ausgabe

Ran Lahav

Loyev Books
Hardwick, Vermont, USA
https://dphilo.org/books

ISBN-10: 0-9981330-9-4

ISBN-13: 978-0-9981330-9-6

Loyev Books

1165 Hopkins Hill Rd., Hardwick, Vermont 05843, USA

https://dphilo.org/books

Am(3.11)

Inhaltsverzeichnis

Loyev Books

Vorwort

Dieses Buch ist das Ergebnis von über zwei Jahrzehnten Arbeit mit Einzelpersonen und Gruppen auf dem Gebiet der Philosophischen Praxis. Die Philosophische Praxis ist eine internationale Bewegung von Philosophen, die glauben, dass die Philosophie in unserem Leben einen bedeutsamen Unterschied ausmachen kann. Philosophie bedeutet schließlich philo-sophia — die Liebe zur Weisheit, und sie behandelt grundlegende Lebensfragen, denen wir alle fast täglich begegnen.

Ich schloss mich der Philosophischen Praxis in ihrem frühen Stadium an, Anfang der 1990er-Jahre, und ich merkte bald, dass die Bewegung noch am Entstehen war und sich noch immer darum bemühte, zu verstehen, was sie tat. Ich entschloss mich, dabei zu helfen, dieses Gebiet weiterzuentwickeln. So begann meine philosophische Reise, die sich das eine Mal als beglückend, das andere Mal als entmutigend erwies, doch stets als tiefgehend und lohnend. Während dieser Reise bin ich von der Vision inspiriert worden, dass die Philosophie unser Leben vertiefen und bereichern kann, aber zuerst fand ich es schwierig, diese Vision in die Praxis umzusetzen. Die Mainstreamphilosophie schien zu weit weg vom Alltag und zu abstrakt und allgemein, um für unsere persönlichen Anliegen von Belang zu sein. Es kostete mich Jahre des Experimentierens, um Schritt für Schritt Wege zu entdecken, um diese Herausforderung anzugehen.

Der Denkansatz, den ich hier präsentiere, besteht aus verschiedenen Schichten und Elementen, die ich über die Jahre hinweg entwickelt habe. Frühere Versionen einiger dieser Elemente sind in meinen Artikeln auf meiner Website www.PhiloPractice.org und in einem auf Italienisch verfassten Buch veröffentlich worden: Oltre la filosofia. Alla ricerca della saggezza *(Apogeo, Mailand 2010)*.

Ich präsentiere meinen Ansatz nicht als eine endgültige Lehre. Ich hoffe, dass sie den Samen für weitere Erkundungen sät und andere Philosophen anregt. Die Philosophie ist genau wie das Leben eine endlose Reise auf einem Territorium, das niemals vollständig kartiert sein wird und das auf persönliche und kreative Weise entdeckt werden muss.

Ran Lahav
Vermont, USA
www.PhiloPractice.org

Danksagung

Ich danke Carmen Zavala, meiner Kollegin und Freundin, für ihre unschätzbare Hilfe bei der Vorbereitung der deutschen Ausgabe des Buchs und für ihre Kommentare und das Korrekturlesen des deutschen Textes.

Teil 1

Der Aufruf, über uns hinauszugehen

In seinem berühmten Buch „Der Staat" beschreibt Platon eine Gruppe von Menschen, die in einer Höhle sitzen, aber an ihre Stühle angebunden und nicht imstande sind, sich zu bewegen. Den Blick zur Höhlenwand gerichtet können sie nur die Schatten sehen, die ein Feuer wirft, das hinter ihnen lodert. Da sie nie etwas anderes als die Schatten gesehen haben, halten sie sie für die wahre Welt.

Bei diesem Punkt merkt einer der Zuhörer an: „Ein seltsames Bild und seltsame Leute sind das." Der Erzähler erwidert: „Sie sind wie wir." Sie sind wie wir, erklärt Platon, weil wir ebenfalls in einem begrenzten Verständnis der Welt eingeschlossen sind und gleichfalls voraussetzen, dass die Wirklichkeit eben so ist. Wir merken nicht, dass sie bloß ein Spiel von Schatten an einer Wand ist und dass sich eine größere, umfassendere Realität jenseits unserer Höhle ausbreitet.

Ein Gefangener wird jedoch von seinen Fesseln befreit. Zuerst weigert er sich, nach hinten zu schauen – das vom Feuer ausgehende Licht tut seinen Augen weh und der helle Anblick blendet und verwirrt ihn. Aber nachdem sich seine Augen auf das Licht eingestellt haben und er anschließend zum Höhlenausgang geschleppt worden ist, lernt er nach und nach die hellere, wahrere Welt kennen und schätzen.

Dies ist für Platon die Rolle der Philosophen: aus der Höhle heraustreten. Allerdings endet ihre Rolle nicht hier. Ihre Aufgabe ist es, zurück in die Höhle zu gehen und Anderen zu helfen, sich von ihren Fesselungen zu befreien, und ihnen den Weg hinaus aus der Höhle zu zeigen. Die Mission der Philosophie ist es, uns bewusst zu machen, dass unsere normale Welt oberflächlich und begrenzt ist, und uns zu helfen, unsere engen Grenzen zu überschreiten und die Hände nach einer größeren Wirklichkeit auszustrecken.

Platons Gleichnis von der Höhle berührt uns, weil es uns an die Sehnsucht unseres Herzens erinnert, unser Leben auszuweiten und dabei tiefgründiger und erfüllter zu leben. Unsere alltägliche Welt ist gewöhnlich auf eine „Höhle" begrenzt – auf eine oberflächliche, bequeme Routine. Wir durchleben unseren Alltag, als ob wir auf Autopilot gestellt wären. Nur in besonderen Augenblicken der Selbstbesinnung geschieht es, dass wir merken, wie eingeengt unsere täglichen Momente sind, und dann spüren wir das Verlangen, aus diesen Gefängnismauern auszubrechen und ein größeres, reicheres, freieres Leben zu führen.

Platon war nicht der einzige Philosoph, der über diese Sehnsucht schrieb. Sie wird, wie wir bald sehen werden, die Geschichte der westlichen Philosophie hindurch in den Schriften von Denkern aus nahezu allen Geschichtsepochen und größeren Denkschulen erörtert. Dieses Verlangen artikuliert sich selbst im menschlichen Herzen. Es spricht aus den Werken großer wie auch mittelmäßiger Philosophen, gelegentlich sogar aus dem zufälligen Gespräch von Leuten auf der Straße, obwohl es oft erstickt und unterdrückt wird, um die herausfordernde Botschaft verstummen zu lassen, dass es nicht leicht sei, unsere gemütliche Höhle zu verlassen und unsere vertraute, automatische und sichere Lebensweise zu ändern.

Diese Sehnsucht spricht in vielen unterschiedlichen Sprachen. Verschiedene Philosophen äußern sie durch verschiedene Begriffe, Terminologien und Metaphern, trotzdem drücken sie alle die gleiche Einsicht aus: dass die Lebenshorizonte ausgedehnter sind, als wir gemeinhin bemerken. Sie rufen uns dazu auf, uns auf das gleiche Unterfangen einzulassen: eine innere Wandlung, die uns größere Dimensionen des Daseins öffnen würde.

Die Einzelheiten unterscheiden sich deutlich: Was ist es, was unsere Existenz einengt? Was sind die Wege aus diesem Gefängnis heraus? Was sollten wir erwarten, draußen zu finden? Diese Fragen werden von verschiedenen Denkern verschieden beantwortet. Und dennoch bekunden sie alle über diese Unterschiede hinaus dieselbe Sehnsucht, dieselbe Erkenntnis, denselben grundsätzlichen Aufruf.

Es überrascht nicht, dass dieses Sehnen solch unterschiedliche Erscheinungsformen hat. Natürlich findet es in verschiedenen sozialen Milieus verschiedene Arten sich auszudrücken: Im antiken

Griechenland äußerte es sich durch griechische Begriffe und Werte; im Europa des neunzehnten Jahrhunderts wurde es in Nietzsches deutschen Sätzen vernommen und in Kierkegaards dänischen und dies bezogen auf die Anliegen und Vorlieben ihrer Zeit; heutzutage spricht es aus den wissenschaftlichen und technologischen Metaphern unseres Zeitalters. Darüber hinaus artikuliert es sich in Übereinstimmung mit der Persönlichkeit und den Befindlichkeiten des einzelnen Denkers. Am Ende spricht es zu uns durch den Verstand und das Herz des Individuums.

Ich glaube, dass im Grunde jeder nachdenkliche Mensch diese Sehnsucht kennt, obwohl wir im Alltag gewöhnlich zu abgelenkt sind, um sie wahrzunehmen. Wir sind normalerweise mit unseren Löhnen und Einkäufen beschäftigt, damit, den Chef zu erfreuen, das „soziale Spiel" zu spielen, ein neues Auto zu begehren; sodann verbringen wir jede kleine übrig gebliebene Zeit beim Simsen oder vor dem Fernseher. Doch gelegentlich, in besonderen Augenblicken der Selbstbesinnung, können wir dieses Verlangen in uns hören, das uns fragt: „Ist dies alles, was in meinem Leben ist? Sollte da nicht etwas mehr sein? Kann mein Leben nicht reicher, größer, tiefer sein, als es derzeit ist?"

Clara kann nicht einschlafen. Sie liegt im Bett, wilde Gedanken schwirren ihr im Kopf herum. Zuerst sagt sie sich, dass sie um das Projekt besorgt ist, an dem sie arbeitet — sie hat die Aufgabe, für einen wichtigen Kunden eine Fachbroschüre zu entwerfen. Ihr Chef sagte ihr, dass dies Teil einer wichtigen Tätigkeit sei, und sie ist erpicht darauf, erfolgreich zu sein. Doch dann merkt sie, dass ihre Sorgen sich nicht wirklich um ihren Erfolg bei der Arbeit drehen. Sie ist zu erfahren, um sich deshalb zu ängstigen. Die vergangenen fünfzehn Jahre, überlegt sie, hat sie seit dem Beginn ihrer Arbeit als Designerin eine Herausforderung nach der anderen angepackt. Immer wieder vertiefte sie sich mit vollem Herzen in das ihr übertragene Vorhaben, arbeitete wie wahnsinnig, blieb bis spät in der Nacht in ihrem Büro und beendete es schließlich erfolgreich, nur damit ihr das nächste Projekt übergeben wird, und dann das nächste, und das nächste ...

„Wie lange werde ich das noch machen?", fragt sie sich schließlich. „Wird so der Rest meines Lebens ausschauen? Mein Job ist toll, ich kann mich nicht beklagen. Bei dem, was ich tue, bin ich gut. Und dennoch ... noch weitere zwanzig oder dreißig Jahre mit dieser Art von Arbeit, danach der Ruhestand, und dann ... ist es das?"

Sie denkt an ihre Jugendzeit zurück, als das Leben eine endlose Reihe an Gelegenheiten zu versprechen schien, als die Horizonte an Möglichkeiten offen schienen und die Welt sie einzuladen schien, das zu tun, was sie wollte – irgendetwas … Jetzt hingegen fühlt sie, dass sie sehr verschieden ist, reifer, erfahrener, erfolgreich und etabliert und trotzdem auf eine schmale Bahn gezwängt: die gleichen routinemäßigen Arten, ihre Arbeit zu machen, die gleichen Muster des Denkens, des Mitteilens, des Verhaltens, sogar des Fühlens. „Ich bin stecken geblieben in … in …"

Sie grübelt und versucht, auf eine passende Metapher zu kommen. Eine vage Erinnerung an Platons Höhlengleichnis kommt ihr in den Sinn – es wurde in einem Zeitschriftenartikel erwähnt, den sie ein paar Tage zuvor las.

Sie schaltet das Licht ein und ihren Computer ebenfalls. Eine schnelle Internetrecherche führt sie zu Platons Text, und sie liest ihn mit Bedacht. Die Allegorie hallt tief in ihr wider, aber ein Punkt stößt ihr machtvoll auf: dass die Gefangenen selbst nicht wissen, dass sie gefangen sind. Sie argwöhnen nicht einmal, dass es im Leben mehr gibt als die Schatten an den Höhlenwänden.

Sie hält inne und denkt nach. „Bin ich eine Gefangene meiner Routine? Es gibt bestimmt mehr im Leben als Broschüren entwerfen. Aber was ist dieses, Mehr'? Und was kann ich damit machen – einen neuen Arbeitsplatz finden?" Doch das brächte mich nur von einer Höhle zur anderen. Nein, das ist keine Sache von Jobwechseln, sondern eine des Änderns von etwas anderem, viel Größerem – vielleicht sogar des Änderns von mir selbst."

Ein Gefühl von Dringlichkeit erfasst sie. Sie spürt ein Verlangen, ihre Lebensweise möglichst bald zu ändern, sie hat keine Ahnung, wie. Etwas in ihr scheint sie dazu aufzurufen, aus ihrer Routine aufzuwachen und mit der Suche nach neuen Energien und einem neuen Leben zu beginnen, und sie fühlt, wie sie versucht, diesen inneren Ruf zu begreifen und zu verstehen, was er ihr sagt. Sie fühlt sich desorientiert, doch Platons Gleichnis fängt in ihr zu arbeiten an. Die Symbolik der Höhle hat in ihr den Keim für eine neue Eingebung gelegt.

In unbedachten Momenten können wir hören, wie diese Sehnsucht in uns spricht. Doch meistens bleiben wir irgendwie vergesslich und verhalten uns, als ob unsere kleine „Höhle" alles wäre, was das Leben ausmacht, als ob dem, was fehlt, Genüge getan werden könnte, indem wir unsere kleine Höhle ändern: eine Gehaltserhöhung, ein neues elektronisches Gerät, eine Auslandsreise. Dies ist in der Tat das, woraus unsere Träume gewöhnlich gemacht sind: „Wenn ich doch nur einen sicheren Arbeitsplatz bekäme!", „Wenn ich doch nur ein größeres Haus mit einer Garage für zwei Autos kaufen könnte!". Werden diese Träume allerdings wahr (falls jemals), merken wir, dass sie uns nicht die Fülle des Lebens bringen, nach der wir gieren.

Viele bedeutende philosophische Texte dienen uns dazu, uns an dieses Verlangen zu erinnern und es in uns zu erwecken, obwohl es auch durch Literatur und Dichtung, Religion und Mythen und sogar aus Gesprächen auf der Straße spricht. Freilich wird diese Sehnsucht in philosophischen Schriften meistens klar angesprochen. Wenngleich literarische oder poetische Werke sie schön ausdrücken, kann die Philosophie sie mit größerer Klarheit zur Sprache bringen. Eine der Hauptaufgaben der Philosophie ist es, die uns bewegenden Visionen zu verdeutlichen, zu artikulieren und offenzulegen.

Die Transformationsdenker

Viele Denker haben die gleiche Erkenntnis gewonnen, die Platon in seinem Höhlengleichnis zum Ausdruck brachte, und zwar dass wir normalerweise in einer begrenzten Welt gefangen sind und dass wir es nötig haben, eine tiefer gehende Seinsweise zu entwickeln. Dazu zählen Prominente wie Epikur, Mark Aurel, Plotin, Spinoza, Jean-Jacques Rousseau, Ralph Waldo Emerson, Friedrich Nietzsche, Henri Bergson, Martin Buber, Karl Jaspers, Gabriel Marcel, Jiddu Krishnamurti, Erich Fromm und andere. Das ist eine sehr bunt gemischte Truppe. Seltsamerweise kenne ich kein Philosophiebuch, das sie in einer Gruppe zusammenfasst. Sie gehören verschiedenen Geschichtsepochen und verschiedenen Denkschulen an und verwenden eine Vielfalt an Ideen, Begriffen und Methoden. Gleichwohl teilen sie mehrere mächtige Themen.

Erstens weisen diese Denker alle darauf hin, dass unser Alltag üblicherweise auf einem oberflächlichen Niveau verbleibt, welches nicht für die Fülle des menschlichen Daseins steht. Wir versinken in profanen Tätigkeiten —arbeiten, einkaufen, chatten, reisen, sich entspannen, Geselligkeit — im Glauben, dass dies der Weg zu einem guten Leben sei. Aber wir irren uns. Unser Leben wird von öder Routine beherrscht, von leeren Augenblicken, in denen wir kaum bei Besinnung sind, von der Macht des blinden Schwungs, von Ablenkungen und bedeutungslosen Vergnügungen, von sozialen Spielen und dem kontraproduktiven Drang zu kontrollieren, zu erwerben und zu besitzen. All dies hält uns in Abstand von uns selbst, arm im Geiste, isoliert von Anderen, abgekoppelt vom Leben.

Zweitens gibt es laut diesen Denkern eine alternative Seinsweise, die der möglichen Fülle der menschlichen Wirklichkeit besser entspricht. Sie dreht sich nicht einfach darum, etwas anderes *zu machen*, sondern anders *zu sein* — anders zu sein mit sich selbst, mit Anderen, mit dem Leben.

Drittens ist es nicht einfach, sich von unserem oberflächlichen Zustand zu einem Zustand der Fülle zu bewegen. Unsere natürlichen Neigungen führen uns nicht automatisch zu ihm und das Überwinden dieser Tendenzen ist eine große Herausforderung. Es genügt nicht, zweimal die Woche einen Workshop zu besuchen, eine neue Theorie über das Leben zu lesen, von sechs bis halb sieben morgens eine Übung durchzuführen. Viel mehr tut not: eine totale Wandlung, die jeden Aspekt unseres Seins einfärbt — unsere Emotionen, Verhaltensweisen, Gedanken und Einstellungen von den kleinsten Momenten bis zu den größten Taten.

Ich nenne die Denker, die diesen drei Punkten beipflichten, *Transformationsdenker*. Natürlich bringen sie diese Thematiken unterschiedlich zum Ausdruck. Zum Beispiel äußert sie der Philosoph des zwanzigsten Jahrhunderts Martin Buber[1] in Bezug auf unsere Beziehungen zu Anderen. Er bringt vor, dass unsere Art, uns mit jenen einzulassen, die uns umgeben, kühl und einseitig sei. Und da er Beziehungen als wesentlich für das menschliche Dasein betrachtet, folgert er, dass wir im Allgemeinen nicht gänzlich realitätsnah seien. Eine umfassendere Art von Beziehung sei möglich, eine, die wahre Gemeinsamkeit beinhalte und eine Quelle von Echtheit und Leben sei.

Ein anderer Denker aus jüngster Zeit, Erich Fromm[2], richtet seinen Blick auf die Liebe, denn seiner Meinung nach ist die Liebe der Königsweg zum Überwinden unseres grundlegenden Dilemmas, nämlich der Vereinzelung. Er deutet darauf hin, dass das, was wir gemeinhin für Liebe halten, nicht wirkliche Liebe sei, da sie besitzergreifend, ichbezogen, illusorisch oder sonstwie entstellt sei, weil sie unser Alleinsein bewahrt. Im Gegensatz dazu sei wahre Liebe eine

1. Martin Buber, *I and Thou [Ich und Du]*, Scribner, New York 1970.
2. Erich Fromm, *The Art of Loving [Die Kunst des Liebens]*, Harper & Row, New York 1956.

Haltung des Spendens unserer Fülle zugunsten der Welt um uns. Sie umfasse ein Überströmen hin zum Leben — nicht bloß hin zu einem spezifischen Liebesobjekt und gewiss nicht mit dem Ziel, es zu besitzen, sondern hin zur ganzen Welt.

Henri Bergson[3], ein prominenter französischer Philosoph aus der ersten Hälfte des zwanzigsten Jahrhunderts, richtet sein Hauptaugenmerk auf unser Bewusstsein und den Weg, auf dem es durch die Zeit fließt. Für ihn drückt unser übliches Bewusstsein nur die mechanische Oberfläche unseres geistigen Lebens aus. Diese Oberfläche setze sich aus festen, zerstückelten Ideen und Emotionen zusammen, die in uns nicht mehr am Leben sind wie tote Blätter, die auf dem Wasser eines Teichs treiben. Um wahrhaftig frei und lebendig zu sein, müssten wir vom Teich selbst aus handeln, vom ganzheitlichen Fluss unseres Lebens, von der Ganzheit unseres Seins.

Im neunzehnten Jahrhundert finden wir den US-amerikanischen Denker Ralph Waldo Emerson[4], der behauptet, dass wir unsere Ideen und Beweggründe gewöhnlich von einem oberflächlichen und beschränkten Selbst erlangten. Er drängt uns, uns einem größeren Selbst zu öffen, der „Über-Seele" (englisch: Over-Soul), einer metaphysischen Quelle von Fülle und Weisheit, die wir meistens ignorieren, uns in unserem Inneren aber zu einem erhabeneren Leben anspornen kann.

Ungefähr zur gleichen Zeit verspottet Friedrich Nietzsche[5] die Herdenmentalität jener, die ein kleines Leben voller unbedeutender Sorgen, Missgunst, Schwäche, Unterwerfung und Nachahmung führen. Er ruft uns auf, durch die Hervorbringung unserer eigenen Vision und eigener Werte unser kleines Selbst zu „überwinden", ein höheres Selbst und ein größeres Leben zu schaffen und zu diesem Zweck leidenschaftlich danach zu streben, schöpferisch in ihrem Licht zu leben.

---

3. Henri Bergson, *Time and Free Will [Zeit und Freiheit]: An Essay on the Immediate Data of Consciousness*, Dover Publications, New York 2001. Siehe besonders den Abschnitt mit dem Titel „The free act."
4. Siehe besonders Emersons Essay „The Over-soul", in: William Gilman (Hg.), *Selected Writings of Ralph Waldo Emerson*, S. 280 - 295, New American Library, New York 1965.
5. Friedrich Nietzsche, *Thus Spoke Zarathustra [Also sprach Zarathustra]*, in: Walter Kaufmann (Hg.), *The Portable Nietzsche*, S. 103 – 442, Penguin Books, New York 1978. Siehe z. B. Abschnitte 4 und 5 im „Prologue", S. 126 - 131, ebenso „On the Three Metamorphoses" in Teil 1, S. 137 - 140.

Noch früher, im achtzehnten Jahrhundert, konzentriert sich Jean-Jacques Rousseau[6] auf unsere Abhängigkeit von gesellschaftlichen Normen. Nach ihm werden wir gewöhnlich von einer sozialen Maske kontrolliert: einem sozialen Selbst, das wir aufgrund äußerer gesellschaftlicher Zwänge erwerben. Wir spielten soziale Spiele — nachahmend, manipulierend, uns mit Anderen vergleichend —, ohne zu bemerken, dass wir ein entfremdetes Leben führen, das nicht mit unserer wahren Natur verbunden ist. Um authentisch zu leben, müssten wir uns mit unserem natürlichen Selbst verbinden, das die wahre Quelle eines sinnvollen Lebens sei.

Im Altertum sagt uns der römische Kaiser und Philosoph Mark Aurel[7], dass wir uns normalerweise von unseren automatischen Gefühlsreaktionen leiten ließen, die sich an Objekte der Begierde klammern. Wir würden von unseren Wünschen nach Besitz und Wohlgefühl versklavt, und so endeten wir ängstlich und enttäuscht. Wir könnten jedoch diesen Kerker überwinden, wenn wir uns von diesen Begehren lösen und es zulassen, von unserer inneren Natur geführt zu werden, dem rationalen Selbst, das bei voller Akzeptanz den Wegen des Kosmos folge.

Viele weitere Beispiel könnten hier angeführt werden: Jiddu Krishnamurti[8], der uns aufruft, frei von der Vergangenheit und offen gegenüber der Gegenwart zu sein, oder Gabriel Marcel[9], der uns drängt, unseren fernen, entfremdeten Zustand des „Beobachtens" zu verlassen und engagierte „Zeugen" des Lebens zu werden, und so weiter und so fort.

Offenbar sprechen diese Transformationsdenker verschiedene Ideen aus, stellen sich das Menschsein auf unterschiedliche Art vor, richten ihren Blick auf verschiedene Gesichtspunkte des menschlichen Daseins und geben sogar einander widersprechende Aussagen von sich. Dennoch bringen sie durch diese verschiedenartigen Ideen die gleichen drei grundlegenden Themen zum Ausdruck: unsere übliche Neigung,

6. Jean-Jacques Rousseau, *Emile*, Basic Books, New York 1979.
7. Mark Aurel, *Meditations [Selbstbetrachtungen]*, Prometheus Books, Amherst 1991.
8. Siehe z. B. J. Krishnamurti, *The Flight of the Eagle [Der Flug des Adlers]*, Harper & Row, New York 1971; *The Urgency of Change [Frei sein!]*, Harper & Row, New York 1977.
9. Gabriel Marcel, „Testimony and Existentialism" in seiner *The Philosophy of Existentialism*, S. 91 – 103, Citadel Press, New Jersey 1995.

in einem oberflächlichen Zustand zu verharren; die Möglichkeit eines erfüllteren oder tiefergründigen Zustands; und die reizvolle Wandlung, die uns vom erst- zum zweitgenannten bringen kann. Diese verschiedenartigen Philosophien sind deshalb wie verschiedene musikalische Variationen desselben Motivs.

Außerdem sind zwei zusätzliche Themen diesen Transformationsdenkern gemein. Erstens beschreiben sie alle unseren oberflächlichen Zustand als von starren Mustern beherrscht (obwohl sie gewöhnlich das Wort „Muster" nicht benutzen): Verhaltens-, Denk-, Wunsch-, Gefühlsmuster. Diese Schablonen sind die Folge mächtiger psychologischer oder gesellschaftlicher Mechanismen, die in uns wirken und uns zu eingeschränkten und oberflächlichen Seinsweisen führen, welche von der Fülle unser wahren Wirklichkeit losgelöst sind. Um Platons Symbolik zu verwenden: Wir sind in einer kleinen Höhle gefangen, gefesselt an unsere Stühle.

Zweitens legen alle diese Transformationsansätze nahe, dass der Zustand der Fülle jenseits solcher Muster liegt und an keine feste Struktur angepasst werden kann. Sie vergleichen diesen Zustand mit einer befreiten, ergebnisoffenen Bewegung und benutzen dabei Ausdrücke wie Freiheit, Spontanität, Fließen, Kreativität, Einzigartigkeit, Authentizität, Individualität, Offenheit und Ausdehnung. Interessanterweise beschreiben sie diese Bewegung nur indirekt, ohne genaue Analyse. Oft bedienen sie sich dichterischer Metaphern oder verweisen auf die persönliche Erfahrung, sie verwenden im Allgemeinen indirekte Mittel, um dem Leser anzudeuten, was sie im Sinn haben. Dies überrascht kaum. Muster und Mechanismen haben eine feste Struktur und können ohne Umschweife und genau untersucht werden. Im Gegensatz dazu widersteht das, was jenseits von Schemas liegt, einer Analyse, weil es jede feste Formel sprengt.

Der Aufruf

Wir dürfen daher folgern, dass die diversen Transformationsdenker vom gleichen Grundverständnis des menschlichen Daseins inspiriert worden sind. Es ist kein reiner Zufall, dass ihre Einblicke einander so ähnlen. Die Vision, die sie alle bekunden, gründet sich auf einer gemeinsamen menschlichen Erfahrung, auf ein vorrangiges Thema, das sich durch das Gewebe des menschlichen Lebens zieht. Wir dürfen sagen, dass es sich um eine der Basisdimensionen des Menschseins handelt.

Allerdings könnte das Wort „Dimension" wegen seines wissenschaftlichen Beiklangs in die Irre führen. In der Wissenschaft und der Geometrie wird der Ausdruck benutzt, um sich auf objektive Aspekte unserer Welt zu beziehen. So hat zum Beispiel der erkennbare Raum drei Dimensionen, und dies ist eine objektive, neutrale Tatsache. Demgegenüber präsentieren die Transformationsdenker ihre Theorien nicht als bloße Beschreibungen neutraler menschlicher Fakten. Wenn sie von Beschränktes Selbst gegen Transformiertes Selbst sprechen, legen sie uns keine neutrale Berechnung zweier völlig gleichwertiger Seinsweisen vor. Sie erzählen uns vielmehr, dass die Wandlung etwas Kostbares und Wertvolles sei, das wir anstreben *sollen*. Mit anderen Worten: Ihre Theorien beinhalten einen „Aufruf" — einen Aufruf, der versucht, unsere Aufmerksamkeit zu erregen, uns einzuladen, uns dazu ermahnt, die Hände nach der Fülle des Lebens auszustrecken.

Nun könnte jemand sagen, dass die Transformationsdenker nicht nur versuchten, zu *be*schreiben, sondern auch, *vor*zuschreiben; nicht einfach nur die Arten darzustellen, wie Menschen *sind*, sondern auch, wie Menschen sein *sollen*. Dies heißt freilich nicht, dass sie lediglich ihre persönlichen Vorlieben ausdrücken. Sie sehen sich in der Rolle, einem Aufruf eine Stimme zu geben, den es vor ihnen und ihren Schriften gab, einem Aufruf, den sie nicht erfanden, sondern herausstellten und artikulierten. Es geschieht nicht im Namen ihrer persönlichen Vorlieben, dass sie uns schreiben, sondern im Namen des Lebens. Von ihrem Standpunkt aus kommt die Aufforderung zu einem erfüllten Leben unmittelbar von der Natur unserer menschlichen Wirklichkeit. Dieser Aufruf hat sie dazu ermuntert, ihre Philosophie niederzuschreiben, er ist in gewissem Sinn der wahre Verfasser.

Wir kommen hier zum Kern jedes philosophischen Denkansatzes, der *transformationsgemäß* genannt werden kann: Im Mittelpunkt einer jeden solchen Annäherung steht ein *Aufruf*. Er ist ein Aufruf, weil er uns zusetzt, uns durchschüttelt, uns von unserer bequemen, angenehmen Routine wegzieht. Er lädt uns ein, ja fordert uns auf zu versuchen, aus unserer Höhle hinauszutreten und uns zu wandeln.

Wir sollten allerdings beachten, dass, obgleich jede Transformationsphilosphie solch einen Aufruf beinhaltet, er auch zusätzliche Elemente enthält — Begriffe, Aussagen, Analysen, Erklärungen, Definitionen usw. — und diese zusammen eine komplexe Theorie bilden. Beispiele für diese zusätzlichen Elemente sind Platons Theorie der Ideenwelt, Mark Aurels Theorie der Emotionen und Rousseaus Bildungstheorie. Wir könnten sagen, dass in einer Transformationsphilosophie die entscheidende Aufforderung in das Gewand einer besonderen Theorie „gekleidet" sei oder dass sie durch das Medium einer Theorie „spreche".

Diese Theorien sind für akademische Philosophen reizvoll, doch für die vorliegende Untersuchung von geringerem Interesse. Für uns sind es nicht die Einzelheiten der theoretischen „Kleidung", die zählt, sondern der unerlässliche „Körper", den diese Kleidung verhüllt — und gleichzeitig enthüllt. In diesem Buch werden wir versuchen, den Aufruf zu verstehen, den unsere Sehnsucht ausdrückt und der durch die vielfältigen Transformationstheorien spricht, und wir werden nach Wegen suchen, ihn in unser Leben zu integrieren.

Teil 2

Die Bewegung der Philosophischen Praxis

Die Vision der Selbsttransformation ist hochfliegend und attraktiv, aber die Frage ist, wie man sie in die Praxis übersetzt. Was sollen wir tun, wenn wir aus unserer platonischen Höhle herauszutreten wünschen?

Die Antwort, die über die Zeitläufe hinweg von den meisten Transformationsphilosophen gegeben wird, lautet: Philosophie, oder genauer gesagt, philosophieren, mit anderen Worten, die Tätigkeit der philosophischen Reflexion. Die philosophische Reflexion kann uns helfen, die Bedeutung unseres Verlangens zu verstehen, sie kann uns helfen, unser Leben zu begutachten und seine Enge zu sehen, sie kann uns ermuntern, uns eine tiefer gehende Art von Leben auszumalen, sie kann uns zeigen, was ein solches Leben erfordern würde, und uns ein paar Hilfsmittel zur Selbsttransformation geben.

Dies könnte merkwürdig klingen. Die Philosophie ist heutzutage stark auf Hochschulvorlesungen und akademische Artikel begrenzt und typischerweise auf abstrakte, unpersönliche Ideen fokussiert. Wie können solche Ideen möglicherweise einen praktischen Unterschied zu unserem Alltag bewirken?

Die Antwort ist, dass Ideen nicht machtlos sind, selbst wenn sie abstrakt erscheinen. Ideen — Ideen ganz allgemein, nicht nur philosophische — haben eine gewaltige Macht, uns zu ändern. Neue Auffassungen können in uns neue Motivationen erwecken, uns dazu anspornen, uns auf neue Art zu fühlen und zu verhalten und in uns neue Einstellungen und Energien zu pflegen. Zum Beispiel könnte eine soziale Vision vom Leiden der Armen einen Menschen dazu inspirieren, damit zu beginnen, der Hilfe für die Bedürftigen Zeit und Energien zu widmen; ein ökologisches Bewusstsein der

Zerbrechlichkeit der Umwelt könnte jemanden veranlassen, sich respektvoller gegenüber der Natur und den natürlichen Ressourcen zu benehmen; eine existenzielle Erkenntnis der Unvermeidbarkeit des Todes kann einen Einzelnen dazu anspornen, endlich die Kostbarkeit des gegenwärtigen Zeitpunkts wertzuschätzen; eine religiöse Einsicht kann eine Person dazu bringen, bescheiden und liebevoll zu sein.

Nicht nur große Lebensvisionen beeinflussen uns. Unser tägliches Verhalten wird ständig vom Verständnis dessen geformt, was der Chef von uns erwartet, vom eigenen Verständnis unserer finanziellen Situation, unserer moralischen Pflichten, von dem, was das Beste für unsere Kinder ist oder was Andere von uns denken.

Doch obwohl viele Arten von Auffassungen unser Leben beeinflussen, ist für die Aufgabe der Selbsttransformation die philosophische Reflexion besonders vielversprechend. Die philosophische Reflexion überprüft die Grundlagen unseres Lebens, die Vorstellungen, die ganz unten an der Basis unseren alltäglichen Einstellungen zugrunde liegen. Sie kann daher nicht einfach ein bestimmtes Verhalten beeinflussen, aber unsere gesamte Ausrichtung auf das Leben hin. Ferner ist die philosophische Reflexion von ihrem ganzen Wesen her eine kritische, ergebnisoffene Untersuchung, sie kann uns deshalb unsere Grenzen und Beschränkungen zeigen — die Wände unserer „Höhle" — und sie in Frage stellen. Anders als Dogmen und Lehrmeinungen, die wollen, dass wir ihnen blind folgen, ermuntert uns das Philosophieren zum Hinterfragen jeder Annahme, nichts für selbstverständlich zu halten, neue Wege des Verständnisses zu erkunden und unkartierte Gebiete zu betreten. Dogmen und Lehrmeinungen sind wie platonische „Höhlen", die uns in einer unbeugsamen Haltung einschließen, während eine philosophische Untersuchung eine Reise ist, die uns nach außerhalb unseres Gefängnisses führen kann, hin zu einer breiteren Weltsicht, zu einem umfassenderen Lebensumfang.

Viele Transformationsdenker glaubten die Philosophiegeschichte hindurch, dass die philosophische Reflexion bei der Suche nach einem erfüllteren Leben helfen könne, doch in den modernen Zeiten ist diese Verwirklichung weitgehend unterlassen worden. Die meisten Berufsphilosophen ziehen heutzutage theoretische Diskussionen einer praktischen Philosophie vor. Sie behandeln uralte Transformationsvisionen meistens als rein intellektuelle Ideen ohne ernsthaften Versuch, sie in die Praxis umzusetzen. Selten übersetzen sie

sie beispielsweise in tägliche Übungen oder in Selbstentfaltungs-Workshops für ihre Studenten.

Die Philosophie ist nicht immer ein rein intellektuelles Unterfangen gewesen. Praktische Annäherungen an die Philosophie kann man im antiken Griechenland und den hellenistischen Schulen finden (ungefähr vom 6. Jh. v. Chr. bis zum 4. Jh. n. Chr.), welche die Philosophie als Lebensform ansahen.[10] Aber aus der heutigen Perspektive haben sie ihre Grenzen. Obwohl sie ihre Ideen in konkrete Richtlinien für das Verhalten und die Emotionen des Alltags übersetzten, waren ihre Ansätze ziemlich dogmatisch. Jede philosophische Schule hatte eine spezifische Lehrmeinung vom Leben und versuchte, ihre Anhänger zum Akzeptieren und Befolgen ihrer Grundsätze zu verleiten. Sicherlich waren die Gründer dieser Schulen tiefsinnige, kreative Philosophen, aber ihren Schülern gaben sie ein fertig ausgearbeitetes philosophisches System zum Befolgen vor. Diese Jünger wurden ermutigt, nur in den Grenzen dieses Systems nachzudenken, nicht davon abzuweichen, nicht ernsthaft ihre Prinzipien in Frage zu stellen, sich nicht auf eine freie und offene philosophische Suche einzulassen.

Ein solcher Dogmatismus wäre heutzutage zu restriktiv, und tatsächlich wirkt er wie eine weitere platonische Höhle. Uns Heutigen fällt es schwer hinzunehmen, dass eine einzige Doktrin die Ganzheit der Realität erfasst. Wenn wir die Philosophie auf unserer Reise zur Selbsttransformation zu nutzen wünschen, brauchen wir einen breiteren philosophischen Denkansatz, pluralistischer und ergebnisoffen, ohne endgültige Antworten und ohne starre Lehrsätze.

Praktische Annäherungen an die Philosophie finden sich auch im Orient, in vielen Schulen unter anderem des Hinduismus, Buddhismus, Konfuzianismus und Taoismus. Doch auch diese geistig-philosophischen Schulen sind üblicherweise spezifischen religiösen oder metaphysischen Lehren verpflichtet und deswegen für die Idee der Philosophie als einer persönlichen, ergebnisoffenen Reise, die nichts für selbstverständlich hält und jede Annahme zu hinterfragen bereit ist, weniger relevant.

---

10. Pierre Hadot, *Philosophie as a Way of Life: Spiritual Exercises from Socrates to Foucault [Philosophie als Lebensform. Geistige Übungen in der Antike]*, Blackwell, Malden, MA 1995.

Philosophieren gegen Philosophische Theorien

Wir kommen hier zu einer wichtigen Unterscheidung zwischen zwei verschiedenen Begriffen, die oft verwechselt werden: *philosophische Reflexion* oder *Philosophieren* einerseits und *eine Philosophie* andererseits (beachten Sie den Artikel „eine", der dem Wort „Philosophie" vorangeht). *Philosophische Reflexion* oder *Philosophieren* ist eine Tätigkeit. Sie ist eine offene Untersuchung, die ohne Vorbegriffe erfolgt und keine Annahme oder Prinzip für selbstverständlich hält. Das ist es, was wahre Philosophen tun.

Im Gegensatz dazu ist *eine Philosophie* eine fertiggestellte Theorie. Sie stellt gewisse Grundsätze und Ideen auf und erklärt sie für wahr. Eine Philosophie ist das Ergebnis der philosophischen Reflexion eines Philosophen. Platons Wissenstheorie zum Beispiel ist eine Philosophie — sie ist das Produkt der philosophischen Reflexion, die er unternommen hatte. Kants Wissenstheorie ist eine andere Philosophie — sie ist das Ergebnis der von Kant geleisteten philosophischen Reflexion.

Philosophische Theorien können uns dabei helfen, zu sehen, wie große Geister denken, und sie sind es wert, sorgfältig studiert zu werden. Sie können uns lehren, wie man tiefgründig denkt, sie können uns Begriffe und Ideen anbieten, die wir für unser eigenes Denken annehmen können, und sie können uns dazu inspirieren, unsere eigenen philosophischen Reflexionen zu entwickeln. Als von uns zu untersuchendes, zu veränderndes, zu akzeptierendes oder abzulehnendes Rohmaterial sind sie mächtig. Doch wenn wir sie für endgültige Wahrheiten halten, als hinzunehmende und zu verehrende Heilsbotschaft, dann sind wir dogmatisch. Während uns das Philosophieren öffnet, schaltet die Hinnahme einer Philosophie als Autorität unser Denken aus.

Eine Philosophie als starres Dogma führt uns kaum aus unserer platonischen Höhle heraus, da sie feste Annahmen und Grenzen errichtet. Demgegenüber hat eine philosophische Reflexion — der Vorgang des Philosophierens oder der freien, offenen philosophischen Erkundung — das Potenzial, uns über unsere Grenzen hinwegzuführen.

Was ist philosophieren?

Wir können nicht auf eine genaue Definition einer komplizierten Tätigkeit wie das Philosophieren hoffen, noch viel weniger auf eine

Begriffsbestimmung, mit der alle einverstanden wären. In der Geschichte der Philosophie finden wir verschiedene Arten des Philosophierens. Allerdings ist es möglich, mehrere zentrale Themen ausfindig zu machen, die den meisten Formen des Philosophierens zu eigen sind, zumindest im Westen. Philosophieren ist, was Philosophen seit ewigen Zeiten getan haben. Was genau haben sie getan? Wenn wir über die Zeitläufe hinweg auf die bedeutenden Philosophen blicken, können wir mindestens fünf Themen finden, die unzweifelhaft bei nahezu allen von ihnen anzutreffen sind.

Erstens sprechen alle Philosophen grundlegende Fragen der Wirklichkeit an, insbesondere Grundfragen des Lebens. Sie alle untersuchen Sachverhalte, die unmittelbar die Grundlagen unseres Verständnisses von uns selbst, unseres Lebens und der Welt bilden: Was ist Wissen? Was ist Materie? Was ist Liebe? Was ist gutes Leben? Was ist moralisch richtig und moralisch falsch? Und so weiter. Die Behauptung, dass solche Themen fundamental seien, setzt unter anderem voraus, dass sie allgemeine Existenzfragen sind, die sich nicht auf die besondere Situation von John oder von Mary beschränken. Wenn Sie nur Johns spezifische Liebesgeschichte oder Marys spezifisches Familienproblem erörtern, dann philosophiert man noch nicht.

Zweitens versuchen alle Philosophen diese grundlegenden Streitpunkte anzusprechen, indem sie Theorien entwickeln, oder allgemeiner, Netzwerke von Ideen. Sie befriedigen sich nicht selbst dadurch, dass sie einen Ein-Satz-Slogan niederschreiben, eine beliebige Liste unzusammenhängender Aussagen oder eine Geschichte über John oder Mary. Vielmehr entwickeln sie ein Ideengeflecht, das sich auf komplexe Arten und Weisen zu einem zusammenhängenden Ganzen zusammenfügt und entworfen wird, um ein gewisses Verständnis des Themas anzubieten. Dies ist nicht der einzige Weg, um grundlegende Daseinsfragen anzusprechen. Man kann sie auch über die Dichtkunst, die Literatur, die Malerei, den religiösen Glauben oder die politische Aktion thematisieren. Aber die Philosophen philosophieren, um durch das Aussprechen zusammenhängender Ideengebilde ein Verständnis dieser Probleme zu gewinnen.

Drittens bauen Philosophen diese Ideennetzwerke nicht auf der Grundlage eines Glaubens oder persönlicher Überzeugungen auf (wie in der Religion) und nicht auf der Basis wissenschaftlicher Experimente (wie zum Beispiel in der Psychologie oder der Biologie), sondern auf dem Fundament des Überlegens oder des Argumentierens. Argumentieren meint nicht notwendigerweise logisches Denken im strengen Sinne, da einige Philosophen sogenanntes poetisches Denken oder intuitives Denken heranziehen. Argumentieren meint auch nicht schlüssig beweisen — in philosophischen Dingen ist kein endgültiger Beweis möglich. Nichtsdestotrotz versuchen alle Philosophen, ihre Ideen mit Erwägungen zu stützen, die sie möglichst schlüssig, vertretbar und zwingend machen. Fängt ein Denker einmal damit an, Behauptungen dogmatisch oder willkürlich aufzustellen, ohne sich zu bemühen, sie mit irgendeiner Art von Begründung zu unterfüttern, steht er oder sie außerhalb des Territoriums der Philosophie.

Viertens bauen alle Philosophen ihre Ideen in einem schöpferischen Prozess auf. Sie kopieren nicht einfach Ideen von einer Heilsbotschaft oder von einem anderen Philosophen. Sie erschaffen sich ihre eigenen neuartigen, originellen Ideen. Dies bedeutet, dass das bloße Lesen eines philosophischen Buches oder das Analysieren von Ideen eines Anderen nicht aus sich heraus aufs Philosophieren hinausläuft.

Fünftens jedoch sind Philosophen nicht von anderen Denkern isoliert. Fast ausnahmslos entwickeln sie ihre Ideen im Dialog mit anderen Denkern, ob bei Zusammenkünften von Angesicht zu Angesicht, durch geschriebene Korrespondenz oder durch innere Dialoge mit den Schriften von Denkern aus der Vergangenheit. Philosophische Reflexion entsteht nicht im luftleeren Raum, sondern stets im Zusammenhang eines historischen Diskurses. Es ist kein Zufall, dass Aristoteles seine Philosophie in Erwiderung auf die Philosophie seines Lehrers Platon entwickelte und dass Immanuel Kant seine philosophischen Ideen als Antwort auf jene des britischen Philosophen David Hume ausarbeitete.

Zusammenfassend ist das Philosophieren – als erste Annäherung – das Untersuchen grundlegender Existenzfragen durch das durchdachte, kreative und dialogische Schaffen von Ideennetzwerken. Deshalb sagen wir, wenn wir behaupten, dass das Philosophieren uns aus der platonischen Höhle heraushelfen könne, tatsächlich, dass das philosophische Nachdenken über grundlegende Lebensfragen ein Weg zu persönlichem Wachstum und zur Selbsttransformation sein kann.

Beachten Sie, dass es der *Vorgang* des Philosophierens ist, der uns hier wandeln soll, keine festgelegte philosophische Lehre. Der Punkt ist nicht, dass irgendeine philosophische Theorie von Platon oder Nietzsche uns sagen kann, wie wir uns selbst transformieren. Das

Philosophieren lehnt ihrem Wesen nach jeden Guru, jede Doktrin und jede letzte Autorität ab. Um aus unserer platonischen Höhle herauszutreten, müssen wir uns bei unserer eigenen persönlichen philosophischen Erkundung engagieren und dürfen nicht einfach eine bestehende philosophische Vorgabe akzeptieren und ihr blind folgen. Es ist die philosophische Suche, die die Macht hat, uns zur Entdeckung unserer persönlichen Grenzen zu führen und uns über diese hinweg in neue Tiefen und zu neuen Horizonten expandieren lässt.

Die Bewegung für philosophische Praxis

Die oben von mir vorgeschlagene Vision des Philosophierens als eines Weges zur Selbsttransformation ist das Erzeugnis eines langen Prozesses. Ich habe es über die letzten zweieinhalb Jahrzehnte entwickelt und damit experimentiert, in dieser Zeit habe ich mich aktiv in die Bewegung für *philosophische Praxis* eingebracht. Die Philosophische Praxis ist eine aktuelle Bewegung, die von der Vision beflügelt wird, dass die philosophische Reflexion für unseren Alltag relevant ist. Sie kann als moderner Versuch angesehen werden, die Mission der alten philosophischen Lebensschulen unter Vermeidung ihres Dogmatismus wieder zu beleben. Sie strebt danach, Einzelnen beim Nachdenken über sich selbst zu helfen, ihre Zwangslagen zu untersuchen, ein besseres Selbstverständnis zu entwickeln und ihre grundlegenden Lebensaspekte tiefgründiger zu behandeln.

Der philosophischen Reflexion in diesem Sinne geht es nicht darum, rein abstrakt über das Leben zu theoretisieren, sondern darum, ins Leben eingewoben zu werden. Sie unterscheidet sich daher fundamental von der vorherrschenden akademischen Philosophie. Der akademische Philosoph ist jemand, der theoretisiert —jemand, der Artikel und Bücher schreibt, diskutiert, Vorlesungen hält und abstrakte Theorien hervorbringt. Im Unterschied dazu strebt der philosophische Praktiker danach, das Leben mit philosophischer Reflexion zu durchdringen — das eigene Leben und das Leben Anderer. Sie haben deshalb großes Interesse an der konkreten Situation und den konkreten Sorgen einzelner Personen. Obschon sie gelegentlich im Abstrakten theoretisieren, tun sie dies nur als Mittel zu etwas anderem: den Menschen den Weg finden zu helfen, damit sie ein erfüllteres, tiefgründigeres und klügeres Leben führen.

Gleichzeitig ist die Philosophische Praxis etwas anderes als die sogenannte „angewandte Philosophie", die in den vergangenen

Jahrzehnten an Hochschulen beliebt geworden ist. Die angewandte Philosophie nimmt üblicherweise die Form einer angewandten Ethik (wie man allgemeine ethische Überlegungen auf spezifische ethische Dilemmas anwendet), einer Wirtschaftsethik (wie man allgemeine ethische Überlegungen auf spezifische geschäftliche Situationen anwendet) oder einer ähnlichen Teildisziplin an. Sie versucht, abstrakte Ideen auf konkrete Situationen *anzuwenden*. Beispielsweise entwickelt sie abstrakte ethische Grundsätze und wendet sie danach auf spezifische medizinische Dilemmas an. Die philosophische Praxis hingegen ist nicht daran interessiert, dem Leben Ideen aufzubürden. Sie möchte, dass unsere Erkenntnisse inmitten des Lebens wachsen.

Die Bewegung für philosophische Praxis entstand in den frühen 1980er-Jahren, als Gerd Achenbach seine Philosophische Praxis in Deutschland eröffnete. Er begann damit, für Einzelpersonen Beratungsgespräche abzuhalten, und gründete auch eine philosophische Reflexionsgruppe. Dies war für sich genommen keine Innovation — in der Geschichte haben viele Philosophen die Philosophie benutzt, um Einzelnen zu helfen, über Dinge des Lebens nachzudenken. Aber er war der erste, der eine Fachvereinigung gründete, die sich diesem Vorhaben widmete. Ein Jahr später wurde eine zweite Gruppe in den Niederlanden von Philosophiestudenten der Universität Amsterdam ins Leben gerufen. Angeregt durch Achenbachs Beispiel, aber völlig unabhängig von ihm arbeitend, experimentierten sie mit philosophischer Beratung für Einzelpersonen und mit Diskussionsgruppen. Bald darauf gründeten sie ihren eigenen Berufsverband.

Über ein Jahrzehnt lang war das neue Feld der philosophischen Praxis weitgehend auf diese zwei kleinen Gruppen in Deutschland und den Niederlanden beschränkt. Nur eine Handvoll weiterer Individuen experimentierte in anderen Ländern. 1992, als ich von der neuen, noch sehr jungen Bewegung erfuhr — ich war ein junger Philosophieprofessor an einer Universität in den USA —, war meine Reaktion wie die vieler anderer Philosophen, als sie erstmals davon hörten: „Natürlich! Was kann es einen besseren Lebensführer geben als die Philosophie!?" Die Idee Stand im Einklang mit vielen Gedanken, die ich Jahre zuvor während meines Philosophie- und Psychologiestudiums gehabt hatte, als ich als Student den überzogenen Intellektualismus der akademischen Philosophie und ihre Alltagsferne beklagte.

Ich fing selbst an, mit philosophischer Beratung zu experimentieren, zunächst mit Gesprächen mit Freiwilligen und dann mit zahlenden Kunden. Ich kommunizierte auch mit den zwei europäischen Gruppen, las ihre Schriften und reiste mehrmals nach Europa, um sie zu treffen. Ich merkte bald, dass die Philosophische Praxis noch in den Kinderschuhen steckte und versuchte herauszufinden, was Philosophische Praxis überhaupt ist. Ich entschied, dass die neue Bewegung einen ernsthaften internationalen Dialog benötigte, und stellte mir eine internationale Konferenz vor, an der sich Philosophen mannigfacher Herkunft und Ausrichtung beteiligen würden. Ich bemühte mich, mehrere Hochschulen dafür zu interessieren, eine solche Konferenz zu veranstalten, aber zunächst wollte niemand in dieses unbekannte Gebiet investieren. Ich begann auch Artikel über die Philosophische Praxis in Fachzeitschriften zu veröffentlichen und einen Sammelband herauszugeben — eine Sammlung von Artikeln von führenden, überwiegend deutschen und niederländischen Praktikern, der bald darauf als Buch auf den Markt kam.[11]

Kurz darauf regte einer der Mitwirkenden an der Anthologie, Lou Marinoff, der damals ein junger Professor an der Universität von Britisch-Kolumbien in Kanada war, an, es an seiner Hochschule zu versuchen. Und in der Tat gelang es uns beiden, seinen Vorgesetzten, den Leiter des Zentrums für angewandte Ethik, zu überzeugen, und 1994 hoben wir die Erste Internationale Konferenz über philosophische Beratung aus der Taufe. Über hundert Philosophen aus ungefähr zehn Ländern kamen, um teilzunehmen, und viele neue Ideen wurden erörtert. Seit damals haben internationale Konferenzen in verschiedenen Ländern stattgefunden, gewöhnlich alle zwei Jahre.

Als Ergebnis dieser Konferenz und wahrscheinlich auch anderer Faktoren begann sich die Idee auszubreiten. Philosophen in anderen Ländern fingen an, mit der Philosophischen Praxis zu experimentieren, wegen der Sprachbarriere und der geografischen Distanz oft ohne zu wissen, wie präzise sie in Deutschland und den Niederlanden durchgeführt wird. Sie erkundeten die Idee allein für sich oder in Gruppen, in Nordamerika, in Israel, und bald darauf in den meisten westeuropäischen wie auch in mehreren lateinamerikanischen

---

11. *Essays on Philosophical Counseling*, herausgegeben von Ran Lahav und Maria Tillmanns, University Press of America, Lanham 1995.

Ländern. Infolgedessen begann sich in verschiedenen Teilen der Welt eine breite Palette von Denkansätzen zu entwickeln.

All dies mündete in ein Netzwerk lose miteinander verbundener Gruppen und Einzelpersonen, die unterschiedliche Ziele und Methoden haben, verschiedene Sprachen sprechen, verschiedene Druckschriften herausgeben und sich dennoch als Teil derselben internationalen Bewegung und als von derselben Vision inspiriert betrachten: die philosophische Reflexion für das Leben des Einzelnen bedeutungsvoll machen. Das Gebiet ist daher vielseitig und pluralistisch. Viele örtliche Gruppen und Verbände agieren heute in zahlreichen Ländern. Sie engagieren sich bei der Beratung von Einzelpersonen und Organisationen, veranstalten Workshops und Lehrgänge, organisieren philosophische Cafés und veröffentlichen Rundbriefe und Zeitschriften. Im letzten Jahrzehnt haben mehrere Hochschulen damit begonnen, diesem Bereich gewidmete Kurse und Programme anzubieten.[12]

Um die Kompliziertheit der Materie noch zu steigern, funktioniert die Philosophische Praxis in mehreren unterschiedlichen Formaten. Zum Beispiel wird sie bisweilen als *philosophischer Selbstreflexions-Workshop* praktiziert, der der Allgemeinheit angeboten wird und in dem unter der Leitung eines philosophischen Praktikers die Teilnehmer philosophisch über ihre persönlichen Erfahrungen und Zwangslagen nachdenken. Als Alternative dazu wird die Philosophische Praxis auch in verschiedenartigen Formen einer *philosophischen Diskussionsrunde* ausgeübt, vor allem als sogenanntes *philosophisches Café* und als *sokratische Dialogrunden*, in denen die Teilnehmer ihre persönlichen Ansichten über verschiedene Lebensfragen weiterentwickeln. Man kann sie auch in Gestalt einer *philosophischen Kameradschaft* betreiben: eine Gruppe von Kameraden, die sich über einen Zeitraum hinweg treffen, online oder von Angesicht zu Angesicht, und im Miteinander über einen philosophischen Text nachsinnen, während sie versuchen, es von ihrem tiefen Inneren aus zu tun. Ein weiteres Format ist die *persönliche philosophische Reise*, die von einem einzelnen philosophischen Sucher praktiziert wird. Aber das heutzutage vielleicht beliebteste

---

12. Soweit ich weiß, wurde der erste Studiengang zu dieser Thematik von mir an der Universität Haifa in Israel angeboten, ein Semester pro Jahr von 1993 bis 2006. Vorlesungen über Philosophische Praxis werden u. a. auch an den Universitäten Venedig, Roma III (Rom), Barcelona, Sevilla und Wien gehalten.

Format ist noch immer die *philosophische Beratung*. Wie ihr Name besagt, geht philosophische Beratung mit einem Philosophen einher, der als Berater fungiert, und mit einem Ratsuchenden. Die zwei treffen sich regelmäßig und erörtern die Zwangslagen, Dilemmas und das Leben des Ratsuchenden. Üblicherweise dauern die Beratungsgespräche eine Stunde, sie werden ein- oder zweimal pro Woche abgehalten und können von einer einzigen Sitzung weitergehen bis zu vielen Monaten, je nach der Vorgehensweise des Beraters und den Bedürfnissen des Ratsuchenden.

In all diesen verschiedenen Formaten konzentriert sich die Philosophische Praxis auf das Philosophieren mit Individuen über grundlegende Lebensfragen sowie darüber, wie sich diese Lebensfragen in ihrem persönlichen Leben äußern. Aus diesem Grund handelt es sich um Philosophieren und nicht um Psychologie. Die Philosophie befasst sich am Ende mit Ideen. Der philosophische Praktiker hilft Einzelpersonen, ihre verborgenen Annahmen zu erforschen, die sie motivierenden Werte aufzudecken, ihre Vorstellungen über das Leben zu untersuchen und über die Stimmigkeit und Vertretbarkeit ihres Weltbildes nachzudenken. Während der Sitzung begutachten sie oft zusammen Ideen bedeutender Denker der Geschichte oder lesen gemeinsam einen philosophischen Text, um die Unterhaltung zu bereichern und die aufkommenden Einsichten zu vertiefen. Philosophische Praktiker müssen daher einen breiten philosophischen Background haben und es wird allgemein erwartet, dass sie zumindest einen Magistergrad in Philosophie haben.

Verschiedene Herangehensweisen bei der Philosophischen Praxis
Was genau machen philosophische Praktiker in ihren Sitzungen? Und was ist ihr Ziel?

Wie zuvor erwähnt ist die Philosophische Praxis wie viele andere Fachgebiete kein einzelner vereinheitlichter Denkansatz. Heute bestehen unterschiedliche Herangehensweisen, sie vertreten verschiedene Auffassungen darüber, was die Philosophie zu unserem Leben beitragen kann. Trotz dieser Vielfalt scheint es, dass die meisten Philosophischen Praxen in mehrere Hauptgruppen eingeteilt werden können, je nach ihrem Ziel und je nach ihren Methoden.

In Bezug auf ihr Ziel können die verschiedenen Formen der Philosophischen Praxis in drei Hauptgruppen unterteilt werden. Zum Ersten gibt es jene Verfahren, auf die man das Etikett

Problemlösungsansatz kleben kann. Diese Praktiken helfen Einzelpersonen, spezifische Probleme in ihrem Leben anzusprechen und sie zu überwinden: Unzufriedenheit bei der Arbeit, Eheprobleme, geringes Selbstwertgefühl usw.[13] In dieser Hinsicht weisen die Praktiker eine gewisse Ähnlichkeit mit den Psychologen von der Schule der kognitiven Psychotherapie auf. Ein verwandter Ansatz versucht Einzelnen zu helfen, Denkfähigkeiten zu entwickeln, mit denen sie künftig persönliche Probleme und Herausforderungen thematisieren können. Die Betonung bei diesem *Denkfähigkeitenansatz* liegt auf der Entwicklung von Hilfsmitteln zum Nachdenken statt auf der Lösung ganz bestimmter Fragen, aber der Schwerpunkt liegt noch auf den praktischen Mitteln zur Behandlung von Alltagssorgen. Eine dritte Gruppe der Philosophischen Praxen, die als *Selbstentwicklungsansatz* bezeichnet werden kann, zielt darauf ab, das Leben mit mehr Bedeutungsgehalt und Weisheit zu bereichern, das Leben erfüllter zu machen oder es, kurz gesagt, aufzubauen.[14]

Ich habe bereits darauf hingewiesen, dass ich Verständnis für den Selbstentwicklungsansatz aufbringe, als ich andeutete, dass die Philosophie benutzt werden könne, um eine Selbsttransformation zu ermöglichen. Die Philosophie befasst sich mit grundlegenden Lebensfragen, und sie tut dies am besten, wenn sie Individuen dabei hilft, die wichtigsten Fragen des Lebens anzupacken. Die Philosophische Praxis sollte weniger die Philosophie auf die Stufe der Alltagssorgen herunterbringen, als vielmehr danach trachten, das Leben auf die Höhen seiner Potenziale zu heben.

Natürlich könnte sich die Philosophie auch als nützlich bei der Behandlung konkreter persönlicher Sorgen erweisen wie Eheprobleme oder Spannungen am Arbeitsplatz, aber dies „beißt" sich anscheinend mit dem Geist der philosophischen Tradition. Eine Philosophie, die auf Problemlösung abzielt, ist im Wesentlichen ein Zufriedenheitslieferant. Sie beabsichtigt, die Leute zufriedenzustellen, sodass sie in ihr gewöhnliches Leben zurückkehren könnten. Diese Art von Übung

---

13. Siehe z. B. Lou Marinoff, *Plato, Not Prozac*, HarperCollins, New York 1999; Elliot Cohen, *What Would Aristotle Do?*, Prometheus, Amherst, NY 2003.
14. Siehe Gerd Achenbach, *Philosophy, Philosophical Practice, and Psychotherapy*, in: Ran Lahav und Maria Tillmanns (Hg.), *Essays on Philosophical Counseling*, S. 61-74, University Press of American, Lanham 1995; *Philosophical Counseling and Self-Transformation*, in: Elliot Cohen (Hg.), *Philosophy, Counseling, and Psychotherapy*, Cambridge Scholars Press, 2013.

unterscheidet sich offenkundig sehr von der Vision, welche über die Zeiten hinweg die großen Philosophen anspornte, die eher danach trachteten, das „normale" Leben *in Frage zu stellen*, als es zu begünstigen. Sokrates, Rousseau oder Nietzsche waren darauf aus, die Menschen aus ihrem Schlummer aufzuwecken, ihre bequemen Annahmen zu hinterfragen, sie mit neuen Einsichten wachzurütteln, und nicht, sie in ihr normales tägliches Dahindösen zurückzuschicken. Man sollte hoffen, dass die Philosophie Größeres leisten kann, als die Leute zufrieden zu machen.

Man könnte diese Philosophischen Praxen, die darauf abzielen, persönliche Probleme anzusprechen, *kleine Philosophische Praxen* nennen, weil sie der Philosophie eine begrenzte Aufgabe geben: sich mehr mit spezifischen Elementen im Leben abzugeben, als die Grundlage des Lebens zu untersuchen. Der Name gibt auch an, dass die Ansprüche an eine solche Praxis begrenzt sind: Zufriedenheit herstellen. Demgegenüber ist es das Ziel der Philosophischen Praxis, wie ich es sehe, nicht das Lösen und Zufriedenstellen, sondern das Wachrufen vergessener Unzufriedenheiten und Sehnsüchte, das Transzendieren unserer alltäglichen Bedürfnisse, das Erwecken von Staunen, Ehrfurcht und sogar Verwirrung, und uns auf diesem Weg neue Türen hin zu größeren Horizonten des Verständnisses und des Lebens zu öffnen.

Das heißt nicht, dass kleine Philosophische Praxen abgelehnt werden sollten. Wenn die Philosophie genutzt werden kann, um mehr Menschen zufriedener zu machen, dann liegt darin nichts Falsches. Aber diese Art von Tätigkeit hat wenig zu tun mit der Philosophie in ihrem hergebrachten tieferen Sinn, dem des Suchens nach einem Leben voller Weisheit.

So viel zur Unterscheidung der Philosophischen Praxen nach ihrem Ziel. Allerdings können sie auch entsprechend ihrer Methode unterteilt werden, und hier unterscheiden wir zwischen zwei Hauptgruppen. Zunächst sind da jene Philosophischen Praxen, die großen Wert auf die rationale Analyse legen, oder allgemeiner, auf das kritische Denken.[15] Die Verfechter dieses *Kritisches-Denken-Ansatzes* glauben, dass die Philosophie grundsätzlich ein Unterfangen der rationalen Analyse sei. Deshalb müssten sich die Methoden der philosophischen Beratung auf

---

15. Siehe insbesondere Elliot Cohen, *What Would Aristotle Do?*, Prometheus, Amherst, NY 2003.

Hilfsmittel des logischen Denkens stützen wie das Formulieren von Argumenten, das Aufspüren logischer Gültigkeit und von Täuschungen, das Aufdecken verborgener Annahmen oder das, was allgemein „kritisches Denken" genannt wird. Kritisches Denken kann angeblich dazu verwendet werden, Einzelpersonen zu helfen, ihre persönlichen Probleme, ihr Verhalten, ihre Glaubensüberzeugungen und sogar ihre Emotionen zu analysieren.

Dieser Ansatz scheint mir an mehreren schweren Problemen zu leiden. Erstens: Aus sechsundzwanzig Jahrhunderten Philosophie nimmt er nur die Hilfsmittel zum logischen Denken und ignoriert alle übrigen philosophischen Schätze. Er nutzt nicht das reiche, komplexe Korpus philosophischer Ideen, das über die Zeitalter hinweg entwickelt worden ist, und befriedigt sich nur mit den Mitteln der rationalen Analyse. Dies scheint mir eine beklagenswerte Verarmung des potenziellen Beitrags der Philosophie zum Leben zu sein. Der unverhältnismäßige Fokus auf das technische „Wie" lässt zwangsläufig das wichtigere „Was" großer Philosophien außen vor.

Zweitens: Die Idee, dass kritisches Denken ein zentraler Bestandteil in den Philosophien der großen Denker sei, ist sehr fragwürdig. Nahezu sämtliche Philosophen der Geschichte taten viel mehr, als logische Fertigkeiten anzuwenden, um Ideen zu analysieren: Sie *schufen* Ideen und erdachten dabei komplexe und großartige Theorien, um Licht auf grundlegende Lebensfragen zu werfen. Ihre Arbeit war durch Weltvisionen inspiriert und wurde mehr durch Schöpfer- und Vorstellungskraft genährt, als dass sie auf trockene, technische, logische Fähigkeiten beschränkt war.

Drittens: Kritisches Denken scheint kein Alleinstellungsmerkmal der Philosophie zu sein — jede seriöse akademische Lehre benutzt es. Juristen, Volkswirte, Politiker und Psychologen greifen nicht weniger auf kritisches Denken zurück als Philosophen. Der Umstand, dass eine gegebene Praxis kritisches Denken anwendet, macht sie noch nicht philosophisch.

Die Alternative zum Kritisches-Denken-Ansatz ist, was man den *Weisheitsansatz* nennen kann. Hier liegt der Schwerpunkt nicht auf rationaler Analyse und kritischem Denken (auch wenn diese eine Rolle spielen können), sondern auf tiefsinnigen philosophischen Ideen. Seine Hauptaufgabe ist es nicht, Ideen zu analysieren, sondern Ideen zu schaffen und zu erdenken, weil er darauf aus ist, reichhaltige Verständnisse des Lebens zu entwickeln. Dieser Ansatz verwendet die

Schätze der Weisheit aus der Geschichte der Philosophie, allerdings
nicht als Autoritäten, denen zu folgen sei, sondern als Quellen der
Eingebung für persönliche Erkundung, für persönliches Wachstum.

Aus allem, was ich bislang vorgetragen habe, geht klar hervor, dass
mein eigener Denkansatz auf das Ziel Selbstentwicklung (in Form der
Selbsttransformation) ausgerichtet ist und dass er Weisheit sucht, die
weit über kritisches Denken hinausgeht. Dies ist die Herangehensweise,
die ich in diesem Buch präsentieren werde und die aus meiner Tätigkeit
als philosophischer Praktiker erwachsen ist.

Philosophische Praxis gegen Psychologie

Die Vorstellung, dass die Philosophie uns helfen kann, uns selbst zu
verstehen und ein erfüllteres Leben zu führen, könnte wie eine
Übertretung der Grenzen zur Psychologie erscheinen. Ist es denn nicht
das Geschäft des Psychologen, unsere persönlichen Zwangslagen zu
behandeln?

Ich kann nicht im Namen aller philosophischen Praktiker sprechen.
In meinen Augen gibt es in der Tat viele philosophische Praktiker, die
in ihrer Praxis psychologische Methoden und Ideen benutzen. Was sie
meiner Meinung nach tun, ist nicht wirklich eine philosophische Art
des Verfahrens, sondern mehr eine psychologische Beratung, vermischt
mit ein paar philosophischen Elementen. Was sie diesbezüglich tun,
unterscheidet sich nicht sehr von kognitiver Psychotherapie,
existentieller Psychotherapie oder anderen philosophieorientierten
Psychologien, die heute üblich sind. Das finde ich schade, denn es
verwässert die großen Potenziale des Philosophierens und verfehlt die
einzigartigen Mächte des Philosophierens, die sich sehr vom
Psychologisieren unterscheiden.

Da ich jedenfalls hier lediglich für mich selbst sprechen kann, werde
ich von jetzt an nur meine eigene philosophische Vision und meine
eigene Annäherung an das Praktizieren von Philosophie besprechen.
Lassen Sie mich mit einer historischen Perspektive anfangen.

Die Psychologie ist ein sehr junges Fachgebiet, verglichen mit der
langen Geschichte der Philosophie. Die Philosophie im Westen ist 2600
Jahre alt, während die Psychologie als gesonderter Bereich mit
wissenschaftlichen Ansprüchen erst Ende des neunzehnten und Anfang
des zwanzigsten Jahrhunderts hervortrat. Vor dem Entstehen der
Psychologie war das Studium des menschlichen Fühlens, Erkennens
und Verhaltens ein Teil der Philosophie gewesen. Bedeutende

Philosophen untersuchten die Zeitläufe hinweg die menschliche Psyche, klassifizierten Geisteszustände, erklärten psychologische Vorgänge, erforschten die Quellen von Emotionen und Gedanken, ihre Funktion und ihre Beziehungen untereinander.

Etwa zur gleichen Zeit, als die Psychologie sich von der Philosophie löste, um eine Wissenschaft zu werden, gegen Ende des neunzehnten Jahrhunderts, erschien eine angewandte Form von Psychologie auf der Bühne: die psychologische Therapie oder „Sprechkur". Sie wuchs rasch heran, wurde in unserer heutigen Welt zu einem bedeutenden Berufsfeld und gewann ein fast vollständiges Monopol über die Behandlung persönlicher Zwangslagen. Sigmund Freud war einer der führenden Pioniere und ein Mitwirkender bei der Konsolidierung der Psychologie als Seelentherapie. Das neue Gebiet begann sich bald in verschiedene Gebiete und Teilgebiete aufzusplittern („Psychoanalyse", „kognitive Psychotherapie", „humanistische Psychotherapie" usw.), doch der Einfachheit halber werde ich sie sämtlich als Formen von „Psychotherapie" betrachten.

Die Psychotherapeuten werden heute als Fachkräfte eingestuft: Sie sind mit Theorien über das Wirken menschlicher Gefühle und des Verhaltens und mit Methoden des Eingreifens ausgestattet, sie sind darauf trainiert, die notwendige Sensibilität beim Zusammenspiel mit Kunden zu entwickeln und dazu die Fertigkeiten, persönliche Probleme zu analysieren und bei ihrer Lösung zu helfen. In diesem Sinne kann der Aufstieg der Psychotherapie im vergangenen Jahrhundert als ein Übergang vom weisheitsbasierten Bestreben der traditionellen Philosophie zu einem neuen, fähigkeits- und wissenschaftsbasierten Unterfangen angesehen werden: vom Weisen zum Fachmann, von Lebensvisionen zu beruflichen Theorien und Techniken. In der technikbestimmten Welt von heute, die Fertigkeiten und Professionalismus höher einschätzt als Weisheit, ist es kein Wunder, dass der Psychotherapeut als Autorität in Sachen persönliche Zwangslagen anerkannt ist. Die moderne Bewegung der Philosophischen Praxis kann als Aufruf betrachtet werden, zu den Wegen der Weisheit zurückzukehren.

All dies jedoch ist eine Übervereinfachung. Die Psychotherapie ist heutzutage keine einzelne Sache, sondern ist aus Hunderten von verschiedenen Vorgehensweisen zusammengesetzt, und jede Vereinfachung führt zwangsläufig zur Ungerechtigkeit gegenüber einigen von ihnen. Manche psychologischen Ansätze enthalten philosophische Elemente, und als solche stehen sie nicht völlig außerhalb der Grenzen der Philosophie. Durchaus überschneiden sie sich teilweise mit bestimmten Formen der Philosophischen Praxis. Dies kommt nicht überraschend, weil sich die meisten Fachgebiete heute beträchtlich mit anderen Arbeitsfeldern überlappen: Physiker betreten oft das Territorium der Chemie, Chemiker gehen in die Biologie, Sozialpsychologen in die Soziologie. Wir können vernünftigerweise keine klare Trennlinie zwischen der Praxis der Philosophen und der Praxis der Psychologen ziehen. Es wäre deswegen besser, eine Unterscheidung zu treffen nicht zwischen dem, was Psychologen tun, und dem, was philosophische Praktiker tun, sondern mehr zwischen psychologischen Arten des Denkens und philosophischen Arten des Denkens, ungeachtet davon, ob sie im Arbeitsraum des Psychologen oder im Arbeitsraum des Philosophen vor sich gehen.

Aus dem Blickwinkel meines eigenen Denkansatzes gibt es mehrere grundlegende Unterschiede zwischen diesen beiden:

Wie es der Name nahelegt, arbeitet die Psychologie mit der Psyche. Sie hat es mit *Prozessen* oder *Mechanismen* im Leben der Einzelnen zu tun, die ihre Gefühle, Gedanken, Verhaltensweisen und Einstellungen formen. Im Gegensatz dazu arbeitet die Philosophie hauptsächlich mit *Ideen*. Die Philosophische Praxis als eine Form des Philosophierens gründet auf der Erkenntnis, dass Ideen eine gewaltige Macht haben, uns zu bewegen und unser Leben zu verwandeln.

Den Beweis für diese Macht kann man sehen, wie schon angemerkt, wenn eine von einer sozialen Vision beseelte Person eine tiefe Wandlung, eine Einsicht in sich selbst oder ein neues, existenzielles Gewahrwerden des Todes durchmacht. Das Problem ist, dass wirkungsmächtige Ideen nicht notwendigerweise tiefgründig und zuträglich sind; tatsächlich sind sie manchmal dogmatisch und hohl, dann engen sie das Leben mehr ein, als dass sie es ausweiten. Beispiele sind starre religiöse Lehren oder rassistische Ideologien, die zur Gehirnwäsche des Einzelnen eingesetzt werden. Die Herausforderung ist daher, Wege zu finden, um die einzelnen Menschen mit Ideen zu inspirieren, die öffnen, vertiefen und bereichern können. Die Philosophie, die eine kritische und ergebnisoffene Erkundung der grundlegenden Lebensfragen darstellt, ist das natürliche Mittel zu diesem Zweck.

Die Philosophie ist nicht an jeder Idee interessiert, die die Leute zufällig haben. Sie ist nicht an Durchschnittsmeinungen oder volkstümlichen Arten des Denkens interessiert — diese sind für den Psychologen oder Soziologen von Belang. Sie ist nicht daran interessiert, wie die Menschen *normalerweise* denken, sondern an *potenziellen* Arten des Denkens, die Stimmigkeit, Tiefe, Sinngehalt und Weisheit ausdrücken.

Dies führt zum zweiten grundsätzlichen Unterschied zwischen den zwei Praxen. Die Psychologie als Studium dessen, was die Leute fühlen, denken und wie sie auftreten, richtet ihren Blick auf die Skala *tatsächlicher* menschlicher Funktionen. Die Philosophische Praxis hingegen ist in erster Linie an den höheren Dimensionen des Daseins interessiert, an jenen Dimensionen, die selten und oft verborgen sind. Die Hauptaufgabe der Psychotherapie ist es, das menschliche Leben funktionell und befriedigend im Verhältnis zum normalen menschlichen Leben zu machen, während die Mission der Philosophischen Praxis (wie ich sie sehe) es ist, sich über die Normalität zu erheben, über die Funktionalität, das zu suchen, was kostbar und sogar tiefgründig ist.

In dieser Hinsicht ähnelt die Philosophische Praxis, wie ich sehe, den alten Philosophieschulen im Westen wie etwa dem Stoizismus oder dem Neoplatonismus. Diese waren ebenfalls nicht an der Lösung persönlicher Probleme und der Wiederherstellung normaler menschlicher Funktionen interessiert, sondern daran, die Menschen zu veranlassen, über ihren gewöhnlichen Zustand hinauszugehen und eine höhere Seinsweise zu erlangen.

Daraus folgt, dass die für die Ausübung der zwei Tätigkeiten erforderlichen Befähigungen gleichfalls sehr verschieden sind. Die Psychologen bedürfen der Fähigkeit, normales und unnormales menschliches Befinden zu behandeln. Dies schließt die Kenntnis normaler und unnormaler menschlicher Funktionen und Zwangslagen ein, Sensibilität gegenüber Menschen und Fertigkeiten zur Analyse menschlicher Situationen und zur Nutzung von Interventionstechniken. Philosophische Praktiker dagegen haben erfahrene Reisende im Reich der Ideen zu sein. Sie müssen ein umfassendes Wissen über geschichtliche Konzepte für grundlegende Lebensfragen besitzen, eine große Fähigkeit, kreativ Ideen zu entwickeln, und die Weisheit und Lebenserfahrung, dies in den Zusammenhang mit den höheren Dimensionen der menschlichen Existenz zu bringen. Kurzum, man könnte auf dem Wege einer groben Verkürzung sagen, dass die Psychologie das Leben behandelt, wie wir es um uns sehen, während die Philosophische Praxis zu den weitesten und tiefsten Horizonten des menschlichen Daseins reisen möchte.

Jenny hat anscheinend alles — einen gut bezahlten Job, einen liebevollen Gatten, einen Lebensstil der oberen Mittelklasse, zwei ausgeglichene Kinder und viele Freunde. Zehn Jahre lang hatte sie hart als freischaffende Journalistin gearbeitet, bis sie vor ein paar Monaten endlich eine feste Anstellung bei einer renommierten Zeitschrift fand. Und doch fühlt sie neuerdings, dass etwas in ihrem Leben fehlt, sie weiß nicht, was. Dann und wann wird sie von einem dumpfen Unbehagen ergriffen und von einem Gefühl, dass sie ihr Leben verschwendet. Die Diskussionen mit ihrem Therapeuten über ihre Kindheit scheinen wenig zu helfen.

„Mir scheint", sagt der Therapeut irgendwann, „dass Sie nicht wollen, dass ich Sie von Ihrer Unzufriedenheit heile'. In Wirklichkeit brauchen Sie nicht wirklich eine Heilung."

„Was meinen Sie? Ich fühle eine Leere und sie lastet fast Tag für Tag auf mir."

„Stellen wir uns vor, Jenny, dass ich Ihnen eine Wunderpille geben könnte, die Ihre Unzufriedenheit verschwinden ließe. Sie brächte Sie zurück in Ihr normales Leben und Sie würden sich genauso zufrieden fühlen wie vor zwei oder drei Jahren. Würden Sie diese Pille nehmen?"

„Nein", gibt Jenny zu. „Ich möchte nicht zu dem zurück, was Sie mein ‚normales' Leben nennen. Ehrlich gesagt, ich finde mein ‚normales' Leben nicht mehr reizvoll. Es braucht einen großen Wechsel."

„Genau", folgert der Therapeut. „Sie sind frustriert nicht wegen irgendeines psychologischen Problems, sondern weil Sie sich danach sehnen, zu wachsen, Ihr Leben auszuweiten. Warum versuchen Sie nicht, Ihren Berufsweg zu ändern? Oder nehmen ein Sabbatjahr und touren durch die Welt? Oder, noch besser, gehen zu einem philosophischen Berater?"

Jenny beginnt einen philosophischen Berater aufzusuchen. Durch ihre Gespräche entdeckt sie, dass sie wie die meisten anderen Leute eine Gefangene gewisser Ideen darüber ist, wie das Leben sein soll. Ihre persönliche platonische „Höhle" ist zum Teil ihre stillschweigende Annahme, dass es das Ziel des Lebens sei, eine Familie zu haben und Karriere zu machen. Hat jemand einmal eine gut funktionierende Familie und eine gut bezahlte Arbeit, sollte sein Leben mutmaßlich bedeutungsvoll sein. Diese Idee, die sie immer für selbstverständlich gehalten hat, selbst wenn sie sie nicht in Worte gefasst ist, hat sie angespornt, hart, fast wie besessen zu arbeiten, und sie hat ihr Verhalten, ihre Einstellungen,

Hoffnungen und Pläne geleitet. Jetzt, da sie das Ziel eines festen Arbeitsplatzes erreicht hat, wird ihr klar, dass ihr das nicht reicht.

„In Ordnung", sagt Jenny, „ich beginne meine Grenzen zu sehen — in der Theorie. Aber praktisch gesprochen: Wie überschreite ich sie?"

„Nicht so schnell", erwidert Linda, die philosophische Beraterin. „Vor dem Überschreiten müssen Sie ein tieferes Verständnis von dem gewinnen, woraus sie heraustreten."

„Meinen Sie meine Kindheitserfahrungen, Abwehrmechanismen und all das?"

„Nein, Jenny, wir machen keine Psychotherapie. In der Philosophie denken wir über Ideen nach — Ideen über das Leben, darüber, was es bedeutet, erfüllt zu leben, darüber, was wichtig und kostbar ist. Wir arbeiten am Verständnis ihrer tieferen Bedeutung und was sie für Sie persönlich bedeuten könnten. Bis zu einem gewissen Grad kann ich Ihnen dabei helfen. Aber des Weiteren haben wir einen 2500 Jahre alten Schatz von Schriften von den großen Geistern, die schon viele Ideen über grundlegende Lebensfragen entwickelt haben, und einige von ihnen könnten Ihnen Einsichten und Eingebungen vermitteln, mit denen Sie Ihren eigenen Weg entwickeln."

Linda führt nun mehrere Passagen des antiken Philosophen Epikur in die Diskussion ein in der Hoffnung, dass sie helfen, Jenny einen neuen Blickwinkel auf sich selbst zu verschaffen. Jenny ist fasziniert von Epikurs Unterscheidung zwischen wahren Bedürfnissen (wahren Wünschen) und falschen Bedürfnissen (falschen Wünschen) und seiner Behauptung, dass das meiste, was wir zu brauchen meinen, keine wahren Bedürfnisse seien.

„Aber was ist dann ein wahres Bedürfnis?", wendet Jenny ein.

„Das ist eine ausgezeichnete Frage, Jenny. Denken wir gemeinsam darüber nach."

„Nun, Epikur hat anscheinend eine endgültige Antwort auf diese Frage."

„Hat er tatsächlich."

„Ich glaube, dass er sagt, dass ausgefallene Dinge hinter dem elementaren Dasein keine wahren Bedürfnisse sind. Für ihn brauchen wir wirklich nicht viel Geld über das hinaus, was für ein schmerzfreies Überleben nötig ist. Wir brauchen keine teure Kleidung und keine größeren Wohnstätten. Und wenn ich dies auf das moderne Leben anwende, dann brauchen wir wirklich keine neuen elektronischen Gadgets oder schicken Autos."

Linda, die philosophische Beraterin, nickt zustimmend. Jenny fügt hinzu: „Aber warum wollten Sie, dass ich dies lese? Ich kaufe kein extravagantes Zeug, ich bin nicht sehr an Luxus interessiert. Das mag ein Problem für andere Leute sein, aber nicht für mich!"

„Ich verstehe, Jenny. Aber gehen wir tiefer. Zusätzlich zu den spezifischen Einzelheiten seiner Philosophie hinterlässt uns Epikur eine allgemeine Prüfung, damit wir entscheiden, welche unserer Begehren auf einem wahren Bedürfnis beruhen und welche Begehren auf einem falschen Bedürfnis gründen."

„Eine allgemeine Prüfung?"

„Ja. Ein allgemeines Kriterium zur Beurteilung unserer Wünsche oder Bedürfnisse."

„Sie meinen, dass wahre Wünsche diejenigen sind, die uns glücklich machen?"

„Genau. Ein Bedürfnis ist wahr, wenn seine Befriedigung Ihnen voraussichtlich ein Glücksgefühl verleiht oder das, was er Vergnügen nennt. Epikur meint einen ruhigen, schmerzfreien Geisteszustand ohne Beklemmung oder Leid."

Jenny überlegt. „Nein, ich glaube nicht, dass ich das mag. Ich strebe nicht danach, zufrieden oder sogar glücklich zu sein. Ich will fühlen, dass ich etwas mache … Ich weiß nicht, etwas Sinnvolles."

„Ausgezeichnet. Über die Nichtübereinstimmung mit Epikur beginnen Sie jetzt mit der Entwicklung Ihres eigenen Verständnisses wahrer Bedürfnisse. Das ist das Angenehme bei tiefsinnigen Denkern: Sie inspirieren Sie, selbst zu denken, selbst wenn Sie mit Ihnen nicht einer Meinung sind. Genau genommen ist die Zustimmung oder Nichtzustimmung mit ihnen überhaupt nicht der Punkt."

„In Ordnung, wohin gehen wir dann von hier aus?"

„Sie sagen, Jenny, dass das, was Sie wahrhaftig brauchen, wonach Sie wahrlich suchen, nicht das Glücksgefühl sei, sondern das Tun von etwas Sinnvollem. Nun, was für Dinge, glauben Sie, sind denn sinnvoll?"

Es folgt ein Gespräch. Sie vertiefen sich nicht in Jennys Psychologie — in ihre verborgenen Wünsche, unbewussten Ängste oder Kindheitserfahrungen, wie es wohl ein Psychologe täte. Die zwei konzentrieren sich nicht auf Jennys vorhandene *Bedürfnisse, sondern auf ihre* potenziellen *Bedürfnisse, jene Bedürfnisse, die sie noch nicht hat, aber die zu haben sich lohnen könnte. Die Frage, was sinnvoll ist, hat wenig mit Jennys Psychologie zu tun.*

In den nächsten zwei Sitzungen fahren Beraterin und Ratsuchende mit der Diskussion über diese Kernfrage fort, und sie verknüpfen sie auch mit Jennys früheren Einstellungen zum Leben und was sie in den letzten Jahren verfolgt hat. Jenny merkt, dass sie stets fest umrissene Bedürfnisse und Ziele hatte — eine „solide" Karriere und ein „solides" Zuhause, wie sie es ausdrückt — und sie mit viel Einsatz verfolgte, ohne sie jemals zu hinterfragen. Sie hatte sich niemals selbst gefragt, ob diese Ziele es wert waren, ihnen nachgejagt zu werden, und was sie vermutlich mit ihrem Leben tun würde. Sie hatte nie die Möglichkeit alternativer erstrebenswerter Ziele in Betracht gezogen.

Ab und zu führt Linda weitere relevante Philosophien wahrer Bedürfnisse und von Sinnhaftigkeit ins Gespräch ein. Sie erwähnt Herbert Marcuses Sicht auf wahre Bedürfnisse als Befreiung von repressiven sozialen Strukturen, deren das Einzelwesen oft nicht bewusst ist. Sie nennt auch William James' Ansicht, dass eine sinnvolle Tätigkeit eine sei, die einen Kampf zur Erfüllung eines persönlichen Ideals beinhalte.

„Nicht alles, was diese Denker sagen, findet bei mir einen Nachhall", sinniert Jenny nach einem langen Gespräch, das persönliche Erfahrungen und abstrakte Ideen kombiniert. „Aber was ich von ihnen mitnehme, ist die Erkenntnis, dass meine Ziele sich auf mein inneres Leben auswirken. Die Ziele, die ich verfolge, formen die Art von Person, die ich bin. Ich sollte mehr an mein inneres Leben denken, nicht so sehr an das, was ich tue und erreiche."

„Es ist gut, Jenny, dass sie keinen dieser Denker für einen Heilsbringer halten. Sie sind nur spezifische Stimmen in einem prächtigen Chor des Lebens. Doch wohin führt uns Ihre Folgerung? Sie wollen ihr inneres Leben weiterentwickeln — aber wie? Wenn Sie frei wählen könnten, welche Art von innerem Leben möchten Sie?"

„Nun ... ich weiß es noch nicht. Mir fällt kein Weg ein, diese Frage zu beantworten."

In der darauffolgenden Sitzung legt Linda drei kurze philosophische Texte vor und erklärt jeden von ihnen mit ein paar Worten. Zuerst erläutert sie die leidenschaftliche Selbstschöpfung von Nietzsches „Übermensch"; danach Emersons Aufgeschlossenheit gegenüber einer inneren Quelle der Eingebung; und schließlich Bergsons ganzheitliche und gestaltende Sinfonie von Erfahrungen. In den nächsten Sitzungen hilft Linda Jenny darüber nachzudenken, wie diese Philosophien einen Zusammenhang zu ihrem Alltag herstellen könnten, ermutigt sie aber auch, sie auf jede Weise zu ändern, die ihr gefalle.

Als Jenny sich selbst durch die Brille dieser Ideen untersucht, gewinnt sie neue Einsichten über sich. Sie versteht jetzt, dass sie in ihrer engen Vorstellung von dem, was das Leben ausmacht, erstickt worden war und dass sie sich danach sehnt, zu expandieren. Neue Perspektiven auf die menschliche Erfahrung beginnen sich für sie aufzutun und sie zu inspirieren. Obwohl sie mit ihrem Job weitermacht, spürt sie den Beginn eines neuen inneren Wandels.

„Ich bin dazu gekommen, zu merken, dass ich in meinem Inneren breiter sein kann — jawohl, ‚breiter' ist das Wort, das in mir schwingt, obwohl ich es noch nicht genau definieren kann. Doch selbst ohne Definition spüre ich, dass

etwas in mir lange zusammengepresst gewesen ist. Und ich weiß, dass es so nicht weitergehen muss. "

Sie beschließt, sich nicht um das Definieren der Wörter zu kümmern, die sie auf ihre eigene, einzigartige Weise zu verwenden beginnt: „breit", „eng", „expandieren", „geschrumpft". Wie Linda sagt, sei sie im Prozess des Entstehens ihrer eigenen Vision des Lebens, und es würde Zeit und eine Menge Selbstbesinnung und Experimentieren kosten, um ihr selbst diese Vision klarzumachen.

Jennys Fall verdeutlicht, wie sehr sich die Philosophische Praxis von der Arbeit eines Psychotherapeuten mit seinem psychologischen Untersuchungsmaterial unterscheidet. In der Philosophischen Praxis arbeiten der Philosoph und der Ratsuchende hauptsächlich mit Ideen über das menschliche Dasein, vor allem mit jenen, die einen Bezug zu den höheren Dimensionen des Lebens herstellen — etwas, was die meisten Psychologen als Ablenkung von den wahren Sachverhalten ansähen. Laut den meisten Formen von Psychotherapie sind die wahren Themen psychologische Faktoren, die das Wohlergehen des Einzelnen beeinflussen: Kindheitserfahrungen und Abwehrmechanismen (in der Tiefenpsychologie), Glaubenssysteme (in der kognitiven Verhaltenstherapie), Selbstempfindungen (in der klientenzentrieren Psychotherapie) und so weiter. Demgegenüber sind für den Philosophen die in der Psyche der Person befindlichen Dinge nicht von vorrangigem Interesse. Die Philosophie geht über Ideen.

Sicher benutzen auch Psychologen Ideen (oder Theorien) bei ihrer Arbeit, allerdings vornehmlich als Instrumente für ihre Arbeit und weniger als etwas, was mit ihren Kunden zu diskutieren wäre. So könnte zum Beispiel ein Freud'scher Analytiker eine Theorie über verdrängte belastende Erfahrungen *benutzen* und ein kognitiver Psychotherapeut könnte eine Theorie darüber *benutzen*, wie Glaubensüberzeugungen die Emotionen beeinflussen, aber sie erörtern und analysieren diese psychologischen Theorien nicht mit ihren Kunden. Ebenso könnten klientenzentrierte Therapeuten die Idee *ins Spiel bringen*, dass bedingungslose Zustimmung Wachstum fördert, aber die Therapie selbst besteht nicht darin, den Kunden diese Idee zu erläutern und sie gemeinsam zu diskutieren. Für den Psychotherapeuten sind psychologische Theorien Werkzeuge, um mit ihnen zu arbeiten, keine Diskussionsthemen in der Psychotherapiesitzung.

Im Gegensatz dazu steht in der Philosophischen Praxis die Erörterung von Ideen (Begriffen, Theorien, Voraussetzungen, Argumenten usw.) im Mittelpunkt des Verfahrens. Keine Theorie gilt als selbstverständlich. Jede vorgebrachte Theorie ist offen für Diskussion, Änderung oder Ablehnung.

Es kann eingewandt werden, dass einige Psychotherapieformen auch Diskussionen mit Kunden über Ideen beinhalten. Dies ist nur in einem eingeschränkten Sinn richtig. Kognitivtherapeuten zum Beispiel erörtern vielfältige Themen mit ihren Kunden, aber die Diskussion ist eine Technik zur Beeinflussung der Kunden hin zu „positiven" Gedanken oder „zweckmäßigen" Verhaltensweisen. Die Zwiegespräche sind nicht dazu da, die Welt der Kunden zu bereichern, sondern sie in eine vorher festgelegte Richtung zu beeinflussen. Bei diesem Vorgang werden die Kunden mehr hin zu ganz simplen Weltbildern oder praktischen Lösungen gelotst als zu komplexen, tiefen und sogar verwirrenden Verständnishorizonten. Die philosophische Diskussion ist hingegen eine wahrhaft ergebnisoffene Untersuchung und wird von einem aufrichtigen Versuch geleitet, reichhaltigere und tiefer gehende Auffassungen über das Leben zu entwickeln.

Die vielleicht am meisten philosophisch ausgerichtete Form von Psychotherapie ist die existenzielle Therapie (und existenzielle Beratung). Die existenzielle Psychotherapie fußt auf den Ansichten bedeutender existenzialistischer Philosophen — Friedrich Nietzsche, Karl Jaspers, Martin Heidegger, Jean-Paul Sartre und anderer —, die das menschliche Befinden als offen, als ständige Aufgabe darstellten. Nach diesen Denkern bedeutet volles Menschsein, mit den Grundaspekten des Lebens zu kämpfen, vor allem die Suche nach Sinngehalt, den Versuch, authentisch zu sein, das Bedürfnis nach voller Anerkennung der eigenen Freiheit und Verantwortung, das eigene grundlegende Alleinsein und den eigenen bevorstehenden Tod. Diese philosophischen Ideen sind von den existenziellen Psychotherapien als ihre theoretische Grundlage angenommen worden. Ein wirkmächtiges Beispiel ist Irvin Yalom, ein einflussreicher US-amerikanischer existenzieller Psychiater, dessen Ansatz auf der Auffassung gründet, dass die Menschen üblicherweise mit vier Haupt-Lebensfragen kämpften (oder grundlegenden „Gegebenheiten": Freiheit, Isolation,

Sinngehalt und Tod), die an der Wurzel der meisten persönlichen Zwangslagen stecken würden.[16]

In einem bestimmten eingeschränkten Sinn ist diese Art von Therapie philosophisch, da sie sich mit Lebensfragen befasst, die der Hauptgegenstand vieler philosophischen Diskussionen gewesen sind. Andererseits ist sie nicht voll philosophisch, weil sie einer spezifischen Theorie, nämlich dem Existenzialismus, verpflichtet ist. Sie nimmt den Existentialismus als Doktrin, als Therapiegrundlage, und nicht als eine mögliche Philosophie neben vielen anderen zum Diskutieren. Während der Sitzung gibt es nicht viel Raum, um existenzialistische Annahmen in Frage zu stellen oder alternative Lebensauffassungen ernsthaft in Betracht zu ziehen, bestimmt nicht mit dem Kunden. Aus diesem Grund setzt die existenzielle Psychotherapie, obwohl sie gewisse philosophische Elemente enthält, kein wahres Philosophieren mit den Kunden ein, wie es die Philosophische Praxis tut.

So wie eine gegebene Psychotherapie philosophische Elemente enthalten kann, kann eine Philosophische Praxis psychotherapeutische Elemente in dem Maß beinhalten, wie sie die psychologischen Prozesse und Mechanismen des Kunden berücksichtigt. Das Bewusstsein sowohl für die psychologischen als auch die philosophischen Perspektiven ist in der Tat hilfreich, da diese zwei wichtigen Dimensionen des Lebens sind, die nicht ignoriert werden dürfen.

---

16. *Love's Executioner*, Basic Books, New York 1988. Siehe vor allem das Vorwort.

Teil 3

Unsere platonische Höhle: der Umkreis

Bis jetzt habe ich ganz allgemein über die „platonische Höhle" gesprochen, die uns gefangen hält, und darüber, wie die philosophische Reflexion uns helfen könnte, aus ihr hinauszutreten. Jetzt ist die Zeit gekommen, mit dem Übersetzen dieser Ideen in konkrete, praktische Begriffe zu beginnen.

Der Ausgangspunkt des philosophischen Prozesses ist immer die Erkenntnis, dass ich ein Gefangener meiner Beschränktheiten bin. Erst wenn ich merke, wie eingeengt mein Leben ist, erst wenn ich die engen Grenzen meiner Welt erkenne, kann ich anfangen, sie kämpfend zu überwinden. Erst wenn ich verstehe, dass ich in meiner platonischen Höhle gefangen bin, kann ich versuchen, hinauszutreten und mein Leben auszuweiten.

Aber was genau ist eine platonische Höhle?

Der Umkreis

Im Alltag verlassen wir uns ständig auf die Art, wie wir unsere Welt verstehen — auf die Art, wie wir die Menschen um uns verstehen, auf die Art, wie wir die Situationen verstehen, in denen wir uns befinden, auf unser Verständnis dessen, wer wir sind, ja sogar des Lebens allgemein. Es verhält sich nur deshalb so, weil wir die Situation auf eine bestimmte Weise begreifen, sodass wir uns zufrieden oder bestürzt fühlen, sodass wir ängstlich oder hoffnungsvoll reagieren, sodass wir uns diese Meinung oder jene Meinung zu eigen machen. Wenn ich mich zum Beispiel davor fürchte, auf eisigen Straßen zu fahren, ist dies so, weil ich verstehe, dass ein solches Fahren riskant ist. Wenn ich mich über meine Nachbarin ärgere, ist dies so, weil ich ihr Verhalten als ungerecht oder angriffslustig verstehe. Wenn ich gleichermaßen nicht verstehe, dass ich in einem Supermarkt bin und dass ein Supermarkt etwas ist, wo man Nahrungsmittel kauft, bin ich nicht imstande, mich auf eine Weise zu benehmen, die der Situation angemessen ist. Ich kann nicht ohne ein Bündel von Auffassungen über meine Umwelt angemessen funktionieren und fühlen. Obwohl ich nicht auf bewusste Weise über diese Dinge nachdenken muss, muss ich sie irgendwie begreifen.

Einige meiner Einsichten sind über spezifische Tatsachen: über meine jeweilige Familie und Nachbarschaft, über mein Auto oder mein Haus. Andere Erkenntnisse sind ein wenig allgemeiner: wie man sich in einem Laden verhält oder wie Geld benutzt werden kann. Aber es gibt eine besondere Art von Verständnissen, die grundlegender als die übrigen sind. Dies sind meine Auffassungen über die Grundprinzipien, die die Grundlagen des Lebens betreffen. Sie sind meine persönlichen Antworten auf elementare Lebensfragen wie: Was ist im Leben bedeutsam? Was ist wahre Liebe? Was heißt es, frei zu sein? Was heißt es, gerecht, verantwortlich oder schuldig zu sein? Was ist Wahrheit oder Schönheit?

In unserem Alltag begegnen wir fortwährend diesen Grundfragen und beantworten sie. Wir tun es weniger in unseren abstrakten Gedanken, sondern hauptsächlich durch unsere täglichen Gefühle, Gedanken und Handlungsweisen. Unsere Pläne, Entscheidungen, Eifersüchteleien, Ressentiments, Hoffnungen, Begierden —diese und viele andere drücken unsere besondere Art aus, sie zu erzählen. Wenn ich zum Beispiel arbeitswütig bin, ist mein Bedürfnis nach ständiger Arbeit eine Aussage darüber, was im Leben wichtig ist, selbst wenn ich mir dessen nicht bewusst bin. Meine Arbeitssucht sagt praktisch: Die Produktivität ist das Wichtigste im Leben. Um ein anderes Beispiel zu geben: Wenn ich eine besondere Anstrengung unternehme, um einem armen Menschen zu helfen, drückt dieses Verhalten mein Verständnis von moralischer Verantwortung aus, nämlich dass die Menschen füreinander verantwortlich sind — selbst wenn ich vielleicht nicht fähig bin, dieses Verständnis in Worte zu fassen. Ebenso bekundet, wenn ich mich tief beleidigt fühle, wenn mein Ehepartner meine politischen Ansichten nicht teilt, diese Haltung meine Idee, dass Liebe Einvernehmen erfordert. Desgleichen artikulieren meine Entscheidungen — eine seichte Komödie oder einen anspruchsvollen Film anzuschauen, mit Freunden zu plaudern oder ein Buch zu lesen — mein Verständnis davon, was im Leben wertvoll ist. In diesem Sinn deuten wir ständig uns und Andere und stellen eine persönliche Antwort auf die grundlegenden Lebensfragen zusammen, gewöhnlich ohne uns dessen völlig bewusst zu sein.

Lisa und Emma sind Hochschulstudentinnen und arbeiten als Bedienungen im selben örtlichen Restaurant. Sie begannen ein paar Monate zuvor ihre Arbeit und kamen sofort gut miteinander aus. Bald freundeten sie sich an und fingen an, sich außerhalb der Arbeit zu treffen, um zusammen zu Mittag zu essen oder am Fluss entlang spazieren zu gehen. Doch trotz ihrer immer engeren Freundschaft kommen nunmehr Spannungen auf.

„Du erzählst mir nie etwas über dich selbst", beklagt sich Lisa oft. „Erzähl mir etwas!"

„Was denn? Ich habe nichts Interessantes zu erzählen."

„Etwa, was du heute getan hast, zum Beispiel. Oder wie deine Eltern sind."

„Ach was, das ist langweilig", würde Emma sagen. Und Lisa würde sich dabei erwischen, wie sie den Großteil des Gesprächs bestreitet. Sie würde Emma sehr ausführlich von Dingen berichten, die sie heute Vormittag getan hat oder was ihr gestern widerfahren ist, bis Emma des Zuhörens überdrüssig würde.

Emma empfindet nicht, dass sie versucht, etwas Persönliches vor Lisa zu verbergen, sie findet es einfach ein uninteressantes Gesprächsthema. „Lass uns Spaß haben!", würde sie sagen. „Was hältst du davon, ein Halstuch zu kaufen? Oder lass uns Tischtennis spielen — du hast mir erzählt, du hast es als Kind gespielt."

Eines Tages erfährt Lisa durch eine zufällige Bemerkung, dass Emma und ihr Freund zwei Wochen zuvor Schluss gemacht haben. Lisa ist tief verletzt, weil Emma ihr nichts davon erzählt hat.

„Du sagst, ich bin deine beste Freundin", ruft sie unter Seelenschmerzen aus, „aber du teilst nichts mit mir. Wie kannst du meine Freundin sein, wenn es dich nicht stört, mir nichts zu erzählen, was mit dir los ist?"

Wenn wir über die Einstellungen dieser zwei jungen Frauen nachdenken, können wir ersehen, dass sie unterschiedliche Auffassungen darüber haben, was Freundschaft bedeutet — wir könnten sogar sagen, unterschiedliche „Theorien" von Freundschaft. Für Lisa bedeutet Freundschaft Welten teilen: kleinere und größere Einzelheiten des täglichen Lebens teilen, Freuden und Schmerzen, Sorgen und Hoffnungen. Für Emma dagegen heißt Freundschaft zusammen erfreuliche Dinge tun. Anders gesagt, nach Lisas „Theorie" von Freundschaft ist der „Leim", der Freunde aneinanderbindet, das wechselseitige Teilen, während laut Emma dieser Leim der Spaß ist.

Interessanterweise hat keine von den beiden jemals in Worten kundgetan, was Freundschaft für sie bedeutet. Wenn wir sie bitten würden, Freundschaft zu definieren, wüsste keine, was sie sagen soll. Dabei drücken ihre Gefühle, Erwartungen und Handlungsweisen ein bestimmtes Verständnis von Freundschaft aus.

Wie Lisa und Emma deuten wir ständig unsere Welt, und wir tun es automatisch und gedankenlos. Diese Deutungen sind nützlich — du musst deine Welt interpretieren, wenn du in ihr leben willst, und du tust besser daran, nicht zu viel Zeit ans Denken zu verwenden, sonst beginnst du nie das zu tun, was du tun sollst. Aber oft sind sie auch unser Gefängnis, weil sie eine einseitige, enge, oberflächliche Betrachtungsweise vertreten. Diese bequeme, jedoch eingeengte Welt kann unser *Umkreis* genannt werden.

Mein *Umkreis* ist die Welt, wie ich normalerweise mit ihr zusammenhänge, oder genauer, wie ich sie verstehe. Er ist meine Art, meine Welt zu deuten und dabei bestimmte Dinge als interessant darzustellen und andere als langweilig, bestimmte Ziele als erstrebenswert und andere als unwichtig, bestimmte Handlungen als richtig und andere als falsch, bestimmte Stile als schön und andere als hässlich. Sie ist, kurz gesagt, der Gesamtbetrag meiner Verständnisse des Lebens, dieser Verständnisse, die nicht vorwiegend durch meine ausgesprochenen Meinungen ausgedrückt werden, sondern mehr durch meine gewohnten Verhaltensweisen, Emotionen und Einstellungen.

Der Ausdruck „Umkreis" weist auf die Doppelnatur meiner Welt hin. Auf der einen Seite unterstellt sie Komfort, Bequemlichkeit und Sicherheit. Ein Umkreis bedeutet eine abgegrenzte Fläche um mich herum, meine Komfortzone, das vertraute Habitat, wo ich weiß, wie ich vorankomme. Auf der anderen Seite zeigt das Wort auch eine Abgrenzung, eine Grenze, eine Beschränkung an. Mein Umkreis legt die Art von Bedeutungen fest, die eine gegebene Handlung in meiner Welt haben kann, und die Arten von Wert, die eine gegebene Sache haben oder nicht haben kann. Er bestimmt auch die Art von Ereignissen, die dazu tendieren, in meiner Welt zu geschehen (Intrigen und Verschwörungen beispielsweise, wenn ich ein misstrauischer Mensch bin), und die Rollen, die ich spielen könnte (so etwa den Clown, wenn ich es liebe, Aufmerksamkeit zu erregen). Er führt dazu, dass manche Situationen voraussichtlich immer wieder in meinem Leben vorkommen (Konflikte zum Beispiel, wenn ich die Welt als

Schlachtfeld interpretiere), und dass andere weniger wahrscheinlich sind oder sogar äußerst unwahrscheinlich. Und er ist ein Leben lang ziemlich unbeweglich; er bewegt sich nicht ohne Weiteres. Mein Umkreis markiert die Grenze dessen, was in meiner Welt vorgefunden werden kann und was dort nicht. Er ist, würde Platon sagen, meine Höhle.

Dies ist natürlich eine Vereinfachung. Ein Umkreis ist keine schlichte, scharfe Linie. Er ist oft komplex, mit vielen Bereichen der Unklarheit, der Abstufungen und der Mehrdeutigkeit. Aber von diesen Komplikationen abgesehen dürfen wir sagen, dass ein Umkreis das Repertoire meiner gewohnten Einstellungen zur Welt markiert — meine übliche Art, Dinge zu erleben, meine kennzeichnenden Reaktionen und Handlungsweisen, Gefühle und Vorlieben. Er umreißt das Reich meiner Möglichkeiten: die Art von Beziehungen, die ich mit Anderen haben könnte, die Arten von Sachen, die ich tun und sagen könnte, die Tätigkeiten, die ich interessant, vergnüglich oder beängstigend finden könnte, die Bedeutung, die ich in der Liebe, in Gott oder in der Freiheit finden könnte. Er ist die allgemeinen Grenzen meiner Welt.

Woher kommt mein Umkreis? Man könnte die Hypothese aufstellen, dass ein Teil von ihm von meiner besonderen Erziehung, Bildung oder sogar den Genen stammt. Andere Aspekte mögen ihren Ursprung im Einfluss meiner Kultur auf meine Art des Denkens und Fühlens haben. Wiederum andere Gesichtspunkte mögen von allgemeinen psychologischen oder biologischen Anlagen herrühren, die allen Menschen zu eigen sind. Im Großen und Ganzen könnten wir mutmaßen, dass der Umkreis einer Person die Folge vielfältiger psychologischer Mechanismen und Vorgänge in ihr und außerhalb von ihr sind. Doch die Natur dieser Mechanismen und Vorgänge sollte uns hier nicht interessieren. Das ist keine Angelegenheit für die Philosophie, sondern für die Psychologie, Soziologie, Anthropologie, die Neurowissenschaften oder kurz die Wissenschaft. Was uns hier als Philosophen interessiert, ist die Beobachtung, dass die Leute normalerweise in ihrem Umkreis eingeschlossen sind, nicht die Mechanismen hinter diesem Umstand. Mein Umkreis — unbeachtlich der Prozesse, die ihn hervorgebracht haben — schränkt mein Leben zu einem schmalen Stück Möglichkeiten ein, zu einer kleinen Region inmitten der weiten Horizonte der menschlichen Wirklichkeit.

Johann ist auf einer Party. Er lehnt an der Wand, beobachtet die Leute um ihn herum, wie sie miteinander plaudern, lachen und flirten. Er fühlt sich so anders als diese fröhlichen Menschen und ihnen so überlegen. Wann immer jemand zu ihm spricht, murmelt er unbeholfen. Seine Worte kommen zu intellektuell, zu düster aus ihm heraus.

Er spöttelt über diese blöden Leute, die laut und dumm daherreden, als ob es nichts Besseres zu tun gäbe, nichts Wichtigeres, worüber man sprechen kann. Er ist nicht wie sie, sagt er sich, er ist ein ernsthafter Mann. Er steht aufrecht und unbeweglich, beobachtet sie ruhig. Eine unsichtbare Mauer trennt ihn von den Anderen — und trennt seine Seinsweise von anderen möglichen Seinsweisen, die hinter seinen Horizonten, hinter seinem Umkreis liegen. Sein Repertoire beschränkt sich auf eine intellektuelle Einstellung zum Leben.

Es ist nichts Unrechtes dabei, gelegentlich intellektuell zu sein. Aber bei Johann ist das keine Wahlmöglichkeit. Es ist die einzige Art, die er kennt, sich mit Anderen in Beziehung zu setzen und überhaupt mit dem Leben ganz allgemein. Seine intellektuelle Einstellung sagt faktisch: „Jede Situation und jede Angelegenheit verdient eine ernsthafte intellektuelle Haltung." Man könnte sagen, dass dies Johanns „Theorie" des Lebens sei, sein grundlegendes Verständnis der passenden Lebensweise. Und Johann folgt diesem Verständnis automatisch und gedankenlos.

Interessanterweise gefällt Johann seine eigene Einstellung mitunter nicht und er wünscht sich insgeheim, er könnte „lässiger" sein, wie er es nennt. Aber diese flüchtigen Unzufriedenheiten und Sehnsüchte bleiben verschwommen an der Peripherie seiner Wahrnehmung und beeinflussen nicht sein tatsächliches Verhalten. In einem nachfolgenden Teil werden wir die Wichtigkeit dieser verschiedenen „Stimmen" sehen — doch für jetzt wollen wir nur festhalten, dass sie machtlos zu sein scheinen, einen wirklichen Unterschied auszumachen.

Dies ist demnach Johanns Höhle oder Umkreis: Er ist im Verständnis gefangen, dass das ernsthafte und intellektuelle Denken die einzige Seinsweise sei, wohingegen unbeschwerte Verhaltensweisen und spontane Gefühle minderwertig seien und vermieden werden müssten. Sicherlich ist er sich dieses Verständnisses nicht voll bewusst und kann es wahrscheinlich nicht in Worte fassen, und doch beeinflusst es ihn tiefgreifend. Es kontrolliert ihn in einem solchen Ausmaß, dass er nicht weiß, wie er es loswerden kann.

Ein Psychologe könnte gespannt auf die psychologischen Ursprünge von Johanns Einstellung sein: Ist sie die Folge bestimmter Kindheitserfahrungen? Oder ein verdrängtes Trauma? Die Folge einer allzu strengen Erziehung? Oder einer anderen psychologischen Ursache? Für uns Philosophen ist dies allerdings nicht die Kernfrage. Was wichtig ist, ist nicht der Ursprung von Johanns

Verständnis, sondern die Tatsache, dass er es jetzt hat. Unabhängig von der Frage, warum und wo er es erworben hat, unabhängig von den psychologischen Mechanismen, die es hervorgebracht haben, fungiert dieses Verständnis nun in Johanns Leben als ein Umkreis, und es begrenzt sein Repertoire von Lebenseinstellungen.

Das Problem mit seinem „perimetrischen" (d. h. den Umkreis betreffenden) Verständnis ist, dass es ihm nicht erlaubt, sich zu einer größeren Bandbreite von Einstellungen auszudehnen und zusätzliche innere Ressourcen zu nutzen. Johann ist offensichtlich viel mehr als eine intellektuelle Haltung, aber er findet sich unfähig, sich mit diesem „Mehr" zu verbinden. Die Schwierigkeit ist nicht, dass sein Verhalten „nicht funktional" oder „unbefriedigend" ist, wie manche Psychologen vielleicht behaupten würden, sondern dass es auf einen oberflächlichen, automatischen Teil seines Seins beschränkt ist. Selbst wenn sein perimetrisches Verhalten funktional und vergnüglich wäre — indem es ihn zum Erreichen großartiger, Weltruhm einbringender Taten drängen würde —, wäre sein inneres Leben noch immer auf eine automatische Oberfläche und einen Mangel an Fülle limitiert. Ein philosophischer Berater würde Johann zu helfen versuchen, sich seines Umkreises bewusst zu werden und im Anschluss daran nach erfüllenderen, reicheren und freieren Quellen des Lebens zu suchen.

Wie die Beispiele von Johann, Lisa und Emma zeigen, drücken unsere alltäglichen Einstellungen, besonders unsere Emotionen und Verhaltensweisen, unsere persönlichen Antworten auf grundlegende Lebenfragen aus wie etwa: Was ist wichtig im Leben? Was ist wahre Freundschaft? Was ist wahre Liebe? Was heißt es, frei zu sein? Was bedeutet es, verantwortlich oder schuldig zu sein? Und so weiter. Diese Verständnisse bilden die fundamentalen Koordinaten unserer Welt und geben unserem Leben die ihm eigene Gestalt und Richtung.

Diese Grundverständnisse durchdringen unseren normalen Tag. Sie gehören nicht nur zu Intellektuellen oder Philosophen, sondern zu jeder lebenden Person. Man findet sie in nahezu jedem Augenblick des Tages, in unseren alltäglichen Handlungen, Plänen, Entscheidungen, Eifersüchteleien, Ressentiments, Hoffnungen und Begierden. Wie die grammatischen Regeln, die unser Sprechen regieren, oder wie die Gesetze der Mechanik, die die Bewegungen unseres Körpers kontrollieren, modellieren sie uns, selbst wenn wir uns ihrer kaum bewusst sind. Zum Beispiel liegt es an meinem Verständnis von der Bedeutung von Liebe, dass ich eine bestimmte Art von romantischen Beziehungen heranbilde, und es ist wegen meines Verständnisses von

Selbstachtung, dass ich mich beleidigt fühle; trotzdem kann ich diese Verständnisse selten in Worten artikulieren.

Da diese Grundverständnisse grundlegende Lebensfragen betreffen, sind sie *philosophisch*. Das liegt daran, dass sie nicht nur ein spezifisches Detail meiner Welt behandeln, sondern Grundprinzipien und Grundbegriffe, die die Bausteine meiner Welt sind. Nun könnte jemand sagen, dass wir alle Philosophen seien, weil wir alle fundamentale philosophische Themen ansprechen, wenn auch nicht in Worten. Und da unsere Antworten auf diese Streitfragen automatisch und ungeprüft seien, seien wir alle in dem einen oder anderen Maß in unserer jeweiligen philosophischen „Theorie" gefangen, soll heißen, in unserem Umkreis.

Genauso wie die Philosophie laut Platon uns aus der Höhle führen kann, kann die Philosophische Praxis uns helfen, aus dem gewöhnlichen menschlichen Befinden herauszukommen. Die Vision der Philosophischen Praxis ist, dass wir nicht in unserem Gefängnis bleiben müssen, selbst wenn die Reise des Darüber-hinaus-Gehens, des Aus- unserer-platonischen-Höhle-Heraustretens nicht schnell oder einfach ist. Gute philosophische Praktiker sind Leute, die die Erfahrung, das philosophische Wissen und die Weisheit haben, diesen Prozess zu leiten, und die sich dabei selbst persönlich einbringen.

Die grundlegende Einsicht ist hier, dass ich viel mehr als mein Umkreis bin. Obwohl die meisten meiner alltäglichen Momente auf die Fläche meines Umkreises begrenzt sind, ist die Reichweite meiner Möglichkeiten in Wahrheit viel größer. Ich gehöre zu einer größeren Wirklichkeit — so wie Platons Höhlenbewohner einer Welt angehören, die viel größer als ihre Höhle ist. Es erfordert jedoch einen langen philosophischen Prozess der Selbstbesinnung und Selbsttransformation, um den ausgedehnteren Umfang meines Seins zu gewahren.

Der Umkreis als Spiel

Ein Umkreis kann mit einem Spiel verglichen werden, das wir spielen. Wie ein Spiel gibt er ein begrenztes Erscheinungsbild der Wirklichkeit ab, das auf künstliche und feste Regeln beschränkt ist.

Untersuchen wir ein Schachspiel. Wir werfen eine Münze. „Ich bin Weiß!"

In meinem Kopf *bin* ich durchaus Weiß. Die weißen Plastikfiguren auf dem hölzernen Brett sind nicht einfach die meinen — sie sind *ich*.

Wenn ich ins Spiel vertieft bin, sind diese Figuren der Brennpunkt meiner Hoffnungen, meiner Gedanken, meiner Reue und meiner Freuden. Wenn die Schlacht auf dem Brett tobt, bin ich wirklich in Spannung und Besorgnis; und wenn die schwarze Dame meinen weißen Läufer nimmt, fühle ich echte Bedrängnis. Die Aktionen meiner weißen Steine sind meine eigenen Aktionen: Durch sie bewege ich mich, greife an, nehme Revanche, triumphiere, lebe ich. Weil sie ich sind. Für die Dauer der Partie sind die vierundsechzig schwarzen und weißen Felder meine Welt.

Wenn ich ein Spiel spiele, werde ich vom Leben in eine andere Wirklichkeit befördert — auf ein Schachbrett, oder einen Stoß Karten, oder ein Basketballfeld, oder in eine Schlacht mit Ungeheuern auf einem Computerbildschirm. Ich bin nicht mehr der Mann, der in der Pine Street lebt, dessen Auto nächste Woche einen Ölwechsel braucht, der als Lehrer oder Busfahrer arbeitet und der morgen einen Arzttermin hat. Diese Tatsachen sind aus meinem aktiven Bewusstsein geschwunden. Sie haben fast keine Existenz für mich.

Und dennoch weiß ich in meinem Hinterkopf, dass es nur ein Spiel ist und dass ich morgen einen Arzttermin habe. In der Tat bin ich in zwei Teile gespalten: Ein Teil von mir lebt das Spiel, während ein anderer Teil sich irgendwie der weiteren Welt bewusst ist. Ich lebe in zwei verschiedenen Realitäten auf einmal: im Spiel und in der realen Welt.

Spiele zu spielen ist eine sehr verbreitete menschliche Erscheinung, so verbreitet, dass wir meistens nicht merken, wie erstaunlich sie ist. Es ist erstaunlich, dass ich die weißen Soldaten auf dem Brett *sein* und meine normalen Sorgen und meine Identität vergessen kann. Es ist erstaunlich, dass ich zwei verschiedene Leben führen kann — weil ich in jedem von ihnen andere Absichten und Vorlieben, andere Hoffnungen, Befürchtungen und Verhaltensweisen habe. Es ist, als ob es in mir drinnen zwei Quellen von Antrieben, von Gedanken und Gefühlen, von Leben gäbe.

Spiele sind Mittel, die es mir ermöglichen, ein zweites Leben zu führen, eine alternative Wirklichkeit. In dieser Hinsicht ähneln sie Filmen und Romanen. Im Kino sitzend und auf die Leinwand schauend halte ich meinen Atem an, wenn die Hauptperson in Gefahr gerät, und ich seufze erleichtert, wenn sie gerettet wird. Ich identifiziere mich mit dem Protagonisten, mit seinen Sorgen, Ängsten, Hoffnungen. Dennoch bringe ich die zwei Wirklichkeiten nicht durcheinander. Ich verwechsle niemals die Gestalt auf der Kinoleinwand mit der neben mir sitzenden Person.

Ein Spiel hat tiefgreifende Ähnlichkeiten mit der tatsächlichen Welt. Erstens hat sie Regeln, die die möglichen Handlungsweisen des Spielers begrenzen. Im Schach darf man zum Beispiel seinen König nur ein Feld weiter ziehen und im Basketball darf man den Ball nicht treten. Entsprechend ist auch in der „wirklichen" Welt unser Leben von Regeln beherrscht: von der Schwerkraft, von biologischen Beschränkungen, gesellschaftlichen Normen, moralischen Verboten. Unser Leben wird ebenso von unserer eigenen Persönlichkeit eingeengt: unseren Neigungen, gesprächig oder verschämt, sparsam oder defensiv zu sein. So wie die Basketball- oder Schachregeln die Spanne möglicher Bewegungen im Spiel begrenzen, limitieren unsere psychologischen Neigungen, Gewohnheiten oder Befürchtungen die Palette unserer Handlungsweisen.

Zweitens hat, in Ergänzung zu den Regeln, ein Spiel auch ein Ziel — beispielsweise den gegnerischen König mattzusetzen, den Basketball in den Korb zu befördern oder das Ungeheuer auf dem Computerbildschirm zu töten. In ähnlicher Weise sind auch im wirklichen Leben unsere Handlungen auf mannigfache Ziele gerichtet, mit anderen Worten, auf spezifische erwünschte Ergebnisse: Erfolg, Liebe, Geborgenheit, Sicherheit, Spaß, moralische Tugend, Ideale usw.

In diesem Sinn entsprechen die Spiele, die wir spielen, unseren Umkreisen. Anders ausgedrückt ist ein Umkreis eine Art Spiel. Spiele sind begrenzte Wirklichkeiten — so wie Umkreise —, deshalb finden wir sie so faszinierend. Aber natürlich sind sie nicht die Wirklichkeit, weil die Spielregeln und das Ziel erfunden, ein Fantasieprodukt sind. In einem Basketballspiel verhalten wir uns, *als ob* es wichtig wäre, den Ball in den Korb zu legen, und *als ob* der Ball nicht getreten und nur von der Hand berührt werden könnte. Außerhalb des Spiel jedoch kümmere ich mich überhaupt nicht darum, wie der Ball behandelt und wohin er platziert wird. Diese Regeln und Ziele haben keine echte Macht über mich. Ich bin durch sie nur so lange gebunden, wie ich sie akzeptiere, nur so lange, wie ich mich mit ihnen identifiziere und ich sie mein Verhalten bestimmen lasse.

Die erstaunliche Macht der Spiele rührt von unserer Fähigkeit her, uns mit erfundenen Regeln und erfundenen Zielen zu identifizieren, als ob sie real wären. Wir erkennen uns in fiktiven Situationen und einer „Reality-Show-Realität" außerhalb unseres Bewusstseins wieder. Dies geht mit unserer Neigung einher, uns auf die Grenzen unseres Umkreises zu beschränken. Meine Gesprächigkeit, Schüchternheit oder Hilflosigkeit hat keine Grundlage in der Wirklichkeit, außer dass etwas in mir dies als gültig hinnimmt. Ich bin an solche Muster gefesselt, solange ich sie akzeptiere — oder genauer, solange meine psychologischen Mechanismen ihnen folgen.

Es gibt Brettspiele, Ballspiele und Kartenspiele, aber es gibt auch psychologische und soziale Spiele. Ich kann die Spiele „Ich bin hübsch", „Ich bin klug", „Die Welt ist gegen mich" oder „Ich bin wertlos" spielen. Dies sind Spiele, wenn ich mich mit ihnen identifiziere, wenn ich davon ausgehe, dass sie bestimmen, wer ich bin. Ich kann beispielsweise die Idee „Ich bin hübsch" die Kontrolle über mein Verhalten und Reden, meine Körperhaltung und meine Kleidungswahl ergreifen lassen. Oder ich kann eine Haltung und einen Sprechstil annehmen, die mit „Ich bin ein sensibler Typ" übereinstimmen. Ich kann mir dann selbst spezifische Standards (Regeln, Ziele) auferlegen und mich auf sie beschränken. Meine Wirklichkeit ist nun enger, starrer und auf bestimmte Muster beschränkt. Sie ist, anders formuliert, ein Umkreis.

Es gibt auch Geistesspiele: Ich erlege mir spezifische Standards des Denkens und Glaubens auf: „Ich bin ein Existenzialist", „Ich bin ein Sozialist", „Ich habe einen edlen Geschmack". Dadurch passe ich meine Gedanken an spezifische Muster an. Dies sind meine Spiele, wenn ich sie als meine Wirklichkeit kennzeichne, wenn ich sie meine Art zu denken und zu sein einschränken lasse, wenn ich mir vorstelle, dass sie bestimmen, wer ich bin.

Streng genommen ist es ungenau zu sagen, dass *ich* es ist, der psychologische Spiele mein Leben kontrollieren lässt. Am Ende habe ich nie eine bewusste Entscheidung getroffen, sie zu spielen, aber mich ganz einfach dabei erwischt, sie zu spielen. Außerdem ist mein „Ich" nicht von diesen Spielen losgelöst. Es hält sich nicht außerhalb auf; es wählt sie nicht aus und steuert sie nicht von draußen. Ich bin vielmehr in hohem Maße das *Produkt* dieser Spiele. Die Person, die ich ist — meine Persönlichkeit, meine Neigungen, Vorlieben, Glaubensüberzeugungen — ist mehr das Ergebnis meiner Spiele als der Schöpfer meiner Spiele.

Kurzum, wir könnten sagen, dass, wenn ich ein Spiel spiele, ich an eine enge erfundene Wirklichkeit gebunden bin. Und wieder sehen wir hier, dass ein Umkreis im Grunde ein Spiel ist.

Spiele sind nicht notwendigerweise schlecht. Sie können Spaß sein. Sie können uns auch helfen, bestimmte Ziele zu erreichen. Soziale Spiele helfen bei der Stabilisierung der Gesellschaft. Aber wenn ich, ohne dass ich es mitbekomme, in meine Spiele hineinfalle, verliere ich mich zu lange in ihnen, dann lebe ich mein Leben nicht voll. Sodann verliere ich den Kontakt mit dem größeren Spielraum des menschlichen Lebens. Ich fange an, die virtuelle Welt zu leben, die von den Ansprüchen der Gesellschaft aufgebaut wird, von meinen eigenen Ansprüchen und Fantasien, von den Auswirkungen meiner Kindheitstraumata. Soll heißen: Ich werde zu meinem Umkreis.

Wir sind erstaunlich „gut" darin, uns in ausgedachten Regeln und Zielen zu verlieren. Die Kinder in den Vereinigten Staaten lernen schnell die Regeln der US-amerikanischen Identität und Kultur und die Kinder in Russland die Regeln der russischen Identität und Kultur. Amerikanische Fans feuern ihr Baseballteam an, die italienischen ihre Fußballmannschaft. Die armen Handwerker träumen davon, ein mächtiger Chef in ihrer Firma zu werden, während der Hochschulprofessor den Traum hegt, unter den zweihundert Akademikern seines Spezialgebiets berühmt zu werden. Die Gefühle eines schüchternen Menschen kreisen um sein Spiel der Schüchternheit, und diejenigen einer narzisstischen Person kreisen um ihre Ichzentriertheit. Unsere Psychologie ist verblüffend gut darin, unsere Gedanken, Emotionen, Bestrebungen und Handlungsweisen an ein schmales Stückchen der menschlichen Realität anzupassen, namentlich an unseren Umkreis.

Gleichwohl sind wir nicht völlig in unseren Spielen eingefangen. Der Schachspieler ist sich vage bewusst, dass er spielt und dass seine Wirklichkeit umfassender als das Schachbrett ist. Eine wohlhabende Frau auf einer High-society-Party mag sich gemäß den gesellschaftlichen Normen kleiden, handeln und fühlen, doch mag ihr etwas in ihrem Hinterkopf zuflüstern, dass sie lediglich schauspielert. Ich bin nicht vollkommen in meinem perimetrischen Spiel gefangen. Auch wenn ich gezwungen bin, nach den Regeln meiner Psychologie zu spielen, muss ich mich nicht zur Gänze mit ihm identifizieren und mein Dasein darauf beschränken. Sogar wenn ich mich von meinen Gewohnheiten, Besessenheiten oder Befürchtungen kontrolliert finde, kann ich erkennen, dass meine wahre Wirklichkeit größer ist als mein Umkreis.

Die moderne Psychologie hat Methoden entwickelt, den Menschen dabei zu helfen, sich ihrer zerstörerischen psychologischen „Spiele" bewusst zu werden und sie in zweckmäßigere Spiele abzuändern. Aber diese Aufgabe, so wertvoll sie sein mag, hat noch ihre Grenzen, weil das Hinausgehen über ein bestimmtes psychologisches Spiel nicht das Hinausgehen über alle Spiele ist. Von einem Umkreis auf einen anderen Umkreis umzuschalten, so bequem und funktionell es sein mag, bedeutet noch immer, innerhalb der Umgrenzungen psychologischer Kräfte, im Reich der platonischen Höhlen zu bleiben.

Das Ziel, die Grenzen des Reichs der perimetrischen Spiele zu überqueren — nicht dieses oder jenes speziellen Spiels, sondern aller —, ist die Aufgabe der Philosophischen Praxis, wie ich sie sehe. Es ist eine gewaltige Aufgabe. Es kann kaum ein ehrgeizigeres Bestreben geben. Dennoch glaube ich, dass es nicht unmöglich ist. Natürlich kann ich als Mensch nicht frei von allen Grenzen sein. Doch auch so muss ich mich nicht mit ihnen gleichsetzen. Ich brauche mein Bewusstsein nicht den Grenzen des Reichs der Spiele anzupassen. Ich kann genauso, wenigstens teilweise, wenigstens zeitweise, in der umfassenderen Wirklichkeit sein. In Analogie dazu kann ich, falls ich gezwungen wäre, eine Schachpartie zu spielen, noch den Raum wahrnehmen, in dem ich spiele, und an den Gesprächen teilnehmen, die um mich herumgeführt werden.

Wenn dies tatsächlich möglich ist, wenn ich mehr als meine perimetrischen Spiele sein und mit einem umfassenderen Reich der menschlichen Wirklichkeit in Berührung kommen kann, dann sollte dies die Aufgabe der Disziplin sein, die die grundlegendsten Lebensfragen anspricht, also der Philosophie.

Teil 4

Muster und Kräfte

Mein Umkreis oder meine platonische Höhle ist nicht leicht für mich zu erkennen. Obwohl sie viel von meinem Leben prägt, tut sie es stillschweigend. Ich bemerke sie gewöhnlich nicht, jedenfalls nicht zur Gänze, wie einen Gesichtsausdruck, den anzunehmen ich mich gewöhnt habe, oder wie den Tonfall meiner Rede. Oft stellen meine Freunde diese Angewohnheiten fest, bevor ich es tue. Insofern ist ein Umkreis nicht wie ein Kopfweh oder ein Juckreiz, weil er nichts ist, was ich sofort und unmittelbar spüre.

Mein Umkreis besteht aus meinem Verständnis des Lebens — meinem Verständnis von mir selbst, meinem Umfeld, meinen Beziehungen zu Anderen —, aber wie wir schon gesehen haben, sind dies meine *gelebten* Erkenntnisse, nicht meine mündlichen Meinungen. Ich bin wie ein Vogel, der den Gesetzen der Aerodynamik folgt, ohne in der Lage zu sein, diese Gesetze in Worte zu fassen.

Dies bedeutet nicht, dass meine perimetrischen Verständnisse „unbewusst" sind. Über das Unbewusste sprechen heißt eine psychologische Theorie über verborgene Mechanismen übernehmen, die irgendwie in den dunklen Fundamenten der Psyche verstaut und für mein Verhalten verantwortlich sind. Diese Theorien sollten uns hier nicht interessieren. Was immer die psychologische Erklärung für meine perimetrischen Verständnisse sind, es geht darum, dass sie meiner Wahrnehmung nicht ohne Weiteres zugänglich sind, so wie die Regeln der Grammatik, denen ich beim Sprechen folge, mir nicht mühelos zugänglich sind. Mein Umkreis ist etwas, das ich suchen und entdecken muss, nichts, was ich direkt spüre.

Oft kann mir jemand anderer, wie etwa ein philosophischer Praktiker, helfen, ihn zu untersuchen. Selbst wenn er nichts ist, was ich fühle, ist er nicht völlig meinem Blick verborgen. Er drückt sich auf vielerlei Arten aus, einige offensichtlicher und einige eher indirekt. Wie ein nachtaktives Tier, das nachts herumstreift, während jeder schläft, hinterlässt er seine Fußspuren. Diese Abdrücke können uns helfen, den Umkreis zu rekonstruieren und seine Umrisse zu skizzieren.

Muster

Der wichtigste Hinweis auf den Umkreis sind Verhaltens- und Gefühls*muster*. Ist meine Auffassung vom Leben auf einen engen Umkreis beschränkt, dann habe ich ein bescheidenes Repertoire von Emotionen und Handlungsweisen, sodass ich spezifischen Gefühls- und Verhaltensmustern folge. Wenn daher meine Verhaltensweisen und Gefühle ein festes Muster wiedergeben, wenn sie nicht die ganze Skala menschlicher Möglichkeiten ausnutzen, dann ist dies ein Hinweis, dass meine Einstellung zum Leben beschränkt ist, mit anderen Worten, dass mein Verständnis des Lebens von einem engen Umkreis begrenzt wird. Wenn Sie folglich zur Kenntnis nehmen, dass ich ein Verhaltens- oder Gefühlsmuster zeige, kann dieses Muster als Hinweis dienen, dass ich eine kennzeichnende Art habe, mich mit meiner Welt zu verknüpfen, das heißt eine spezifische Art, sie zu verstehen. Durch das Überprüfen meiner Muster können Sie die perimetrischen Verständnisse herausfinden, die hinter ihnen liegen.

Was genau ist ein Muster? Ein Muster ist ein Thema, das sich ein ums andere Mal wiederholt. Es bedeutet, dass in einer bestimmten Art von Situation ich dazu neige, gebetsmühlenartig ähnliche Handlungsweisen und Gefühle zu zeigen. Ein Muster beinhaltet deshalb eine feste Struktur. Sie zeigt an, dass meine Handlungsweisen, Gefühle und Gedanken nicht völlig frei sind, sondern einer gewohnten Formel folgen.

Die am besten überschaubare Art von Muster ist eine einfache Wiederholung desselben Verhaltens immer und immer wieder. Ein Beispiel ist eine Person, die jede Gelegenheit ergreift, mit Anderen zu streiten. Wann immer ein Thema aufkommt, gerät sie ins Debattieren. Ein anderes Beispiel ist jemand, der besonders gesprächig ist oder herrschsüchtig, argwöhnisch oder zaghaft. Wenn sich die Gelegenheit ergibt, wird er voraussichtlich das gleiche vertraute Verhalten wiederholen.

Allerdings ist ein Muster oft verwickelter. Es kann aus verschiedenen Arten von Gefühlen, Handlungsweisen und Gedanken bestehen, die auf komplexe Art miteinander verbunden sind. Wenn zum Beispiel Erica ein Muster der Konfliktvermeidung hat, kann sich dieses Muster selbst auf mehr als eine Weise zum Ausdruck bringen: Sie kann sich schnell mit Anderen einigen, sie kann sich auch selbst für zu dumm halten, um eine eigene Meinung zu haben, sie mag vielleicht keine Gespräche über Politik, sie kann zu scherzen gewohnt sein, um Spannung abzubauen, ihrem Chef gegenüber gefügig sein, mit ihren Freunden gern lustige Spiele spielen und so fort. Ein anderes Beispiel: Wenn Edward stets zu spät zu den Treffen kommt, wenn er dumme Witze genau dann von sich gibt, wenn von ihm Ernsthaftigkeit erwartet wird, wenn er manchmal verwirrt und verloren ist und er danach damit prahlt, und wenn er sich unbehaglich fühlt, wann immer sein Boss ihm eine Aufgabe zur Ausführung überträgt, dann können diese verschiedenartigen Handlungsweisen und Gefühle Ausdrucksformen eines gemeinsamen Musters sein: des Musters, unverantwortlich wie ein Kind zu handeln. Er scheint eine Menge Energie darauf zu verwenden, dieses Muster zu wiederholen, auch wenn er sich nicht dessen bewusst sein mag, dass es dies ist, was er tut.

Da Muster kompliziert sein können, ist ihre Identifizierung eine Kunst. Sie erfordert Wahrnehmungsvermögen, Aufmerksamkeit und viel Erfahrung.

Jeder der Andreas kennt, weiß, dass es ihm gefällt, auffällige Kleidung zu tragen und dass er Freude daran hat, die Leute mit ungeheuerlichen Bemerkungen zu empören. Wenn er gefragt wird, warum er sich so benimmt, erklärt er, dass „anständiges" Verhalten langweilig sei. Aber einige seiner Arbeitskollegen haben bemerkt, dass er im Gegensatz zu dem, was er sagt, bei der Leitung eines Teams sehr „anständig" und überhaupt nicht langweilig ist. Er wird erst boshaft, wenn er ein gewöhnliches Gruppenmitglied und nicht, wenn er Teamleiter ist. Es ist ebenso aufgefallen, dass er nicht gern allein ist und dass er, wie er bekannt hat, in dieser Situation Fantasien nachhängt. Seine Lieblingsfantasie ist es, ein Rockstar zu sein.

Oberflächlich betrachtet scheinen diese Vorlieben, Handlungsweisen, Gefühle und Fantasien in keinem Zusammenhang zu stehen. Doch eine nähere Betrachtung wird einen Hinweis darauf geben, dass sie sich sämtlich um ein gemeinsames Thema, das heißt um ein gemeinsames Muster drehen: Bei allen von ihnen sucht Andreas die Aufmerksamkeit anderer Menschen zu erregen.

Das Streben, die Aufmerksamkeit Anderer zu gewinnen, ist ein Muster, das eine Vielfalt von Handlungsweisen, Gefühlen und Gedanken umfasst. Angenommen, dass dies tatsächlich ein wichtiges Muster in seinem Leben ist (etwas, was einer sorgfältigen Überprüfung bedarf), bedeutet dies, dass Andreas sich mit sich selbst und mit Anderen auf eine sehr spezielle Weise in Beziehung setzt, soll heißen: dass er ein bestimmtes perimetrisches Verständnis von sich in seinem Verhältnis zu Anderen hat. Höchstwahrscheinlich ist dies die Auffassung „Es ist sehr wichtig, sichtbar zu sein" oder vielleicht sogar „Ich existiere nur, soweit ich von Anderen gesehen und anerkannt werde".

Das ist noch eine undeutliche Formulierung von Andreas perimetrischem Verständnis, weitere Einzelheiten werden benötigt, um es zu vertiefen. In den folgenden Teilen werden wir sehen, wie dies getan werden kann. Fürs Erste ist es nur wichtig festzuhalten, dass er ein komplexes Verhaltens- und Gefühlsmuster offenbart und dass dieses Muster eine gewisse Einstellung zu — und deshalb ein Verständnis von — sich und Anderen ausdrückt. Dieses Verständnis formt seinen Umkreis oder seine platonische Höhle, und es äußert sich in einer Reihe charakteristischer Handlungsweisen, Gefühlen, Fantasien und Gedanken.

Es wird manchmal der Einwand erhoben, dass Gefühls- und Verhaltensmuster kein Sachthema für die Philosophie, sondern für die Psychologie seien. Aber dies stimmt nicht. Die Aufdeckung von Mustern ist weder philosophisch noch psychologisch — sie ist einfach nur eine Sache der Betrachtung von Tatsachen und des Feststellens der Verbindungen zwischen ihnen. Der Unterschied zwischen Philosophie und Psychologie besteht darin, *was wir* mit den betrachteten Mustern *tun*, ob wir sie benutzen, um Ideen (Verständnisse) zu artikulieren und sie als Gedanken über Lebensfragen zu erörtern, oder ob wir das Muster hernehmen, um uns in die Funktionsweise der Psychologie des Menschen hineinzuversetzen. Der Unterschied liegt, anders ausgedrückt, darin, ob wir die Ideen der Person als Theorien über das Leben behandeln, die philosophisch zu diskutieren sind, oder als Ausdruck psychologischer Vorgänge. Wenn wir beispielsweise nach dem unbewussten Gefühlsmechanismus suchen, der für Andreas Muster verantwortlich ist, dann betreiben wir augenscheinlich Psychologie. Doch als Alternative dazu dürfen wir Andreas Muster heranziehen, um seine Art von Verständnis des Lebens zum Ausdruck zu bringen und danach zu erörtern, ob dieses Verständnis schlüssig und tragbar ist. Im zweiten Fall bearbeiten wir Ideen über das Leben und geben uns daher mit Philosophie ab.

Um den Unterschied zwischen den philosophischen und den psychologischen Sichtweisen besser herauszuarbeiten, möge der Leser das folgende Beispiel beachten.

Miriam ist Universitätsstudentin. Sie scheint herzig und freundlich zu sein, dennoch hat sie keine guten Freunde. Einige Studienkollegen haben einen ähnlichen Eindruck von ihr: Wenn man ihr zum ersten Mal begegnet, ist sie scharmant. Ihr Lächeln ist bezaubernd und ihre vertrauliche Stimme lässt einen spüren, dass sie völlig bei Ihnen ist. Und sie freut sich wirklich, Ihnen zuzuhören, zu helfen, Mut zuzusprechen. Sie glauben daraufhin, dass sie an Ihnen ein besonderes Interesse gewonnen hat und sie drauf und dran sind, gute Freunde zu werden. Doch bald geschieht etwas Merkwürdiges: Sie entdecken, dass es unmöglich ist, näher an sie heranzukommen. Sie ist weiter nett und hilfsbereit, aber sie findet alle möglichen Ausflüchte, um zu vermeiden, Sie zu oft zu sehen und Ihnen zu nahe zu kommen.

Laura, eine Kommilitonin, ist durch Miriams Verhalten gekränkt worden und fragt Miriam geradeheraus, warum sie ihr aus dem Weg geht. Miriam fühlt sich schlecht wegen Lauras Kränkung und entschuldigt sich übermäßig. Die nächsten Tage bemüht sie sich um eine Versöhnung: Sie setzt sich in der Vorlesung neben Laura, begleitet sie in den Vorlesungspausen zur Cafeteria und ist sogar noch liebenswürdiger als sonst. Doch bald beginnt sie sich mit Laura zu langweilen. Am Ende der Woche wendet sie sich erneut von ihr ab.

Eine andere Kollegin, Amy, reagiert auf Miriam aggressiver. Sie tritt ihr direkt entgegen, erhebt ihre Stimme und beschuldigt sie des Verrats. Ein höfliches, gleichgültiges Lächeln erscheint auf Miriams Gesicht. „Was für eine Langweilerin", sagt sie zu sich selbst. „Sie ist den Ärger nicht wert", und löscht sie aus ihrem Gedächtnis.

Wenn wir über diese Geschichte nachdenken, können wir ein gemeinsames Muster feststellen, das die unterschiedlichen Episoden miteinander verbindet: Miriam ist eine Eroberin: Sie erobert die Herzen der Menschen um sie herum. Sie kümmert sich um sie, jedoch nur so lange, wie sie nicht zu nahe sind, weil sie tiefe Beziehungen nicht interessieren. Und wenn eine Eroberung unmöglich ist wie in Amys Fall, verliert sie das Interesse. Zusammengefasst: Ihr Muster ist anscheinend das einer Herzensammlerin.

In der heutigen Popkultur könnte man dazu neigen, sich Fragen über Miriams Kindheitserfahrungen oder ihre unbewussten Beweggründe zu stellen. Ein Psychologe könnte spekulieren, dass sie Schwierigkeiten mit Bindungen und Festlegungen habe, dass sie Vertrautheit fürchte oder womöglich ein ungesundes Verhältnis zu ihren Eltern pflege. Wie wir jedoch bereits gesehen haben, sind wir in der Philosophischen Praxis nicht an psychologischen Diagnosen verborgener Verhaltensursachen interessiert. Wir legen Wert auf die Erkundung von Ideen oder Verständnissen. Wir ergehen uns nicht in Spekulationen, warum Miriam sich so benimmt, wie sie es tut, sondern blicken auf das Verhalten selbst und versuchen, die Art von Aussage zu sehen, die es macht, die Art des Verständnisses, die es ausdrückt.

Ein philosophischer Praktiker würde es deshalb vermeiden, Miriams verborgene Motivationen zu diagnostizieren, und stattdessen untersuchen, wie sie die Bedeutung von Beziehungen interpretiert — sozusagen ihre „Philosophie der Beziehungen". Er finge an, mit Miriam ihr Muster in den Einzelheiten zu erforschen, würde untersuchen, wie es sich in ihrem Alltag bekundet, und danach, wie wir später sehen werden, würde er an der Aufdeckung des Verständnisses arbeiten, das es ausdrückt. Es könnte sich zum Beispiel herausstellen, dass Miriams Verhalten zugrundeliegende „Theorie" besagt: „Beziehungen sind ein Eroberungsspiel, das dich frei lässt." Der Philosoph würde dann mit Miriam über die Stimmigkeit und Vertretbarkeit dieser Theorie nachdenken, die Annahmen, die sie macht, ihre Auswirkungen und die Art, wie sie das Leben prägt.

Kräfte

Zusätzlich zu den Mustern besteht ein ergänzender Weg zur Aufdeckung eines perimetrischen Verständnisses darin, den Widerstand gegen Veränderungen festzuhalten. Das liegt daran, dass unsere platonische Höhle stabil und unbeweglich ist. Unser perimetrisches Verständnis — und deswegen die es ausdrückenden Muster — tendieren zur Starrheit. Vermutlich werden sie von „eigensinnigen" Mechanismen in unserer menschlichen Psychologie aufrechterhalten, obwohl das Wesen dieser verborgenen Mechanismen uns hier nicht beunruhigen sollte. Für einen gesprächigen Menschen ist es zum Beispiel sehr schwierig, mit dem Sprechen aufzuhören, und eine misstrauische Person findet es fast unmöglich, Anderen zu vertrauen. Wir dürfen sagen, dass diese Muster von einer inneren *Kraft* konserviert werden, die jedem Wandel widersteht. Ein philosophischer Berater, der Muster freizulegen sucht, sollte nach Anzeichen für eine solche Kraft Ausschau halten.

Wir sind uns gewöhnlich dieser Kraft, die in unserem Leben wirkt, nicht bewusst, weil wir ihr nicht oft widerstehen und ihr stattdessen erlauben, uns mitzureißen. Aber wir spüren sie stark, wenn wir versuchen, uns zu ändern. Wir entdecken dann, dass ein Wandel schwierig ist, weil das Muster fortbestehen „will". Es leistet Widerstand. Wir brauchen eine besondere Anstrengung und Entschlossenheit, um es zu überwinden. Zum Beispiel hätte es Miriam im obigen Beispiel nötig, sich bewusst zu bemühen, sich des Musters des Erobererverhaltens zu erwehren. Sie hätte wahrscheinlich nur für eine begrenzte Zeitspanne Erfolg und würde dann in ihre alte Art zurückfallen, wenigstens bei Gelegenheit.

Dies trifft insbesondere für den Fall der allgemeingültigen menschlichen Muster zu, die fast allen Menschen gemein sind. So versuchen etwa die meisten von uns ohne irgendein besonderes Bewusstsein oder eine bewusste Anstrengung, von Anderen verstanden zu werden, konsequent und vernünftig zu erscheinen und einen guten Eindruck auf unsere Bekannten zu machen. Wir fühlen uns unwohl oder beklommen, wenn wir von diesen Mustern abweichen. Andere Arten von automatischen Mustern gründen auf der Kultur. So folgen wir gewöhnlich den Höflichkeitsregeln der Gesellschaft gedankenlos und automatisch. Aber Kräfte sind in persönlichen Mustern, die dem Einzelnen eigentümlich sind, nicht weniger am Werk.

Die Folge ist, dass wir, obwohl wir normalerweise fühlen, wie frei wir sind, in Wahrheit von unseren Mustern eingeengt werden. Wir sind in unserem engen Repertoire gefangen, aber wir nehmen unser Gefängnis nicht wahr, weil wir zufrieden sind, dort zu sein — genau dort fühlen wir uns unbefangen und behaglich, dies ist unsere Komfortzone. Wenn folglich eine gesprächige Person spricht und wenn ein streitsüchtiger Mensch streitet, spüren sie die Grenzen ihres Gefängnisses nicht, solange sie nicht versuchen, ihm zu entwischen. Wie ein Fluss, der zwischen zwei Ufern dahinfließt, fließen sie in einem engen Kanal, der problemlos und doch begrenzt ist. Doch nur, wenn der Fluss über seine Ufer zu treten sich anschickt — wenn der Gefangene das Gefängnis zu verlassen sucht —, erkennt er, dass er tatsächlich eingesperrt ist. Erst wenn wir versuchen, aus unseren Mustern auszubrechen, entdecken wir, wie hart es ist und manchmal unmöglich.

Viele Arten des Gefühls — Ängstlichkeit, Langeweile, Unbehaglichkeit, um nur ein paar zu nennen — setzen uns unter Druck, damit wir unsere üblichen Muster beibehalten: Wenn wir zum Beispiel unvernünftig handeln, sind wir darauf erpicht, uns zu korrigieren oder zu erklären. Ein schüchterner Mensch fühlt Nervosität, wenn er beschließt, in der Öffentlichkeit zu sprechen. Ein egozentrischer Mann langweilt sich in einem Gespräch über Andere. Eine verunsicherte Frau wird verlegen, wenn sie gebeten wird, ihr Kunstwerk zu zeigen. Ein Raucher spürt eine unwiderstehliche Versuchung, falls er probiert, mit dem Rauchen aufzuhören. Ein misstrauischer Mann fühlt sich

„uneigentlich" und unbeholfen, wenn er versucht, Vertrauen auszudrücken. Ein zwanghafter Redner spürt einen ungeheuren Impuls zu sprechen, wenn er aufgefordert wird, ruhig zuzuhören. Solche Gefühle und Antriebe bedrängen uns, zu unseren alten vertrauten Mustern zurückzukehren, und selbst wenn wir sie einmal überwinden, fühlen wir sie wohl weiter, während wir es schaffen, ihnen zu widerstehen. In diesem Sinne sind unsere Muster wahre Gefängniswände. Sie wirken als *Kräfte*, die Druck auf uns ausüben, damit wir in ihnen bleiben. Daher ist für den philosophischen Praktiker Widerstandsverhalten ein Zeichen, dass ein perimetrisches Muster — und deshalb ein perimetrisches Verständnis — am Werk ist.

Kurz nach ihrer Heirat kommt Ute dahinter, dass sie nie „Nein" zu ihrem Mann Max sagt. Wenn zum Beispiel Max vorschlägt: „Wie wäre es, wenn wir heute Abend mit ein paar Freunden essen gehen, Ute?", findet sie es praktisch unmöglich, sich zu weigern.

Tony, ein guter Freund der Eheleute, der zufällig philosophischer Praktiker ist und das Verhaltensmuster der Frau in der Vergangenheit bemerkt hat, macht die Bemerkung: „„Nein' zu sagen ist manchmal hart, Ute, nicht wahr?"

„Was meinst du, Tony? Ich habe einfach entschieden mitzukommen."

Tony zuckt mit der Achsel. „Sicher. Wie gestern, als Max vorschlug, zum Schwimmbad zu fahren; und vergangene Woche, als er anregte, einen Film anzuschauen. Ich sah ein Zögern auf deinem Gesicht, ein widerstrebendes Lächeln — und dann hörte ich dich zu meiner Überraschung sagen: ,Ist gut, ich komme!'"

Er sagt es gutherzig, auf unvoreingenommene Art, und sie vergisst das Ganze schnell. Aber am nächsten Tag macht sie eine ähnliche Beobachtung, und diese lässt sie mit einem quälenden Gefühl zurück, dass er recht haben dürfte. Nach einigem Überlegen kommt sie darauf, dass dies auch ihre Haltung gegenüber ihren Eltern und ihren zwei besten Freundinnen ist.

Seltsam, überlegt sie, ihr Mann ist so freundlich und lieb, und ihre Eltern versuchen nie, ihr ihren Willen aufzudrängen, warum also sollte sie Angst davor haben, „Nein" zu sagen? Außerdem gibt es viele Leute, denen zu widersprechen sie sich nicht fürchtet — die Nachbarn, ihre Arbeitskollegen, sogar ihr Chef.

Bei der Beobachtung von Ute merkt Tony, dass ihr Verhaltensmuster auf einem bestimmten Verständnis dessen gegründet ist, was Beziehungen sind. Sie verhält sich, als ob etwas in ihrem Inneren ihr erklären würde: „Liebe bedeutet völlige Übereinstimmung"; als ob die Liebe ein zerbrechliches Glas wäre, das beim kleinsten Missklang zerspringen könnte. Diese persönliche Theorie der

Liebe warnt sie davor, dass eine Meinungsverschiedenheit das Zerbrechen ihrer Beziehung bedeuten würde. In der Tat kann dies Teil eines umfassenderen Verständnisses sein: „Lieben heißt fusionieren. Wenn du jemanden liebst, werdet ihr zwei eine Person: eine Meinung, ein Verhalten, ein Alles." Solch ein Verständnis würde sie wahrscheinlich dazu veranlassen, wann immer möglich an Maxs Vorhaben teilzunehmen, und Unruhe zu fühlen, wenn er für sich allein mit seinen Freunden zusammen ist.

Ute beschließt, aus ihrem Muster auszubrechen. Ein paar Tage später, als Max vorschlägt, im Park spazieren zu gehen, schaut sie in seine Augen und zögert. Sie möchte Nein sagen, aber sein liebevolles Gesicht lässt ihre Entscheidung dahinschmelzen. Sie spürt, dass sie ihn nicht enttäuschen darf, dass sie nicht den Mut hat.

„Ich muss mir mehr Mühe geben", befindet sie, als sie gemeinsam vom Park zurückkehren.

Am nächsten Abend, als ihr Gatte vorschlägt, zusammen ein Footballspiel im Fernsehen anzuschauen, schafft sie es, ihrer natürlichen Neigung zur Zustimmung zu widerstehen. Stattdessen zwingt sie sich zu antworten: „Nein, nicht heute Abend, Kenny. Warum schaust du es nicht allein?"

Gleich darauf durchflutet sie Beklemmung. Sie hält den Atem an und erwischt sich dabei, wie sie sein Gesicht sucht, um zu sehen, ob er verärgert oder beleidigt ist. Den Rest des Abends ist sie überaus nett zu ihm, als ob sie versuchen würde, ihn zu entschädigen.

Als sie später am Abend darauf wartet, dass er das Spiel zu Ende sieht und zu ihr ins Bett kommt, ist sie nervös. „Diese Nervosität ist blöde", sagt sie zu sich selbst. „Warum sollte ich ihn nicht einen Abend sich selbst überlassen?" Aber ihre Gedankengänge beruhigen sie nicht und ihre Gefühle sprechen noch immer in der Sprache ihrer alten Einstellung. Sie kann ihre Ängstlichkeit nicht besiegen.

Monatelang kämpft sie gegen ihre Gefühls- und Verhaltensmuster. Doch obgleich sie besser darin wird, sich zu zwingen, von Zeit zu Zeit „Nein" zu ihrem Mann zu sagen, bleibt die Schwierigkeit trotzdem bestehen. Sie spürt weiter den Drang, mit ihm eins zu sein, und nur durch bewusste Entscheidungen und Anstrengungen kann sie ihm Widerstand leisten. Tief in ihrem Herzen bleibt ihr Verständnis der Liebe tatsächlich unverändert.

Übung

Das Ziel dieser Übung ist es, die Kräfte Ihrer Muster wahrzunehmen, indem Sie versuchen, ihnen zu widerstehen. Um sie möglichst anschaulich zu erleben, ist es am besten, ein Muster zu wählen, das tief in den meisten Menschen verwurzelt ist. Wenn Sie sind wie die meisten von uns, die sich nicht gern blamieren, können Sie Folgendes tun:

Gehen Sie in einen Laden oder ein Büro und bitten Sie um den Kauf von etwas, das dort offenbar nicht verkauft wird. Gehen Sie etwa zu einem Postamt und fragen Sie nach einem Tunfischsandwich oder gehen Sie in ein Restaurant und sagen, Sie wollten einen Hammer kaufen. Auch wenn Sie nicht den Mut aufbringen, es zu tun, gehen Sie so weit, wie es Ihnen möglich ist. Ob Sie Erfolg haben oder nicht, seien Sie sich stets Ihres inneren Widerstandes bewusst: die Spannung und das Unbehagen, die Unterwürfigkeit, der innere Kampf, die Anstrengung.

Sie können versucht sein einzuwenden: „Es geht nicht darum, dass ich es nicht tun kann, ich *entscheide* einfach, die armen Kerle an der Ladentheke nicht zu nerven" oder „Ich glaube nicht, dass es richtig ist, seine Zeit zu vergeuden". Dies sind wohl Ausreden. Höchstwahrscheinlich bringen Sie nicht den Mut auf, es zu tun, was eine andere Art ist zu sagen, dass Ihr Muster zu mächtig ist. Dabei handelt es sich vermutlich um das Muster, den sozialen Erwartungen zu folgen, und könnte Ausdruck sein für das Verständnis: „Man soll sich wie erwartet benehmen" oder „Man soll vernünftig erscheinen".

Sie können auch eine ähnliche Übung veranstalten mit einem persönlichen Muster, das ausdrücklich Ihres ist. Nochmals: Ob erfolgreich oder nicht, nehmen Sie den inneren Widerstand, die Mühe und den Kampf zur Kenntnis!

Teil 5

Die Erkundung der
perimetrischen Landschaft

Wie wir gesehen haben, lehren uns die Transformationsphilosophen über die Zeiten hinweg, dass die Philosophie uns helfen kann, unser begrenztes, oberflächliches Leben zu gewahren, und uns dabei unterstützen kann, zu größeren Horizonten des Lebens aufzubrechen. Dies legt nahe, dass der philosophische Prozess aus zwei Phasen gemacht ist: erstens aus einer philosophischen Selbsterforschung, die unseren Umkreis offenbart; zweitens aus dem Heraustreten aus diesem Umkreis.

Diese zwei Phasen sind von unterschiedlichem Wesen. Die erste besteht überwiegend aus dem Analysieren einer *bestehenden* Situation, mit anderen Worten, aus der Kartierung perimetrischer, also den Umkreis betreffender Strukturen. Die zweite Phase hingegen konzentriert sich auf das Erkunden *potenzieller*, noch nicht erkannter Horizonte. Während die erste Phase den Schwerpunkt auf die Beobachtung und Analyse legt, muss die zweite Quelle Kreativität und Inspiration einsetzen. Die erste kann mit der Aufgabe eines Landvermessers verglichen werden, die zweite mit der Aufgabe eines Schöpfers oder eines einfallsreichen Entdeckungsreisenden.

Da die erste Phase Beobachtung und Analyse anwendet, gründet sie hauptsächlich auf standardmäßigen philosophischen Denkinstrumenten: das Analysieren, Definieren, Vergleichen, Aufdecken verborgener Annahmen, Folgern und Ähnlichem. Demgegenüber ist die zweite Phase kreativer und experimenteller. Sie schließt neue Arten des Verständnisses ein, erkundet unbekannte Pfade, experimentiert und tastet in der Dunkelheit herum. Wie wir sehen werden, erfordert dies sehr unterschiedliche Methoden und Praktiken.

Die beiden Phasen müssen nicht notwendigerweise völlig getrennt voneinander sein. Sie können sich bis zu einem gewissen Grad überschneiden und sich nebeneinander ereignen. Um der Klarheit willen werden wir uns jedoch in diesem Teil nur auf die erste Phase der philosophischen Reise konzentrieren.

Die Arbeit mit Mustern bei der Vieraugenberatung
Wir beginnen den philosophischen Prozess stets mit einer Selbstuntersuchung. Wenn wir aus unserem perimetrischen Gefängnis herauszutreten wünschen, müssen wir zuerst untersuchen, wie unser Gefängnis beschaffen ist. Ohne die Kenntnis unserer Begrenzungen ist es schwer, sie zu überwinden.

Eine solche Untersuchung ist mit einer kleinen Zahl von Teilnehmern möglich, besonders bei Eins-und-eins-Begegnungen — das heißt bei einer philosophischen Beratung und teilweise bei philosophischen Selbstbesinnungsgruppen, die kleine, vertrauliche, kontinuierliche Gruppen sind. In größeren Gruppen ist es schwierig, den persönlichen Umkreis eines jeden Teilnehmers zu erkunden.

Bei der philosophischen Beratung beginnen wir mit der Erkundung der offenkundigsten Aspekte des Umkreises des Ratsuchenden, und zwar der Muster — der Gefühls-, Verhaltens- und Gedankenmuster. Üblicherweise widmet man die ersten zwei oder drei Sitzungen fast ausschließlich dem Freilegen und Artikulieren dieser Muster, und dieser Vorgang setzt sich genauso, wenngleich weniger eindringlich, in späteren Sitzungen fort.

Aber hier stellt sich eine weitverbreitete Versuchung ein. Die Ratsuchenden kommen oft mit einem spezifischen Problem zum philosophischen Berater: einer Schwierigkeit bei der Arbeit zum Beispiel oder Unzufriedenheit in der Ehe. Im Grunde genommen suchen sie Hilfe, weil sie eine Notlage heimsucht. In so einer Situation könnte der philosophische Berater versucht sein, nach Lösungen für die Probleme des Ratsuchenden zu forschen.

Aus dem Blickwinkel des vorliegenden Ansatzes ist dies ein Fehler. Philosophische Berater sind keine Ehetherapeuten und keine Berufsberater. Ihre Aufgabe ist es nicht, das perimetrische Gefängnis gemütlicher zu machen, sondern zu helfen, die notwendige Weisheit zum Heraustreten daraus zu entwickeln. Dies muss dem Ratsuchenden im Voraus erklärt werden, um falsche Erwartungen zu vermeiden. Wenn eine Problemlösung dringend ist wie im Fall akuter

Beklemmung, dann ist dies keine Aufgabe für die Philosophie und der Ratsuchende sollte woandershin überwiesen werden. Dies bedeutet nicht, dass der philosophische Berater Diskussionen mit den Ratsuchenden über deren persönliche Zwangslagen vermeiden sollte. Im Gegenteil, eine Bedrängnis ist ein guter Startpunkt, weil sie im Verstand des Ratsuchenden lebendig ist und oft mit einer tief liegenden Spannung in der Welt des Ratsuchenden im Zusammenhang steht. Sie kann als Tür zu einem tiefgründigeren Einstieg dienen, aber es ist dafür zu sorgen, dass sie als Tür behandelt wird, nicht als zu lösendes Problem.

Georg ist Programmierer. In der ersten Beratungssitzung beklagt er sich bei seiner philosophischen Beraterin, Linda, dass bei seiner Arbeit die Dinge nicht gut liefen. Linda erklärt, dass die Beratung, die sie anbietet, nicht darauf abziele, solche Probleme zu lösen, sondern an Georgs gesamter Lebenseinstellung arbeite.

Georg stimmt zu und die Beratung beginnt. „Die Arbeit macht keinen Spaß mehr", sagt er. „Der neue Chef überwacht aus nächster Nähe, was jeder macht. Er fordert viel und ich fühle mich nicht frei und so, wie ich bin. Ich fließe nicht mehr mit der Arbeit. Und das Schlimmste daran ist, dass alle im Büro glücklich mit dem neuen Chef sind. Sie nehmen ihren Job nun ,ernst'. Ein richtiger Mist."

„Wie fühlen Sie sich dabei?"

„Ich fühle mich gelangweilt. Bevor er kam, war das Büro ein aufregender Ort. Wir machten aus jeder Aufgabe ein Spiel oder einen Wettbewerb: Wer kann dieses EDV-Problem als Erster lösen? (Das war, nebenbei bemerkt, meine eigene Idee, aber jedem gefiel es.) Aber jetzt ist jeder soooo ernst. Sie machen keine Witze mehr und plaudern nicht mehr. Und sie mögen den neuen Boss, weil er ,Profi' ist. Es ist widerlich."

Bei diesem Punkt widersteht Linda der Versuchung, zufriedenstellende Lösungen zu suchen. Ihre Aufgabe als philosophische Beraterin ist es nicht, Zufriedenheit herzustellen, sondern Georg auf dem Weg zum Verstehen seiner selbst, zur Weisheit und zum Wachstum voranzubringen.

Als einfühlsame Beraterin bemerkt Linda, dass Georg einen spezifischen Wortschatz benutzt: „Spaß", „aufregend", „wie ich bin", „fließen" — gegen „gelangweilt", „ernst", „ein Mist". Das deutet für sie auf den Beginn eines Themas oder Musters hin: Georg sucht Spaß. Für Linda ist diese Beobachtung ein möglicher Ausgangspunkt für die Erkundung von Georgs Umkreis.

„Georg", sagt sie, „Sie erzählen mir, dass Ihre Hauptschwierigkeit mit Ihrem neuen Chef sei, dass die Arbeit nicht länger Spaß mache. Das hört sich an, als ob Spaß sehr wichtig für Sie sei."

„*Nun ja, in gewisser Weise*", zuckt Georg mit den Achseln. „*Ich mag Spaß, aber das ist nicht das Einzige, was mich im Leben interessiert. Ich bin auch ein guter Arbeiter. Mir gefällt es, produktiv zu sein, ich erfinde gern neue Sachen, ich mag Leute.*"

„*Schauen wir auf ein paar Dinge, die Sie mögen. Nehmen wir zum Beispiel das Produktivsein. Was gefällt Ihnen daran? Vielleicht könnten Sie ein Beispiel anführen.*"

„*Sicher. Vor ein paar Wochen wurde uns beispielsweise ein neues Projekt übergeben — wir mussten ein Archivierungsprogramm nachrüsten. Das alte Programm war zu ineffizient und wir erhielten zig Beschwerden darüber. Drei von uns, Lucy, Frank und ich, arbeiteten fast einen Monat daran. Und lassen Sie mich sagen: Die Erfahrung, ein Problem nach dem anderen zu lösen und das Programm Schritt für Schritt zu verbessern war beglückend. Es war wie ein Videospiel: Sie suchen den Bösewicht, finden ihn, schießen ihn nieder und dann geht es weiter zum nächsten Level.*"

„*Sie sagen mir*", merkt Linda an, „*dass diese Erfahrung schön war, weil sie wie ein Spiel war.*"

„*Ich verstehe, was Sie meinen. Nun ... ja, da war ein Element der Spannung, des großen Tempos, eine Menge Adrenalin. Aber ich habe nicht einfach gespielt. Das Projekt war sehr anspruchsvoll. Ich habe viele Wochen hart gearbeitet.*"

„*Sie scheinen mir zu sagen, Georg, dass das Projekt nicht nur ein Spiel war, weil es auch herausfordernd war. Aber widersprechen sich Spiele und Herausforderungen wirklich? Im Grunde genommen sind die meisten Spiele anspruchsvoll. Ein Spiel ist kein Spaß, wenn es zu einfach ist. Wäre es Ihnen lieber, Ihre Aufgaben bei der Arbeit wären leicht?*"

Georg schüttelt den Kopf. „*Ich würde die Arbeit überhaupt nicht genießen. Das wäre nur langweilig. Ich brauche die Spannung und die Begeisterung. Und auch den Nervenkitzel des Erfolgs — Sie wissen, wenn am Ende alles klar wird und du gedanklich auf- und niederspringst wie: Ja, wir haben's geschafft!!!*"

„*Also verwandelten Sie das Projekt in ein Spiel. Es hätte langweilig sein können, aber als Sie ein Spiel daraus gemacht hatten, wurde es reizend.*"

„*Ja, Sie haben recht. Es war meine Art, dieses Projekt aufregend zu machen.*"

„*Ich finde es interessant, Georg, dass Aufregung und Spaß so wichtig für Sie sind.*"

„*Ist das nicht natürlich? Mag nicht jeder Spaß?*"

„Bis zu einem gewissen Grad ja, aber ich frage mich, ob er für Andere so wichtig ist wie für Sie. Alle lieben Süßigkeiten, aber die meisten Leute essen sie nicht gern die ganze Zeit."

„Ich nasche gern Spaß!", scherzt Georg.

Nun, da der Spaß als wichtiges Element in Georgs Welt ausfindig gemacht worden ist, will sich Linda eingehend mit dem befassen, was er genau bedeutet. Immerhin kann Spaß für verschiedene Leute in verschiedenen Zusammenhängen verschiedene Dinge bedeuten. Zu diesem Zweck möchte sie, dass Georg seine eigene Idee von Spaß mit jener von anderen Menschen vergleicht, weil dies den Blick auf das Besondere seiner Haltung schärfen helfen könnte. Ein Vergleich könnte ihn auch ermuntern, seine eigene Einstellung nicht mehr als selbstverständlich hinzunehmen, und ihn begreifen lassen, dass es bedeutsame Alternativen dazu gibt.

„Betrachten wir es auf diese Weise", sagt sie. „Haben Ihre Kollegen das Projekt ebenfalls als spaßiges Spiel behandelt?"

Georg überlegt. „Wahrscheinlich nicht. Frank ist nicht diese Sorte von Kerl. Für ihn ist das Programmieren wie eine künstlerische Tätigkeit. Wenn er auf die Tastatur einhämmert, sieht er sich als Künstler, als Schöpfer, nicht als Spieler."

„Und Lucy?"

„Ich glaube nicht, dass Lucy den Job an sich wirklich wichtig nimmt. Sie will bloß ein braves Mädchen sein und gute Noten von ihrem Papi-Boss bekommen."

„Es sieht so aus, Georg, dass Ihre Haltung sich von der der Anderen unterscheidet. Nicht jeder ist auf der Suche nach Spaß. Frank sucht künstlerische Befriedigung, Lucy Akzeptanz."

„Ja, Sie haben recht. Begeisterung und Spaß — das ist mein persönlicher Arbeitsstil."

„Und vielleicht nicht nur bei der Arbeit", suggeriert die Beraterin. „Möglicherweise verwandeln Sie auch außerhalb der Arbeit Dinge in Spiele, um sie spaßig und interessant zu machen. Forschen wir ein wenig weiter. Lassen Sie uns zum Beispiel Ihre Beziehungen zu Ihren Freunden anschauen."

Nach einem kurzen Gespräch beginnen sie zu erkennen, dass Georg auch mit Freunden Spaß haben will. Er liebt es, Witze zu machen, zu spielen und zusammen Sport anzuschauen. Ihm wird bei ernsten Diskussionen leicht langweilig, ebenso bei reiner Entspannung.

Ein Muster kommt langsam zum Vorschein und sie versenken sich weiter in dieses hinein. Sie denken darüber nach, ob es tatsächlich als Spaßsuche gekennzeichnet werden kann (bisweilen täuscht unser erster Eindruck), ob es weitere Sphären von Georgs Leben charakterisiert, wie es sich in vielfältigen Situationen äußert und die Arten von Gefühlen und Gedanken, die es umfasst. Nachdem einmal Georgs Muster freigelegt ist, ist die Zeit gekommen, voranzuschreiten und zu überlegen, wie dieses Muster Georgs Alltagswelt gestaltet.

Das Arbeiten mit perimetrischen Kräften

Während er nach Mustern sucht, achtet der philosophische Praktiker auch auf Anzeichen von „sturen" Handlungsweisen, die automatisch vor sich gehen oder denen zu widerstehen der Ratsuchende schwierig findet. Diese Hartnäckigkeit ist wahrscheinlich die perimetrische Kraft, die ein Verhaltens- oder Gefühlsmuster aufrechterhält. Ist die Unnachgiebigkeit eines Verhaltens erst einmal entdeckt, ist aller Voraussicht nach ein Muster beteiligt.

Kräfte sind allerdings schwer aufzudecken, da wir selten unsere Fähigkeit prüfen, ihnen zu widerstehen. Im obigen Beispiel macht Georg normalerweise mit seiner Verspieltheit weiter und empfindet sein Verhalten niemals als fremdes Muster, das es zu vermeiden gilt. Von seinem Blickwinkel aus fließt seine Verspieltheit auf natürliche und spontane Weise aus ihm heraus — er verspürt sie als einen Teil von sich selbst und denkt nie daran, dagegen vorzugehen. Ebenso macht Ute aus dem vorherigen Teil im Normalfall mit ihrem Hang zum Jasagen weiter. Selbst wenn sie diese Neigung bemerkt, empfindet sie sie als ihr eigenes natürliches Verhalten, nicht als etwas, was eine fremde Macht ihr auferlegt hätte.

Aus diesem Grund leugnen einige von ihnen es oder versuchen es wegzuerklären, wenn ein Berater die Ratsuchenden zunächst darauf hinweist, dass ihr Verhalten einem festen Muster folgt. Es ist gewiss oft schockierend, zu begreifen, dass unser gewöhnliches Verhalten das Ergebnis einer automatischen Kraft oder eines Musters ist und nicht des eigenen freien Willens.

Daraus folgt, dass, wenn ein Ratsuchender den Hinweis des Beraters auf ein Muster zurückweist, dies bedeuten kann, dass der Ratsuchende eine Durststrecke bis zur Anerkennung des Musters vor sich hat. Aber nicht immer. Die Ablehnung des Ratsuchenden könnte sich auf gute Gründe stützen. Nur wenn genügend Belege vorliegen, kann der Berater folgern, dass ein Muster vorliegt. In einem solchen Fall wird die sanfte Ausdauer des Beraters gebraucht, um den Ratsuchenden zu ermutigen, seinen Verstand zu öffnen und sich selbst in einer Vielfalt an

Situationen erneut zu prüfen. Dies sollte mit großer Behutsamkeit erfolgen. Es gibt einen feinen, jedoch wichtigen Unterschied zwischen dem Ermutigen eines Ratsuchenden zur eigenen vorurteilslosen Selbstprüfung und dem ihm Auferlegen einer fremden Deutung.

Von perimetrischen Mustern zu perimetrischen Verständnissen

Wie zuvor erwähnt werden die ersten zwei oder drei Sitzungen üblicherweise vor allem dem Freilegen der Verhaltens- und Gefühlsmuster des Ratsuchenden gewidmet. Doch den philosophischen Praktiker interessieren Muster nicht als solche. Muster werden nur untersucht, weil sie Schlüssel für die Hauptsache sind: die Art des Weltverständnisses des Ratsuchenden, das heißt seines perimetrischen Verständnisses. Perimetrische Verständnisse sind, woraus der Umkreis (oder die platonische Höhle) gemacht ist, anders gesagt, was sein Leben begrenzt und verarmen lässt. Es handelt sich um dieses Gefängnis, das wir im Laufe der Philosophischen Praxis zu transzendieren trachten.

Hier sollten wir uns daran erinnern, dass perimetrische Verständnisse (oder kurz Verständnisse) nicht dasselbe sind wie Meinungen. Anders als Meinungen, die wir bewusst denken und in Worte fassen, sind perimetrische Verständnisse in unseren typischen Verhaltensweisen und Emotionen eingebettet, oft ohne unser Bewusstsein. Faktisch können sich diese zwei widersprechen. So drückt etwa das spaßsuchende Verhalten von Georg das Verständnis aus, dass Spaß wertvoll ist, aber zugleich mag er in Worten — aufrichtig — erklären, dass Spaß nicht wichtig sei. Um ein anderes Beispiel anzuführen: Wenn ich mich schäme, in Tränen ausgebrochen zu sein, kann mein Schamgefühl mein Verständnis ausdrücken, dass „Schwäche zu zeigen unwürdig ist", selbst wenn die von mir in Worte gekleideten Meinungen ganz anders lauten. Ich kann denken und sagen, dass weinen vollkommen zulässig sei, während ich mich zur gleichen Zeit für das Weinen schäme. Ein drittes Beispiel: Wenn ich ständig meinen Ehepartner zu kontrollieren versuche, kann dieses Verhalten ein Ausdruck meines Verständnisses sein, dass „Lieben besitzen bedeutet" — obwohl ich denken und in Worten erklären kann, dass wahre Liebe nicht besitzergreifend sei.

Diese einfachen Beispiele erinnern uns daran, dass, um die perimetrischen Verständnisse der Ratsuchenden freizulegen, es keine gute Idee ist, sie um ihre Meinungen zu fragen. Im Fall von Georg beispielsweise, wenn wir etwas über sein Verständnis dessen erfahren möchten, was Spaß bedeutet, würde es nicht viel weiterhelfen, ihn zu fragen, was er von Spaß halte. Solch eine Frage brächte nur abstrakte Ansichten hervor. Es sind nicht die Meinungen, die uns hier interessieren, sondern seine aktuelle Einstellung gegenüber Spaß, anders formuliert, das in seinem Verhalten und seinen Gefühlen ausgedrückte Verständnis. Und zur Enthüllung dieses Verständnisses tut es not, dass wir seine Verhaltens- und Gefühlsmuster untersuchen. Die Rolle des philosophischen Praktikers ist es, Ratsuchende bei diesem Vorgang zu führen und ihnen zu helfen, zu erfassen, wie ihre Verständnisse als Umkreis fungieren — soll heißen: wie sie das Leben innerhalb automatischer, starrer, oberflächlicher Grenzen einschränken. Eine erfolgreiche Erkundung perimetrischer Verständnisse kann dem Ratsuchenden später helfen, sich auf die zweite größere Phase des philosophischen Prozesses einzulassen, diejenige der Erkundung von Wegen des Heraustretens aus ihnen.

Der Übergang vom Freilegen von Mustern zum Erkunden perimetrischer Verständnisse ist im philosophischen Prozess äußerst wichtig. Er ist der Verbindungspunkt zwischen der Ebene der Tatsachen („Ich bin immer beschämt, wenn ich geweint habe") und der philosophischen Ebene der Ideen („Schwäche auszudrücken ist unehrenhaft"), anders gesagt, zwischen der Ebene der Handlungsweisen oder Gefühle und der Ebene der Verständnisse.

Bei der philosophischen Beratung findet dieser Übergang gewöhnlich ab der dritten oder vierten Beratungssitzung statt, nachdem in den ersten beiden Sitzungen zentrale Gefühls- und Verhaltensmuster aufgetaucht sind. Wenn der Ratsuchende wahrzunehmen beginnt, dass sich ein mächtiges Muster durch seinen Alltag zieht, kann der Berater andeuten, dass dieses Muster eine bestimmte Einstellung oder Verständnis ausdrücken könnte, die zu untersuchen sich lohne. Mehrere Sitzungen lang könnte die Erkundung von Mustern und Verständnissen nebeneinander stattfinden. Bei späteren Treffen nimmt das Thema der Verständnisse einen breiteren Raum ein, obwohl die Thematik der Muster nie völlig verschwindet.

Erst später, zuweilen um die sechste oder siebte Sitzung herum, wird das Thema entscheidend, wie man aus dem Gefängnis der perimetrischen Verständnisse heraustritt. Dies markiert den Übergang zur nächsten größeren Beratungsphase — vom Verständnis des eigenen

Gefängnisses zum Heraustreten aus ihm. Dies wird später in diesem Buch abgehandelt werden.

Michael ist ein rätselhafter junger Mann. Er ist Automechaniker und bei der Arbeit als freundlicher und einsatzfreudiger junger Arbeiter bekannt. Die Leute mögen ihn, aber selbst seine Freunde finden es anstrengend, herauszufinden, was er denkt und fühlt. Wenn man ihn fragt, „Was denkst du über diesen Film?", sagt er vielleicht lächelnd und unbestimmt: „Ich bin beim Sehen nicht eingeschlafen." Wenn man ihn fragt, wie er sich fühlt, sagt er vielleicht: „Alles Mögliche." Und wenn man nachfragt, erwidert er vielleicht ungeduldig: „Warum? Willst du ein Etikett auf meine Gefühle kleben?"

Er hatte nie eine dauerhafte Freundin. Kürzlich ging er mit Sylvia aus, um einen Film zu sehen, aber seine gemischten Botschaften verwirrten sie und sie bekam nicht heraus, was er wollte. Später vertraute er in einem seltenen Moment von Offenheit einem Freund an, dass er „sich nicht entscheiden konnte, ob er sie mochte oder nicht" — und bereute sofort seine Aufrichtigkeit. Er vermeidet es gewöhnlich, bei einem freundlichen Wortwechsel Partei zu ergreifen oder eine Entscheidung zu treffen, aber wenn er dazu gezwungen ist, fühlt er sich verunsichert. Nach dem Treffen einer Entscheidung fühlt er sich oft angreifbar und genervt, doch wenn seine Freunde ihm sagen, „Du siehst heute mitgenommen aus, Michael", ärgert er sich.

Wir können in Michaels Einstellungen ein sich wiederholendes Thema erkennen, das heißt ein Muster: Er vermeidet es, sich mit irgendeinem spezifischen Gefühl oder Standpunkt zu identifizieren. Er versucht, unbestimmt und mehrdeutig zu bleiben.

Dieses Muster wird von einer beachtlichen Kraft aufrechterhalten. Er folgt ihr automatisch, ohne darüber nachzudenken. Wenn Druck auf ihn ausgeübt wird, damit er sich erklärt, hindert ihn eine Woge von Beklommenheit und Ärger daran, es zu tun. Selbst wenn er sich seines Ärgers bewusst wird, findet er es schwierig, ihm zu widerstehen. Eine besondere Anstrengung ist notwendig, um sein Unbehagen zu überwinden und seine Gedanken und Gefühle aufzuzeigen.

Michael besucht Linda, die philosophische Beraterin, und klagt über ein Gefühl von Isolation. In der ersten Sitzung sprechen die beiden über sein Verhalten gegenüber Freunden und Bekannten. Linda fragt weiter nach ausführlichen Beschreibungen konkreter Begebenheiten. Sie ist nicht sehr an Michaels Verallgemeinerungen interessiert („Gewöhnlich mache ich …" oder „Ich ziehe es oft vor, …"), weil Verallgemeinerungen leicht von Deutungen und vorgefassten Meinungen verdreht werden. Die Menschen sind nicht gut darin, sich selbst zu beobachten und ihre eigenen Einstellungen zu verstehen. Deshalb will sie so weit wie möglich hören, was genau in besonderen Augenblicken geschah, und zwar ohne Michaels Interpretationen dieser Ereignisse.

Am Ende der ersten Sitzung erklärt Linda Michael den Grund für ihre Fragen. Sie weist darauf hin, dass Michaels typische Handlungsweisen und Gefühle die Art ausdrücken könnten, wie er sich in Bezug zu Anderen versteht. Dieses Verständnis, sagt sie, sei es wert, tiefer gehend untersucht zu werden. Obwohl die Beratung nicht darauf abzielt, sein Problem zu lösen und ihn sich besser fühlen zu lassen, könnte ihm eine tief reichende Selbstuntersuchung helfen, sein Gefängnis zu erfassen und ihm letztlich den Versuch zu ermöglichen, sich aus ihm zu befreien.

In den nächsten zwei Sitzungen wird allmählich klarer, dass ein hervorstechendes Muster viele von Michaels Handlungsweisen und Gefühlen kennzeichnet: Er versucht stets, unbestimmt und undefiniert zu bleiben. Sobald sich die allgemeinen Umrisse dieses Musters klären, ist die nächste Aufgabe der Beraterin, einen Schritt in eine neue Richtung zu tun: hin zum Verständnis, das seinem Muster zugrunde liegt.

Zu Beginn der vierten Sitzung macht Michael die Bemerkung, dass er geschockt sei zu sehen, wie viel Aufwand er beim Versuch treibe, sich zu verstecken.

„Aber es ist keine mir bewusste Anstrengung", sinniert er. „Es ist nicht so, dass ich mein Verhalten absichtlich planen würde. Es fließt einfach aus mir heraus, auf natürliche Weise. Es ist wie bei meinem Hund: Er verfügt über alle möglichen Kniffe, um zu bekommen, was er will, aber er plant sie nicht im Voraus. Sie sind ein Teil dessen, wer er ist."

Er beschreibt nun einige Tricks seines Hundes.

Ein guter Berater weiß, dass Muster nicht nur außerhalb des Beratungsraums vorkommen; sie äußern sich meistens auch in der Beratungssitzung.

„Schauen Sie mal, was Sie jetzt tun", bemerkt Linda. „Sie wechseln das Thema von sich auf Ihren Hund. Ist das ein anderes Beispiel für ein Versteckspiel?"

Michael zuckt mit den Schultern. „Etwas muss mich an ihn erinnert haben."

„Das ist nicht das erste Mal, dass Sie das Thema gewechselt haben", beharrt Linda behutsam. „Vorhin fragte ich Sie nach Ihren Freunden und nach einem oder zwei Sätzen fingen Sie an, den Handlungsablauf eines Filmes zu beschreiben, den Sie mit ihnen gesehen hatten."

„Was mich", platzt es aus Michael heraus, „an den Witz über den Riesen und seine drei Freunde erinnert ..." Michael hält inne, dann lächelt er schüchtern.

„Sehen Sie?", lächelt auch Linda. „Es passiert schon wieder."

„Nun ... Sie haben wahrscheinlich recht. Ich habe das Thema zweimal in einer Minute gewechselt. Doch was heißt das? Ich vermute, das ist ein Trick, den ich anwende, um zu vermeiden, über Persönliches zu sprechen. Das ist offenbar Teil dessen, was Sie mein ‚Muster, unbestimmt zu bleiben' nennen. Ist gut, wir haben darüber drei Sitzungen lang gesprochen. Ich merke, dass dieses Muster in fast allem ist, was ich tue. Aber was bedeutet es?"

„Eine ausgezeichnete Frage, Michael. Was glauben Sie?"

„Vielleicht kommt das daher, dass meine Eltern immer mein Verhalten analysiert haben. Ich nehme an, dass mich das als Kind so nervös machte, dass ich diese Tricks entwickelt habe, um mein wahres Selbst zu verbergen."

„Vielleicht haben Sie recht", erwidert Linda, „aber dies ist eine Frage an einen Psychologen, nicht an uns. Was uns wichtig ist, sind nicht die Ursachen Ihres Musters aus der Kindheit, sondern der Umstand, dass dieses Muster existiert. Unsere Frage ist: Was sagt dieses Muster jetzt aus?"

„Es ist genau das, was ich einer Dame sagte, die heute Vormittag in die Werkstatt kam: Egal was Ihre Windschutzscheibe kaputt gemacht hat, meine Dame, ob ein Vogel oder ein Stein. Tatsache ist, dass sie zerbrochen ist und repariert werden muss."

„Genau, Michael, das ist eine nette Metapher, aber lassen wir uns nicht wieder ablenken. Was sagen Sie wirklich damit, wenn Sie jeden davon abhalten, zu sehen, was Sie fühlen oder denken? Was sagt Ihr Verhalten aus, wenn Sie das Thema wechseln, um sich nicht selbst zu erklären?"

„Ich nehme an," meint Michael nach einigem Nachdenken, „dass mein Verhalten sagt: Versucht nicht, mich zu definieren, weil ich nicht in eure Definitionen hineinpassen werde."

„Interessant. Sie kommen jedem möglichen Versuch zuvor, Sie zu definieren, bevor man es überhaupt versucht."

Michael schmunzelt. „Genau! Mein Verhalten sagt: Ich werde euch keine Informationen über mich geben, weil ihr sie nutzen könntet, um mich mit euren Worten gefangen zu nehmen."

„Mmm ... Sie gefangen zu nehmen? Das klingt, als ob Sie eine Theorie haben, was Andere von Ihnen wollen."

„Wirklich? Ich weiß nicht, ob ich Theorien mag."

„Ich meine keine Theorie in Worten", erläutert Linda. „Ich meine eine Theorie, die Sie durch Ihr Verhalten ausdrücken. Ihr Verhalten zu Anderen

scheint etwas zu besagen wie: Andere wollen mich mit ihren Worten packen, deshalb sollte ich undefiniert bleiben."

„Ja. Es ist das Beste, unbekannt zu bleiben."

Er grübelt lange schweigend und Linda fügt hinzu: „Durch Ihr Verhalten sagen Sie also, dass Beziehungen eine Art Schlacht seien."

„Beziehungen sind eine Art Schlacht", wiederholt Michael und nickt. „Eine Schlacht des Definierens, Gefangennehmens, Versteckens. Und ich kämpfe, um frei zu bleiben. Ich bin ein Freiheitskämpfer."

„Warum ist das so, Michael? Was denken Sie, was geschähe, wenn Andere Sie definieren würden?"

„Sie würden mich in eine Kiste stecken, und als Nächstes, wissen Sie, würden sie erwarten, dass ich Dinge tue. Und mich sogar das machen lassen, was sie wollen, dass ich es tue."

„Das ist eine ziemlich düstere Sicht auf das, was die Leute mit Ihnen tun könnten", deutet Linda an.

„Ich sage ja nicht, dass alle hinter mir her sind. Die meisten Leute sind in Ordnung. Ich bin gern mit Menschen zusammen. Aber ich mag es nicht, wenn sie glauben, sie wüssten es am besten. Deswegen bin ich vorsichtig."

„Das erinnert mich an das, was Sie mir einmal erzählt haben: Sie hätten den Verdacht, dass Ihre Freunde sich zusammengetan hätten, um eine Freundin für Sie zu finden. Es lässt mich auch daran denken, dass, wenn Sie Schach spielen, Sie immer eine defensive Strategie bevorzugen. Wenn Andere Sie manipulieren und verletzen können, selbst aus gutem Willen heraus, was sagt das über die Art aus, wie Sie sich selbst sehen?"

Michael denkt nach. „Gefährdet, vermute ich. Schwach."

„Und was sagt dies über die Art aus, wie Sie Andere sehen?"

Er kichert. „Ich weiß, es ist absurd. Ich bin nicht so schwach und sie sind nicht so stark und manipulierend. Trotzdem benehme ich mich, als ob sie es wären. Aber, Moment mal, niemand möchte von Anderen verletzt werden, nicht wahr?"

„Zum Teil — ja, sicherlich. Aber arbeitet jeder so hart, um sich zu schützen, auf die Weise, wie Sie es tun?"

„Ich schätze nicht", erwidert Michael nachdenklich. „Wissen Sie, ich weiß nicht, woher dieses Verhalten kommt. Ich habe nie gemerkt, dass ich so bin."

„Etwas in Ihnen hat eine bestimmte ‚Theorie' über Sie selbst und Andere. Diese Theorie sagt anscheinend, dass das Selbst in Ihnen empfindlich und verletzlich ist und die äußere Welt hart und herrschsüchtig, sogar gefährlich ist. Dies ist eine interessante Theorie."

„Mensch, Ich habe nie gedacht, dass ich Theorien habe. Aber ja, ich merke jetzt, dass ich eine habe. Sie besagt, dass es viel sicherer ist, mich in mir selbst zu verstecken, als nach draußen zu gehen."

„Was bedeutet, dass Ihre Theorie einen scharfen Unterschied macht zwischen drinnen und draußen, dem Privaten und dem Öffentlichen, dem Verborgenen und dem Sichtbaren. Ich frage mich, wofür dieses ,Drinnen' steht, was es so verletzlich macht und wie Andere es bedrohen könnten. Das sind faszinierende Ideen. Es würde sich lohnen, Ihrer Theorie detaillierter auf den Grund zu gehen."

Intellektuell ausgedrückt ist an Michaels Theorie nichts Falsches — man könnte Gründe dafür und dagegen finden. Aber wenn sie Michaels Leben kontrolliert, wird sie ein Gefängnis. Michael ist in einem spezifischen Verständnis seiner selbst und seiner Beziehungen zu Anderen gefangen, einem Verständnis, das sich in das starre Muster eines Ausweichverhaltens übersetzt, welches von mächtigen Kräften in Form von Schüchternheit, Verärgerung und Beklemmung aufrechterhalten wird. Ihm mag sein Verhalten natürlich, spontan und wahrscheinlich sogar frei erscheinen. Es ist die einzige Haltung, die er kennt, die gute alte platonische Höhle, in der er jahrelang gelebt hat und die er wohl für selbstverständlich hält. Doch wenn er erst einmal philosophisch über sich selbst nachzudenken begänne, käme er darauf, dass er tatsächlich der Gefangene eines Umkreises ist.

Man könnte versucht sein, eine Hypothese aufzustellen, warum Michael sich verhält, wie er es tut. Ist es wegen seiner Kindheitserfahrungen mit seinen Eltern? Versteckt er sich wegen seiner geringen Selbstachtung? Oder fürchtet er unbewusst Intimität? Diese Fragen sind hier jedoch unerheblich. Es sind psychologische Fragestellungen, weil sie psychologische Mechanismen und Prozesse behandeln. Als solche sind sie für den Psychologen von Interesse, nicht für den Philosophen. Was bei der philosophischen Reise wichtig ist, ist die Art, wie Michael sich und Andere interpretiert, seine Theorie der Welt, nicht die psychologischen Vorgänge in seinem Kopf.

Um dies mit größerer Klarheit zu sehen, können wir eine Umkreisuntersuchung mit einem Kommentar über eine Schachpartie vergleichen. Ein Schachkommentator analysiert die Logik des Spiels: die Position der Steine auf dem Brett, die Zugfolge, die Strategien und Manöver, die von einem Stein auf dem Brett ausgehenden Drohungen und mögliche Verteidigungsmaßnahmen dagegen. Der Berichterstatter ist im Allgemeinen nicht an der Psychologie der Schachspieler interessiert, an ihren Kindheitstraumata oder ihren Beziehungen zu ihren Eltern. Dies heißt nicht, diese psychologischen Faktoren zu leugnen, nur ist festzuhalten, dass sie für die Bedeutung der Züge auf dem Schachbrett ohne Belang sind.

In Analogie dazu sind wir in der Philosophie an der Logik von Michaels Umkreis interessiert, an der Sinnhaftigkeit seiner Züge, anders gesagt, am Verständnisnetzwerk, aus dem seine Welt besteht. Der Gegenstand der Philosophie sind Ideen — Theorien, Auffassungen, Begriffe, Annahmen —, nicht wie bei der Psychologie, die Mechanismen und Prozesse in der Psyche und dem Umfeld der Person studiert. Der philosophische Praktiker würde sich deshalb auf Michaels „Theorie" als einer Theorie oder, sinngemäß, als einem Schachspiel konzentrieren.

Es ist nicht einfach, dies heutzutage zu tun. Die derzeitige Kultur ist von psychologischem Denken gesättigt — in der Literatur, im Kino, in Fernsehtalkshows, sogar in Gesprächen auf der Straße. Wir sprechen meistens gedankenlos über „Abwehrmechanismen", „Rationalisierung", „Verdrängung", „unbewusste Wünsche", mit anderen Worten, über psychologische „Zahnräder" in unserem Verstand. Wir sind so an diese Psychologensprache gewöhnt, dass es oft schwerfällt, auf erfrischende Art und Weise über Menschen nachzudenken.

Die Philosophie spricht in einer gänzlich anderen Sprache. Sie ist eine Reise in das Reich der grundlegenden Ideen — der Verständnisse des Lebens oder der Philosophie des Lebens einer Person —, weil Ideen (oder Verständnisse) die Macht haben, uns zu formen.

Übung
Vielleicht sind Sie auf Ihre eigenen perimetrischen Verständnisse gespannt. Die Erkundung eines Umkreises erfordert viel Training und Erfahrung, so wie die Analyse eines Schachspiels oder eines Kunstwerks. Es gibt keine einfachen Kniffe, da jeder Umkreis eine einzigartige Welt ist und sich in einer unverwechselbaren, vielschichtigen Art ausdrückt. Dennoch dürfte Ihnen die folgende Übung helfen, ein paar Aspekte Ihres eigenen Umkreises festzustellen.

Der Einfachheit halber konzentrieren wir uns bei dieser Übung am besten auf eine ganz besondere Art von vertrauten Erfahrungen, nämlich Ihre Erfahrungen von Unbehagen bei Ihren Interaktionen mit

Anderen. Dies kann zum Beispiel eine beunruhigende Begegnung mit Ihrem Chef, ein Gefühl der Verärgerung über einen streitlustigen Freund oder einen unangenehmen Moment mit einem Fremden in einem Fahrstuhl beinhalten.

Beobachten Sie sich während der nächsten Woche selbst in diesen Situationen. Geben Sie besonders acht auf Erfahrungen, die dazu tendieren, sich zu wiederholen wie etwa geläufige Gedanken und Reaktionen, Gefühle, körperliche Wahrnehmungen und Gesten oder Sprechweisen.

Wenn Sie sich selbst beobachten, ist es wichtig, sich spezifische Augenblicke anzusehen („Heute morgen zuckte ich zusammen, als Sarah mein neues Hemd musterte") und Verallgemeinerungen zu vermeiden („Die Woche hindurch fühlte ich mich mit Sarah unbehaglich"). Denken Sie nicht daran, was Sie diese Woche *gewöhnlich* taten oder fühlten, sondern was Sie zu besonderen Zeitpunkten taten und fühlten. Bestimmte Momente offenbare reichhaltige, komplexe Einzelheiten, die von den allgemeinen Aussagen nicht eingefangen werden.

Zeichnen Sie am Ende der Woche auf einem Blatt Papier einen Kreis, der Ihren Umkreis darstellt. Schreiben Sie darin die Gefühle und Handlungsweisen auf, die Sie bei sich selbst beobachtet haben. Notieren Sie außerhalb des Kreises Gefühle und Handlungsweisen, die Sie nach Ihrer Feststellung vermieden haben.

Schauen Sie als Nächstes auf Ihre Zeichnung und versuchen Sie wenigstens ein Muster ausfindig zu machen, das auf einige von Ihnen niedergeschriebene Punkte zutrifft, das heißt ein gemeinsames, mehr als einmal erscheinendes Thema. Stellen Sie sich beispielsweise vor, dass Sie im Laufe dieser Übung die folgenden drei Beobachtungen gemacht haben: (1) Als mich mein Chef schimpfte, hörte ich nicht mehr zu. (2) Jemand schubste mich, als ich vor dem Kino in der Schlange stand, und ich ignorierte die Person. (3) Mein Freund stellte mir lästige Fragen, weshalb ich eine Entschuldigung murmelte und wegging. Diese drei Punkte teilen offensichtlich ein gemeinsames Thema oder Muster, und zwar: „Wann immer mich jemand ärgerte, schaltete ich ab und wandte mich ab (körperlich oder geistig)."

Nun, da Sie einige anfängliche Muster in Ihrem alltäglichen Verhalten gefunden haben, fragen Sie sich, was sie über Ihr Verständnis (oder Ihre Theorie) von sich selbst und von Anderen aussagt. Anders

formuliert: Was sagen Ihnen diese Muster über die Art, in der Sie die
Menschen um Sie herum verstehen?

Augenscheinlich ist diese Übung sehr vorläufig und die Ergebnisse
dürften provisorisch und übervereinfacht sein. In Wirklichkeit sind
Muster und Verständnisse komplizierter und erfordern mehr
Beobachtung und Analyse. Nichtsdestotrotz wird Ihnen die Übung
einen Vorgeschmack darauf geben, wie die Erkundung eines Umkreises
vor sich geht.

Die Erkundung perimetrischer Verständnisse in philosophischen Selbstbesinnungsgruppen

Bislang haben wir erörtert, wie man perimetrische Verständnisse im
Format einer Vieraugenberatung aufspürt. Eine ähnliche Exploration
kann genauso gut in einem Gruppenformat erfolgen.

Wie zuvor erwähnt ist eine Art von philosophischer Gruppe die
philosophische Diskussionsgruppe, in der ein ausgebildeter philosophischer
Praktiker der Allgemeinheit eine strukturierte Tätigkeit über spezifische
philosophische Themenfelder anbietet. Die Vertrautheit zwischen den
Teilnehmern ist begrenzt, weil der Schwerpunkt mehr auf der
Erörterung einer philosophischen Thematik liegt und weniger auf dem
Privatleben der Mitwirkenden. Die Kontinuität ist in der Regel
ebenfalls begrenzt, entweder weil die Gruppe sich lediglich für eine
Handvoll Treffen zusammenfindet oder weil die Beteiligten ohne
Verpflichtung zu einer weiteren Teilnahme kommen und gehen.
Demzufolge ist die philosophische Diskussionsgruppe kein gutes
Format, um persönliche Umkreise zu erkunden, etwas was Stetigkeit,
Intimität und Vertrauen verlangt.

Allerdings ist die Umkreiserkundung in einer anderen Art von
philosophischer Gruppe möglich, der *philosophischen
Selbstbesinnungsgruppe*. Dies ist eine geschlossene Gruppe, bei der die
Teilnehmer sich verpflichten, an mehreren Sitzungen teilzunehmen,
und dies hebt das Miteinander und das Teilen persönlicher Erfahrungen
hervor. Wie in einer Vieraugenberatung kann eine
Selbstbesinnungsgruppe die persönlichen Erfahrungen eines
Freiwilligen untersuchen und gemeinsam über den Umkreis
nachdenken, den er zum Ausdruck bringt. Die Gruppe als Ganzes
agiert als philosophischer Berater, möglicherweise unter der Leitung
eines Moderators, der sicherstellt, dass der Prozess auf respektvolle und
einfühlsame Weise abläuft.

Es gibt aber auch wichtige Unterschiede zwischen diesen zwei Formaten. Bei der philosophischen Beratung gibt es nur einen Ratsuchenden, weshalb es möglich ist, sich tief in seinen Umkreis zu versenken. Hingegen besteht eine philosophische Selbstbesinnungsgruppe aus mehreren Teilnehmern, manchmal bis zu zehn oder sogar fünfzehn, und es ist viel schwieriger, in den Umkreis jedes Mitwirkenden einzutauchen. Ein Teil der Arbeit muss den Teilnehmern als Aufgabe für zu Hause überlassen werden.

Trotz dieser Begrenztheit ist der Vorteil der philosophischen Selbstbesinnungsgruppe, dass sie ergiebige Interaktionen zwischen Einzelnen hervorbringen kann, was sie in die Lage versetzt, von den Erfahrungen der Kollegen zu lernen sowie Rückkopplung und Unterstützung zu geben und zu erhalten. Eine gute Art, diesen Vorteil auszunutzen, ist das Schaffen eines miteinander geteilten Bezugsrahmens, indem jede Sitzung auf einen spezifischen philosophischen Streitpunkt ausgerichtet wird, zum Beispiel „Was ist wahre Liebe?", „Was heißt es, frei zu sein?" oder „Was ist ein bedeutsamer Moment im Leben?". Der Moderator führt die gewählte Streitfrage ein und kann auch ein paar philosophische Denkansätze dazu erläutern. Die Teilnehmer denken danach auf dem Weg über diese philosophischen Ideen über ihre persönlichen Erfahrungen nach und nutzen dabei Methoden wie Diskussion, Rollenspiel, Selbstdarstellung durch Zeichnen oder Schauspiel und Besinnungsübungen.

Lautet das Thema der Sitzung zum Beispiel innere Freiheit, könnten die Kameraden mit der Untersuchung von zwei oder drei alternativen philosophischen Theorien der Freiheit beginnen und im Lichte davon über ihren eigenen Sinn für innere Freiheit nachdenken. Diese philosophischen Theorien werden nicht für eine Autorität gehalten, sondern für Rohmaterial zum Weiterentwickeln, Ändern oder Ablehnen, je nach Bedarf. Die Freiwilligen teilen ihre relevanten persönlichen Erfahrungen mit der Gruppe und ermöglichen es anderen Teilnehmern, zu erleben, wie die Umkreise anderer Menschen untersucht werden, sich mit Anderen zu vergleichen, Unterstützung anzubieten und Feedback zu erhalten.

Daniel ist Mitglied einer philosophischen Selbstbesinnungsgruppe, die sich einmal die Woche trifft. Bei den Zusammenkünften ist er sehr aktiv und hilfsbereit. Seine wohlüberlegten Kommentare helfen seinen Kameraden, sich selbst zu erforschen, und seine einfühlsame Haltung ermutigt sie, sich zu öffnen und ihre persönlichen Erfahrungen zu teilen.

Bei ihrem dritten Treffen sagt Irena zu ihm: „Du weißt, Daniel, du ermunterst immer jeden, über sich zu sprechen, aber wir wissen noch immer nicht viel über dich. "

Daniel lächelt. „Fühlst du dich deswegen unbehaglich? "

Roger unterbricht. „Du hast es schon wieder getan, Daniel! Statt Irena zu antworten, hast du ihre Frage umgedreht und vermieden, über dich selbst zu sprechen. "

Daniel merkt, dass Irena und Roger recht haben. „Ja, danke für diesen Hinweis. Ich denke, ich vermeide es, mich preiszugeben. Ein interessantes Muster, nicht wahr? Vielleicht ist es eine Art Abwehrmechanismus ... "

„Denk daran", unterbricht ihn Bruce, „wir machen hier keine Psychologie. Wir machen Philosophische Praxis. Die Frage ist, was dein Muster uns über die Art erzählt, wie du dich und die Anderen verstehst. "

„Möchtest du, dass die Gruppe dies erörtert, Daniel?", fragt Jessica.

Daniel runzelt die Stirn. „Ich weiß nicht. Ich möchte es eher nicht. "

„Warum nicht? Was für Gefühle würde das bei dir auslösen? "

„Ich vermute, dass ich Angst habe, dass mein Privatleben das Thema von jedermanns Aufmerksamkeit wäre. "

„Keine Sorge, Daniel, du wirst nicht das Thema sein. Unser Hauptthema wird die Idee der Selbstenthüllung sein. Dies ist schließlich eine philosophische Gruppe. Wir brauchen deine Erfahrungen, um zusammen zu untersuchen, was Selbstenthüllung bedeutet. "

„In Ordnung, ich bin einverstanden. Machen wir die Selbstenthüllung zum Thema dieser Sitzung. "

Daniel versucht nun, sich zu erklären. „Mir gefällt der Gedanke nicht, dass alle mir hier zuhören und über mich sprechen. Es gäbe mir das Gefühl, als ob ich ein kleiner Junge wäre und ihr die Erwachsenen, die sich um mich kümmern. "

Er erzählt ihnen auch ein kürzliches Erlebnis, bei dem er eine Unterhaltung mit seiner Tante abbrach, weil sie ihn über sein Leben ausgefragt hatte. Als die Gruppe dieser Erfahrung auf den Grund geht, stellt sich heraus, dass die Tante ihn nicht wirklich „ausgefragt", sondern wahrscheinlich einfach nur ihre Liebe und Sorge ausgedrückt hatte.

„Lass niemanden dich persönlich betrachten — das ist offenbar mein Muster ", sagt Daniel. „Etwas in meinem Kopf denkt, dass die persönliche Seite meines Lebens ein wehrloses Kind ist. "

„Und es glaubt auch", fügt Irena hinzu, „dass es wichtig ist, nicht wehrlos zu sein und kein Kind zu sein. Ich muss ein starker, unangreifbarer großer Mann sein!"

„Was ich hier interessant finde", sagt Bruce nachdenklich, „ist, dass die Unterscheidung zwischen einem wehrlosen Kind und einem starken Erwachsenen so wichtig für dich ist. Es ist, als ob es die wichtigste Unterscheidung im Leben wäre."

Später teilen zwei weitere Kameraden ihre eigenen Erfahrungen der Selbstenthüllung, und durch diesen Vergleich gewinnen sie eine gewisse Einsicht in ihre jeweiligen Muster und die durch sie ausgedrückten Verständnisse. Natürlich ist nicht genügend Zeit, um tiefer in den Umkreis von jedem einzudringen, und das Gespräch geht nicht über anfängliche Erkenntnisse hinaus. Aber die umsichtige Rückkopplung und die unterstützende Atmosphäre geben ihnen viel Material für die weitere Selbstbesinnung mit nach Hause.

Um ihre Beobachtungen zu schärfen, diskutiert die Gruppe auch verschiedene philosophische Theorien der Selbstenthüllung. Sartre wird erwähnt (sich schämen heißt durch den Blick eines anderen Menschen verdinglicht werden[17]) wie auch Nietzsche (bei Freunden „darfst du nicht alles sehen wollen"[18]). Auf diese Weise entwickeln die Teilnehmer ein Geflecht von Ideen im Zusammenhang mit der Selbstenthüllung, das Licht auf ihre persönlichen Erlebnisse wirft. Sie stellen fest, dass das Leben in einer Vielfalt von Ideen spricht, die auf komplexe Art miteinander verbunden sind.

„Ich fange an, meine Einstellung zu begreifen", sagt Hannah, die wie Daniel der Gruppe erzählt hatte, wie sie es nicht leiden könne, im Mittelpunkt der Aufmerksamkeit zu stehen. „Ich mag es nicht, wenn Leute über mich reden, weil ich es hasse, untätig zu sein. Ich hasse es, ein Empfänger zu sein. Ich vermute, meine verborgene Annahme ist: Bin ich ein passiver Empfänger, dann höre ich auf, ‚jemand' zu sein. Ich existiere nur, wenn ich gebe, helfe, handle."

„Eine interessante philosophische Idee", sagt Siegried. „Jemand sein bedeutet, auf Andere einzuwirken. Handlungen entgegennehmen heißt nicht existieren."

„Genau. Hat nicht der dänische Philosoph Kierkegaard die Frage diskutiert, was es bedeutet, zu existieren?"

---

17. Jean-Paul Sartre, *Being and Nothingness [Das Sein und das Nichts]*, Washington Square Press, New York 1966.
18. *Thus Spoke Zarathustra [Also sprach Zarathustra]*, Teil 1, „On the Friend", in: Walter Kaufmann (Hg.), *The Portable Nietzsche*, S. 169, Penguin Books, New York 1978.

„Ja, " sagt Irena. „Er stellte eine ähnliche Frage, aber in einem ganz anderen Zusammenhang. Trotzdem wäre es interessant, deinen Ansatz mit dem seinen zu vergleichen. "

Von perimetrischen Verständnissen zu perimetrischen Weltanschauungen

Ein Mensch hat normalerweise mehrere perimetrische Verständnisse von unterschiedlichen Kernfragen: ein Verständnis dessen, was eine sinnvolle Beziehung ist, zum Beispiel, ein Verständnis dessen, was fair und gerecht ist, ein Verständnis dessen, was das Selbst ist, und so weiter. Darüber hinaus geben manchmal verschiedene Situationen Anlass zu verschiedenen Auffassungen. So kann ich etwa ein argwöhnisches Verständnis von Anderen haben, wenn ich unter Fremden bin, doch ein vertrauensvolles, wenn ich mit meinen besten Freunden zusammen bin.

Dennoch stimmen die vielfältigen Verständnisse, die ein Mensch hat, in der Regel untereinander überein. Selten finden wir jemanden, der sich so verhält wie Dr. Jekyll und Mr. Hyde — zwei vollkommen unterschiedliche Personen, die zwei vollkommen unterschiedliche Verständnisse haben. Selbst wenn es einen Konflikt zwischen einem Verständnis und einem anderen gibt, tendieren die zwei dazu, die beiden Seiten derselben Münze zu sein. Beispielsweise kann ich unter Fremden ein Verständnis haben, das besagt: „Der Andere ist eine unbekannte Gefahr", bei Freunden hingegen ein anderes Verständnis, das meint: „Der Andere ist ein sicherer Aufenthaltsort." Gleichwohl können diese die zwei Seiten desselben allgemeinen Verständnisses sein: „Freundschaft ist ein Zufluchtsort gegen die Gefahren durch den unbekannten Anderen."

Die Folge ist, dass die verschiedenen perimetrischen Verständnisse des Einzelnen sich üblicherweise zu einem zusammenhängenden, allumfassenden Verständnis vereinigen. Dieses übergreifende Verständnis kann als *perimetrische Weltanschauung* oder kurz *Weltanschauung* bezeichnet werden. Eine *Weltanschauung* ist demnach die Gesamtsumme aller perimetrischen Verständnisse eines Menschen; oder genauer, das allumfassende Verständnis, das kleinere Verständnisse als seine Teile umfasst. Eine Weltanschauung ist daher der Umkreis einer Person in seiner Gesamtheit.

Eine Weltanschauung ist niemals eine zufällige Ansammlung unzusammenhängender Ideen, sondern eine mehr oder weniger

kohärente „Theorie" der Welt. Außerdem hat sie gewöhnlich ein
Zentrum — ein zentrales Verständnis, das einflussreicher und
mächtiger als andere ist. Andere Verständnisse sind um diesen
Mittelpunkt herum organisiert. Dies ergibt Sinn: Im Alltag schaffen sich
widersprechende Verständnisse einen inneren Konflikt, daher „lernen"
sie, sich gegenseitig anzupassen.

Das bedeutet nicht, dass zwischen verschiedenen Verständnissen
völlige Harmonie herrscht. Offenkundig enthält eine Weltanschauung
oft Spannungen und Konflikte. Aber solche Konflikte sind selbst
Elemente innerhalb der Weltsicht des Menschen. So kann meine
Weltanschauung etwa das Verständnis beinhalten: „Einerseits ist die
Liebe bedeutungsvoll, doch andererseits macht dich die Liebe
abhängig."

Meine Weltanschauung wie auch die spezifischen Verständnisse,
aus denen sie besteht, ist nichts, an das ich im Normalfall in Worten
denke, aber etwas, das ich lebe, häufig ohne mir dessen bewusst zu sein.
Sie drückt meine übergreifende Einstellung zu mir selbst und meiner
Welt aus. Sehr oft wirkt sie als begrenzter, starrer, automatischer Zwang
auf meinem Leben, und in diesem Fall ist meine Weltanschauung mein
Gefängnis, meine platonische Höhle, mein Umkreis. Die meisten
Menschen sind tatsächlich in ihrem perimetrischen Weltbild gefangen.

Alicia liest gern, vor allem Bücher, die sie tiefgründig und verständig findet.
Sie verbringt Stunden mit der Lektüre von klassischer Literatur, Dichtung und
Philosophie, bei diesen Büchern fühlt sie sich ergriffen und inspiriert.
Andererseits langweilt sie sich bei „trivialen" Sachen — Nachrichten, beliebten
Bestsellern, Komödien, Alltagsgesprächen. Sie findet es beinahe unmöglich, sich
daran zu beteiligen.

Alicia sagt, dass sie Menschen möge, aber in Wirklichkeit fällt es ihr schwer,
Beziehungen zu ihnen aufrechtzuerhalten. Sie scheint Widerstand bei Anderen
zu erwecken, die sie oft für unterkühlt, emotionslos und streitlustig halten. Sie
schreibt dies ihrer Aufrichtigkeit und ihrer Unfähigkeit zu, soziale Spiele zu
spielen. Aber ihre Angewohnheit, in großen Abstraktionen zu sprechen, Andere
im Gespräch zurechtzuweisen und auf ihren eigenen Ansichten zu bestehen,
tragen zum Gefühl von Distanz bei, das sie bei Anderen hervorruft. „Ich habe
viel Liebe in meinem Herzen", sagt sie, „doch die Leute sind nicht bereit, sie zu
empfangen." Dies kümmert sie jedoch nicht übermäßig. Sie genießt ihre Liebe,
als ob sie ein privater Schatz in ihrem Inneren wäre. Sie sorgt sich nicht um die
Neigung der Menschen, zu ihr Abstand zu halten. Sie liebt es, sie selbst zu sein.

Alicia sagt auch, dass sie in Gegenwart Anderer sehr schüchtern sei. Bei gesellschaftlichen Zusammenkünften wirke sie gehemmt, und sie wisse nicht, was sie sagen soll. „Geselligkeit ist öde", meint sie, „ich vermeide sie, soweit ich kann." Wenn sie sich in einer Gruppe wiederfindet, halte sie lieber den Mund.

Nun, wenn wir diese Tatsachen über Alicia untersuchen, scheinen sie mindestens drei verschiedene Verhaltens- und Gefühlsmuster zu enthalten: ihr Interesse an tiefgründigen Büchern und Ideen, ihre kühle, streitlustige Haltung zu den Anderen und ihre Schüchternheit. Diese drücken anscheinend drei hauptsächliche perimetrische Verständnisse aus: das Verständnis, dass Tiefgründigkeit wichtig ist, dass die Art und Weise der Verbindung zu anderen Menschen durch Ideen erfolgt und dass die Leute unbegreiflich und langweilig sind.

Allerdings würde ein näherer Blick offenbaren, dass dies drei Aspekte eines übergreifenden Verständnisses sind, anders ausgedrückt, einer perimetrischen Weltsicht. Den drei gemeinsam ist die Unterscheidung zwischen dem, was bedeutsam und interessant ist, und dem, was bedeutungslos und trivial ist, und sie entspricht der Unterscheidung zwischen ihrer privaten Welt und der äußeren sozialen Welt. Gemäß ihrer Weltanschauung verdienen nur tiefgründige Angelegenheiten Aufmerksamkeit, und diese sind in ihrer privaten Welt angesiedelt, die die Tätigkeiten umfasst, denen sie selbst gern nachgeht: lesen, nachdenken und Liebe fühlen. Mit anderen Worten: Ihre private Welt ist angeblich die Quelle aller Bedeutung und Tiefe, der Ort der Schätze, die sie fühlt und die zu fördern und fortzuentwickeln sind. Im Gegensatz dazu besteht die Gesellschaft außerhalb ihrer privaten Welt aus Leuten, Unterhaltungen und Ereignissen, die wenig Sinn oder Wichtigkeit haben. Sie beinhaltet soziale Spiele, Alltagsgespräche und ähnliche unwürdige Dinge. Ein gutes Beispiel ist die Liebe, die sie zu Anderen fühlt: Was für sie zählt, ist, dass sie sie in ihrem Herzen spürt; es ist weniger wichtig, ob diese Liebe die Anderen erreicht oder nicht.

Kurzum, Alices drei Verständnisse sind Aspekte einer einzigen Weltsicht, die sich um eine Grundidee dreht: Nur tiefgründige Dinge, die in meiner privaten Welt liegen, sind bedeutsam und es wert, gefördert zu werden.

Bei der philosophischen Beratung beginnen wir gewöhnlich mit der Identifizierung eines Musters und skizzieren anschließend das dahinterstehende perimetrische Verständnis. Aber es ist wichtig daran zu erinnern, dass sich dieses Verständnis möglicherweise nur als kleines Element einer größeren Weltanschauung erweist, die ebenso andere Verständnisse umfassen kann. Um zusätzliche Verständnisse zu entdecken, kann der Berater das Gespräch auf verschiedene Themenfelder, verschiedene Erfahrungen und verschiedene Aspekte des Lebens der Person lenken.

Ein philosophisches Gespräch könnte zum Beispiel mit dem Gefühl der Langeweile des Ratsuchenden bei der Arbeit beginnen. Wenn das zugrunde liegende Bild allmählich klar wird, könnte der Berater den Ratsuchenden nach seinen Hobbys, seinen Familienverhältnissen oder seinen Freunden fragen. Es kommt häufig vor, dass das, was zunächst als zentrales Verständnis erscheint, sich lediglich als Element einer größeren Weltanschauung erweist.

Übung

Stellen Sie sich vor, dass im Verlauf der philosophischen Beratung mit einem bestimmten Ratsuchenden die folgenden drei Verständnisse aufgedeckt und geäußert werden:

Verständnis 1: Spaß ist wertvoll. (Ein Beispiel in den eigenen Worten des Ratsuchenden: „Ich mag lustige Filme. Ich lache und albere gern herum. Ich bin sehr stolz auf meinen Sinn für Humor.")

Verständnis 2: Es ist wichtig, anerkannt zu werden. (Zum Beispiel: „Manchmal ärgere ich mich über Leute, besonders wenn sie mich ignorieren oder mich nicht verstehen.")

Verständnis 3: Die Anwesenheit einer anderen Person bedeutet Erwartungen. („In Gesellschaft Anderer bin ich ziemlich nervös. Ich spüre, dass sie etwas von mir erwarten, ich bin mir nicht sicher, was.")

Versuchen Sie sich jetzt mehrere Wege vorzustellen, auf denen diese drei Verständnisse zusammen als Elemente in eine größere perimetrische Weltanschauung münden könnten. Wagen Sie einen Versuch, den Kerngehalt dieser Weltanschauung in Form einer Grundidee zusammenzufassen.

Teil 6

Die Erforschung der tieferen Bedeutung des Umkreises

Im vorherigen Teil sahen wir, dass die Handlungsweisen, Gefühle und Gedanken eines Menschen keine zufällige Anhäufung unzusammenhängender Elemente sind, sondern eine einigermaßen kohärente Einstellung zum Leben begründen. Sie drücken ein Korpus perimetrischer Verständnisse vielfältiger Themen aus, die zusammengenommen das perimetrische Weltbild der Person bilden. Wir analysierten auch eine Anzahl konkreter Fallstudien des perimetrischen Verständnisses von Ratsuchenden und brachten sie kurz in einem oder zwei Sätzen zur Sprache. Dies ist in der Tat eine Übervereinfachung. Ein perimetrisches Verständnis ist viel komplizierter als eine Ein-Satz-Idee. Die Lebenseinstellung eines Menschen kann nicht durch eine einfache Formel ausgereizt werden, da sie es mit einer großen Bandbreite an Bedingungen zu tun hat. So umfasst zum Beispiel mein perimetrisches Verständnis von zwischenmenschlichen Beziehungen mein Verständnis von Freunden, Nachbarn, Familienmitgliedern, Bekannten und Fremden, und jede dieser Beziehungen kann in Abhängigkeit meiner besonderen Neigungen und Lebensumstände variieren. Wenn ich nicht einfach ein Automat bin, hat mein Verständnis von Beziehungen ein Netzwerk von Ideen einzuschließen, das auf eine ganze Theorie über das hinausläuft, was Beziehungen sind. Möchten wir deshalb die perimetrische Weltanschauung eines Menschen und die Verständnisse, aus denen sie besteht, artikulieren, müssen wir über simple Zusammenfassungen hinausgehen und lernen, die subtileren Einzelheiten zu behandeln. In diesem Teil werden wir untersuchen, wie dies gemacht werden kann.

Ein perimetrisches Verständnis als philosophische Theorie

Ein perimetrisches Verständnis kann als eine Theorie über ein gegebenes Thema angesehen werden — eine Theorie der Liebe beispielsweise, oder der Freiheit, der Bedeutung usw. —, die alltägliche Vorgänge bei dieser Thematik erklärt oder deutet. In dieser Hinsicht ähnelt sie den Theorien, die man in akademischen Büchern findet — einer biologischen Theorie, die erläutert, wie die Photosynthese funktioniert, oder einer geologischen Theorie, die darlegt, wie die Erdteile geformt sind, einer psychologischen Theorie, die die Auswirkungen von Traumen verdeutlicht, oder einer philosophischen Theorie, die ausführt, was als moralisches Verhalten zählt.

Wissenschaftliche Theorien verlassen sich großenteils auf empirische Befunde, die bei überwachten Experimenten und Beobachtungen ermittelt wurden, und oft auch auf mathematische Berechnungen. Eine philosophische Theorie dagegen gibt sich vornehmlich mit grundlegenden Ideen ab und verlässt sich überwiegend auf Beweisführungen (sei sie logisch, intuitiv usw.). Sie ist hauptsächlich ein Erzeugnis des Denkens und sehr wenig der empirischen Beobachtungen. Ein perimetrisches Verständnis befasst sich auch mit grundlegenden Ideen und ähnelt daher philosophischen Theorien wie jenen, die wir in Philosophiebüchern finden können: Aristoteles' Theorie der Freundschaft zum Beispiel, Jean-Jacques Rousseaus Theorie der Authentizität, John Stuart Mills Theorie des moralischen Handelns oder José Ortega y Gassets Theorie der Liebe. Jede dieser philosophischen Theorien postuliert ein paar Grundideen — Vorstellungen, Unterscheidungen, Annahmen usw. — und benutzt sie als Bausteine, um das zur Diskussion stehende Thema zu verstehen.

Eine Theorie kann als ein Ideennetzwerk betrachtet werden, das versucht, Aufschluss über einen gegebenen Sachgegenstand zu geben. Dies ist auch der Fall bei den perimetrischen Verständnissen eines Menschen. Natürlich sind die perimetrischen Verständnisse einer Person auf der Straße nicht so ausgeklügelt wie die philosophischen Theorien großer Denker. Sie mögen allzu simpel, verdreht, voreingenommen, auf fehlerhaften Gedankengängen gegründet sein, und doch sind sie Theorien, von ähnlicher Art, obschon wahrscheinlich nicht so ausgereift wie jene, die wir in den Philosophiebüchern finden. In diesem Sinn könnten wir behaupten, dass jede denkende Person ein Philosoph sei, wenngleich nicht notwendigerweise ein guter Philosoph. Wie ein Berufsphilosoph verbindet sich jedes denkende Individuum mit der Welt durch Theorien über Themen wie Liebe, Freundschaft, Moral oder den Sinn des Lebens.

Daraus folgt, dass die Erkundung der perimetrischen Verständnisse einer Person, oder ihrer perimetrischen Weltanschauung als Ganzen, bedeutet, die Theorie abzuklären, die im Alltag dieses Menschen inbegriffen ist. Das ist keine leichte Aufgabe. Ein perimetrisches Verständnis wird typischerweise nicht in Worten geäußert, sondern ist im täglichen Verhalten eingebettet. Der Einzelne ist sich meistens nicht der „Theorie" bewusst, die er lebt. Die Aufgabe der Klärung einer Weltanschauung und ihrer Beschreibung in Worten ist deswegen eine Entschlüsselungsarbeit.

Des Weiteren ist das Artikulieren einer philosophischen Theorie in Worten eine schwere Aufgabe, mit Sicherheit für jemanden, der nicht in philosophischem Denken geübt ist. Es ist schwierig, die Einstellungen einer Einzelperson in Form abstrakter Ideen zu analysieren. Glücklicherweise haben viele Denker über die Zeiten hinweg die wichtigsten Lebensfragen, denen Menschen ins Auge sehen, angepackt und haben einen Schatz von Einsichten und Theorien darüber formuliert. Philosophische Praktiker können deshalb selber von Theorien aus der Geschichte der Philosophie Gebrauch machen.

Dies heißt natürlich nicht, dass ein philosophischer Berater dem Ratsuchenden eine vorgefertigte philosophische Theorie aufbürden soll. Die Menschen unterscheiden sich voneinander, ihre Verständnisse sind persönlich und diese passen nicht exakt in eine Theorie von Sartre oder Buber. Nichtsdestoweniger können philosophische Theorien als Rohmaterial dienen, um damit zu arbeiten, und als Quellen nützlicher Ideen. Wir können unsere Beobachtungen formulieren und schärfen, wenn wir über die Ideen großer Denker nachdenken, einige von ihnen übernehmen, andere verändern und wiederum andere ablehnen. Sogar wenn wir eine philosophische Theorie als völlig ungeeignet für unseren Ratsuchenden zurückweisen, kann sie uns noch helfen, dessen perimetrisches Verständnis auf dem Wege einer Gegenüberstellung zu artikulieren.

Eine Fallstudie: Theorien über den Anderen

Dagmar ist keine Philosophin, aber wie alle anderen Leute hat sie ihre eigene Art von Verständnis von den Menschen um sie herum. Dieses Verständnis formt ihr Verhalten, ihre Erwartungen, Hoffnungen und Gefühle, auch wenn sie sich dessen nur vage bewusst ist. Dies ist Teil der perimetrischen Weltanschauung, in die sie eingeschlossen ist.

„Ich bin einsam", sagt Dagmar zu Linda, ihrer philosophischen Beraterin. „Ich bin gern allein, sonst verliere ich den Bezug zu mir selbst. Trotzdem wünsche ich mir noch immer, einen guten Freund zu haben, jemanden, dem ich wirklich vertrauen kann. Ich bin schon 35 Jahre alt und hoffe weiterhin, jemanden zu finden, mit dem ich meine Gefühle teilen kann. Aber ich habe zu viele Enttäuschungen erlebt."

Dagmar hat eine Erinnerung an ihren Großvater aus ihrer frühen Kindheit, aus der Zeit, als sie etwa vier Jahre alt war. Sie erinnert sich noch deutlich: Ihr Großvater wurde wütend und schrie sie an. Wie seltsam, dass Dagmar sich an diesen ungewöhnlichen Vorfall erinnert. Ihr Großvater war immer sehr lieb zu ihr gewesen, nie wurde er laut. Das war das einzige Mal, dass er seine Beherrschung verlor.

Dagmar hatte einmal ein romantische Langzeitbeziehung zu einem Mann. Er war schüchtern und ruhig, zwei Jahre lang kamen sie sehr gut miteinander aus. Und dann, vor sechs Jahren, kam er bei einem Autounfall ums Leben. Dies war eine sehr schwierige Zeit für sie. Sie fühlte sich von ihm verstoßen. Sie war tatsächlich böse auf ihn, weil er sie verlassen hatte. Rational wusste sie, dass ihr Ärger keinen Sinn ergab, dennoch fühlte sie ihn viele Wochen lang sehr intensiv.

Zum Glück traf sie mehrere Monate später eine andere alleinstehende Frau, Peggy. Die zwei einsamen Frauen wurden Freundinnen. Doch dann fand Peggy einen festen Freund. „Sie verschwand manchmal für drei, vier Tage", erzählt Dagmar Linda verbittert, „bis ich endlich verstand, dass sie sich nicht mehr um mich scherte. So lernte ich, nichts von ihr zu erwarten."

Schließlich machte Dagmar eine Hundeschule auf. „Mit Tieren kommt man besser klar", erklärt sie, „besonders mit Hunden. Sie überraschen dich nie. Wenn du freundlich zu ihnen bist, halten sie treu zu dir. Menschen hingegen sind zu unberechenbar."

Ja, wann immer sie jemanden einen Hund falsch behandeln oder misshandeln sieht, kann sie sich kaum selbst beherrschen. Vor Kurzem sah sie in ihrer Nachbarschaft eine junge Frau, die ihren Hund hinter sich her schleppte, als ob er ein Koffer wäre. Dagmar platzte der Kragen. Glücklicherweise hielt sie ein Nachbar davon ab, die Hundehalterin zu schlagen.

„Diese Frau ist ein Ungeheuer", sagte sie zum Nachbarn.

Der Nachbar blickte skeptisch. „Womöglich war sie einfach nur schlecht gelaunt oder in Eile. Oder vielleicht weiß sie schlicht nicht, wie sie mit Hunden umgehen soll."

„Nein, sie ist ein Monster", erwiderte Dagmar. „Und wenn kein Monster, dann ist sie geistig verwirrt."

Interessanterweise scheint Dagmar, so kritisch sie gegenüber Anderen ist, mit sich selbst sehr nachsichtig zu sein. Als sie noch mit Peggy befreundet war, wich sie ihr gelegentlich aus und erfand alle Arten von Ausreden, um sie nicht zu sehen, und trotzdem empfand sie nicht, sich unangemessen zu verhalten.

„Es scheint", merkt Linda an, „dass Sie von sich selbst nicht die gleiche Treue fordern, wie Sie es von Anderen tun."

Dagmar stimmt widerstrebend zu.

Selbst mit dieser nur skizzenhaften Beschreibung können wir beginnen, ein zentrales Muster in Dagmars Beziehung zu anderen Menschen ausfindig zu machen: Sie vertraut ihnen nicht. Wenn sie ihr ihre Freundschaft beweisen, sorgt sie sich um die Möglichkeit, dass sie sie irgendwann enttäuschen oder verlassen. Sie neigt dazu, einen einseitigen Blickwinkel auf das Verhalten der Leute einzunehmen, jede Spur von Gleichgültigkeit in unrealistische Dimensionen zu erweitern und sie als Beweis für ihren Verrat oder ihre Kaltherzigkeit zu deuten. Folglich verwandelt sich das Nachschleppen eines Hundes in einen ungeheuerlichen Missbrauch; der Tod ihres Liebsten wird zum Verrat; woran sie sich von ihrem Großvater erinnert, ist seine seltene Strenge, nicht die vielen herzigen Augenblicke, die sie miteinander teilten.

Dagmars Muster drückt ihre Art des Verständnisses anderer Menschen aus, ihre „Theorie" der Bedeutung des Anderen. Sie selbst hat ihre „Theorie" nie in Worte gekleidet, obwohl ihr Verhalten es nahezu täglich bekundet. Aus diesem Grund fragt Linda sie nicht um ihre Meinungen über die Anderen, wie es unerfahrene philosophische Berater gern tun. Sie sucht nach dem Verständnis, das ihr derzeitiges Verhalten lenkt, nicht nach ihren losgelösten Ansichten.

Eine zweckmäßige Art, Dagmars „Theorie" der Anderen zu vertiefen, ist die Lektüre relevanter philosophischer Texte und ihre Nutzung als Rohmaterial zur Selbstbesinnung. Was das Besondere an guten Philosophen ausmacht, ist nicht, dass ihre Theorien für jedermann wahr sind, sondern dass sie es vermögen, menschliche Erfahrungen in verständliche Worte zu fassen. Sie können ihre eigene Weltsicht mit großem Einfühlungsvermögen ausdrücken, mit erleuchtenden Beobachtungen und Begriffen, mit tiefgründigen Analysen. Dabei stellt ihre Philosophie nicht mehr als ihr eigenes Verständnis dar, nicht Dagmars.

Dennoch sind diese Theorien nicht ohne Wert für sie. Sie können eine große Hilfe bei der Kartierung ihres Umkreises sein und eventuell bei der Vorbereitung ihres Hinüberschreitens. Aus diesem Grund erwähnt Linda von Zeit zu Zeit eine

passende philosophische Theorie, bisweilen mit Hilfe eines kurzen Textes, den
sie zusammen lesen. Der erste Philosoph, den sie ihr vorstellt, ist Sartre.

Jean-Paul Sartre: der objektivierende Blick[19]

In seinem Buch *Das Sein und das Nichts* beschreibt der französische
Existenzialist Jean-Paul Sartre (1905 - 1980), wie der Andere in meiner
Welt erscheint:

Ich bin in einem öffentlichen Park. Nicht weit weg befindet sich ein
Rasen und am Rande dieses Rasens stehen Sitzbänke. Plötzlich geht ein
Mann vorbei. Was meine ich, wenn ich behaupte, dass dieses Objekt
eine Person sei? Was ist der Unterschied zwischen dem Eine-Bank-Sehen
und dem Eine-Person-Sehen?

Eine Sitzbank ist ein Gegenstand in meiner Welt, aber eine Person
ist mehr als das. Im Gegensatz zu einer Bank kann die Person da drüben
sehen, hören, tasten. Sie hat eine Perspektive. Die Welt wird auch von
ihren Augen gesehen und von ihrem Blickwinkel aus umgibt die Welt
sie. Sobald außerdem die andere Person in meine Welt tritt, stehen die
Objekte, die ich um mich herum sehe — der Baum, die Bank, der Rasen
— nicht länger nur um mich herum. Sie sind nicht länger *meine* Welt.
Sie sind auch *ihre* Welt.

Dies bedeutet, dass, sobald der andere Mensch erscheint, die
Koordinaten meiner Welt zerbrechen. Ich bin nicht mehr der
Mittelpunkt der Welt, weil er ebenfalls ein Mittelpunkt ist. Der andere
Mensch stiehlt mir sozusagen die Welt. Meine Welt flieht zu ihm.

Stellen Sie sich überdies vor, dass der Mann jetzt zu mir schaut. Ich
merke, dass ich von ihm gesehen werde. Ich bin ein Objekt seines
Blicks. Würde ich eine unfeine Bewegung machen, versuchte ich sie
jetzt vor seinen Augen zu verbergen. Würde ich zu mir selbst sprechen,
begänne ich schnell, trällernd mein Handeln zu verheimlichen. Eben
weil ich mich als Objekt seines Blicks erlebe.

Der Andere verursacht eine neue Bedrohung: dass ich ein reines
Objekt würde, dass ich kein freies Subjekt mehr wäre, das eine Welt hat,
sondern ein bloßes Objekt in seiner Welt. Natürlich ist er auf ähnliche
Weise durch meinen Blick bedroht.

---

19. Jean-Paul Sartre, *Being and Nothingness [Das Sein und das Nichts]*, Washington Square
Press, New York 1966.

Dagmar scheint Sartres Theorie nicht zu gefallen. „Ich stelle keine Verbindung zu der Idee her, dass ich für Andere ein Objekt bin. " Linda bittet sie, die Theorie nicht sofort zu verurteilen, sondern erst darüber nachzudenken. Was wichtig ist, erklärt sie, sei nicht so sehr, ob Dagmar diese Theorie mag oder nicht, sondern ob sie Elemente daraus benutzen kann, um ihr eigenes Verständnis vom Anderen zu klären.

Und tatsächlich entdeckt Dagmar mit Lindas Hilfe, dass sie von Sartre eine interessante Einsicht übernehmen kann: dass die Begegnung mit einem Anderen bedeutet, einer Perspektive zu begegnen, die sich von der ihren unterscheidet. Der Andere fügt in ihre Welt einen fremden Standpunkt ein, der aus fremden Werten und Vorlieben besteht. Der Andere bedeutet daher einen fremden Eindringling, der ihre Welt zu verändern droht.

Allerdings hat Dagmar, wie Linda betont, keinen Grund, Sartres Theorie in ihrer Gesamtheit zu akzeptieren. Erstens unterscheiden sich mehrere Aspekte von Sartres Theorie von der ihren: Sie hat keine Angst, dass Andere sie verdinglichen würden. Sartres verdinglichender Blick ist kein Teil der Landschaft ihres eigenen Umkreises. Daneben glaubt sie anders als er, dass das Miteinander eine wahre Möglichkeit ist.

Zweitens würde die Annahme von Sartres Theorie bedeuten, eine andere platonische Höhle zu betreten, ein anderes begrenztes Verständnis. Es würde bedeuten, ihren Umkreis mit einem anderen Umkreis zu tauschen, mit einer anderen Theorie, mit einem anderen Gefängnis. Aber sie braucht keinen anderen Umkreis. Sie möchte ihre philosophischen Einsichten benutzen, um sich zu befreien, nicht um sich einzuschränken.

Bei einer weiteren Gelegenheit, in einer späteren Sitzung, ergibt sich für die Beraterin die Chance, eine zweite philosophische Theorie über den Anderen einzuführen.

José Ortega y Gasset: die verborgene Innerlichkeit[20]

In seinem Buch *Der Mensch und die Leute* beschreibt der spanische Philosoph José Ortega y Gasset (1883 - 1955) den anderen Menschen als Überraschung. Ich entdecke plötzlich, dass ich nicht der einzige Bewohner der Welt bin. Noch jemand koexistiert mit mir in „meiner" Welt und ich kann nicht weiter entspannen wie zuvor.

Davor war meine Welt gemütlich und vertraut. Sie war mein Heim, sie war meine. Eigentlich war sie die eine und einzig vorhandene Welt.

---

20. José Ortega y Gasset, *Man and People [Der Mensch und die Leute]*, Norton, New York 1957.

Aber jetzt, da der Andere meine Welt betreten hat, gibt es dabei etwas Beunruhigendes: Anders als bei unbelebten Objekten zeigt das Auftauchen eines Menschen eine verborgene Wirklichkeit an. Hinter seinen Augen gibt es Gefühle, Gedanken, Absichten, und ich kann nicht erkennen, was sie sind. Seine Innerlichkeit ist meinem Blick verwehrt — ich kann nur ihre äußeren Erscheinungsformen wahrnehmen: seine Gesten, seine Gesichtsausdrücke, die Worte, die aus seinem Mund kommen. Die andere Person bedeutet deshalb eine verdeckte Verhaltensquelle.

Infolgedessen ist der andere Mensch für mich ein Unbekannter. Um Ortegas Metapher zu benutzen: Es ist, als hörte ich Schritte im Nebel. Meine Reaktion wäre: „He, wer geht da?!"

Ich kann seine Innerlichkeit nicht sehen, aber durch seinen Körper kann ich erkennen, dass diese sich mit mir verbindet, dass sie auf meine Anwesenheit antwortet, so wie ich auf die seinige antworten kann. In diesem Sinn bedeutet der andere Mensch eine Gefahr oder eine Überraschung, weil ich nie die Art, wie er mich behandeln würde, vollauf vorhersagen und kontrollieren kann.

Der Andere ist freilich nicht nur ein Problem für mich. Dank seines Erscheinens entdecke ich meine eigenen Grenzen, meine Beschränkungen und somit meine Fähigkeiten und Unfähigkeiten, meine Geschmäcker, meine Meinungen. Über den Anderen entdecke ich mich selbst.

Dagmar überlegt. Schließlich merkt sie an, dass Ortegas Begriff des Anderen als gefährliche Überraschung etwas Licht in ihren Umkreis bringen könnte. Auch in ihrem Umkreis ist der Andere unberechenbar und deswegen eine potenzielle Gefahr.

Aber hier endet anscheinend die Ähnlichkeit. Im anschließenden Gespräch mit Linda begreift sie irgendwann, dass der Rest von Ortegas Theorie ganz anders als ihre eigene ist. Für Dagmar sind die Anderen gefährlich, weil sie gute Absichten vermissen lassen, nicht nur, weil ihre Innerlichkeit verborgen ist. Darüber hinaus entdecke für Ortega ich mich selbst in meinen Begegnungen mit Anderen, während Dagmar sich selbst in ihrem einzelgängerischen Alleinsein zu entdecken scheint. Dennoch gelingt es Dagmar über den Gegensatz zu Ortegas Theorie, ihre eigene Einstellung zu verfeinern.

„Ja, das stimmt", gibt sie zu. „Ich setze mich eindeutig mit Anderen in Beziehung, als ob etwas unbekanntes Verborgenes in ihren Herzen wäre; eine schlummernde dunkle Macht, die jederzeit aufwachen und mich beißen könnte."

Emmanuel Levinas: das Gesicht des Anderen[21]
Sowohl Sartre als auch Ortega zeichnen ein ziemlich düsteres Bild des Anderen. Diesbezüglich sind sie „Verwandte" von Dagmars Haltung gegenüber Anderen. Aber es gibt hellere philosophische Theorien über den Anderen.

Für den französischen Philosophen Emmanuel Levinas (1906 - 1995) ist die westliche Philosophie daran gescheitert, den anderen Menschen als Anderen zu achten, als grundlegend anders als ich, als eine Wirklichkeit, die jenseits der Horizonte meines Wissens liegt. Die Philosophen haben immer versucht, den Anderen in das zu übersetzen, was er „das Gleiche" nennt — in meine eigenen Vorstellungen: Sie versuchten Frauen durch den Vergleich mit Männern zu verstehen oder nicht westliche Kulturen bezogen auf die westliche Kultur. Ebenso haben sie den Anderen stets einfach als anderes „Ich" aufgefasst. Levinas betrachtet dies als eine imperialistische Einstellung, weil sie versucht, in das einzudringen, was unterschiedlich ist, und es gemäß meinen eigenen Standards verständlich zu machen.

Eine wahrhaftige Begegnung mit dem Anderen ist, ihm als vollkommen anders zu begegnen. Der Andere ist immer hinter meinen Horizonten. Das bedeutet, dass sein Erscheinen meine egozentrische Welt erschüttert. Wenn der Andere meine Welt betritt, bin ich nicht mehr frei zu tun, wonach immer mir ist. Ich habe jetzt neue Verantwortlichkeiten: Ich muss Andere anerkennen. Das Gesicht des Anderen drückt die ethische Forderung aus: „Bring mich nicht um!" — lösch mich nicht aus.

Beachten Sie, das Levinas' Denkansatz nicht nur eine Analyse davon bietet, wie wir uns mit Anderen verbinden, wie es Sartre und Ortega tun, sondern auch, wie wir uns mit ihnen verbinden *sollen*. Sie drückt einen Aufruf aus, der uns drängt, unsere normale Haltung hin zu einer höheren zu transzendieren. In dieser Phase sind wir jedoch noch mit der Analyse des Umkreises beschäftigt und lassen diesen Aufruf deshalb außen vor.

Linda hilft Dagmar dabei, ihre Einstellungen mit denen von Levinas zu vergleichen. Dagmar erkennt, dass sie von ihm die Vorstellung des Anderen als etwas radikal Verschiedenes übernehmen kann. Aber der Rest dieses Bildes

---

21. *Alterity and Transcendence*, Columbia University Press, New York 1999.

erweist sich für sie als weniger relevant. Im Gegensatz zu dem, was Levinas vorschlägt, ist der Andere für sie keine sittliche Forderung, sondern eine bedrohliche Kraft. Gleichwohl erfährt Dagmar bald etwas Interessantes über sich selbst: Levinas' Idee vom Anderen als einem moralischen Verlangen bringt sie darauf, dass auch in ihrem eigenen Umkreis der Andere eine Forderung nach sich zieht — jedoch in einem anderen Sinn. In ihrem Umkreis richtet sich die Forderung an den Anderen, nicht an einen selbst. Der Andere ist für sie ein Wesen, das treu, fürsorgend und verständnisvoll sein „soll". Sie hingegen hat keine vergleichbaren Verantwortlichkeiten gegenüber Anderen.

„Ich kann es jetzt erkennen", sinniert Dagmar, „obwohl mir nicht gefällt, was ich sehe. Der Andere hat Verpflichtungen mir gegenüber, aber ich habe keine Verpflichtungen gegenüber dem Anderen."

„Da ist eine beachtliche Asymmetrie zwischen Ihnen und Anderen", bemerkt Linda nickend.

Später benutzt Dagmar Levinas' Ideen, um einen wichtigen Grund für diese Asymmetrie zu äußern: In ihrem Umkreis ist der Andere nicht einfach unberechenbar und unbekannt, wie Ortega sagen würde, sondern auch vollkommen anders als sie. Mutmaßlich ist ihr eigenes Verhalten verständlich und rational, während der andere Mensch jenseits der Grenzen von Rationalität und Anstand liegt. Sie setzt die moralischen Standards, denen Andere folgen sollen.

Martin Buber: Ich und Du[22]

In seinem Buch *Ich und Du* erklärt der in Österreich geborene jüdische Denker Martin Buber (1878 - 1965), dass das „Ich" kein gesondertes Gebilde sei. Ich würde in Bezug auf meine Beziehungen definiert. Ich sei kein losgelöstes Atom, das von Anderen unabhängig ist, weil meine Beziehungen ein Teil dessen seien, was ich bin.

Buber unterscheidet zwischen zwei Arten von Beziehungen zu Anderen (genauso zu Tieren, Pflanzen und sogar Gott): Ich-Es und Ich-Du. In Beziehungen der ersten Sorte behandle ich den anderen Menschen als Objekt — als Wahrnehmungsobjekt, Wissensobjekt, eines der Manipulation, der Fürsorge usw. Ich sehe ihn an, ich untersuche ihn, ich versuche ihn zu verstehen, ich benutze ihn. Ich kann das mit guten Absichten machen, etwa wenn ich herauszufinden versuche, wie ihm zu helfen ist, doch sogar so besteht eine Lücke

---

22. *I and Thou [Ich und Du]*, Scribner, New York 1970.

zwischen uns: Ich untersuche ihn aus der Entfernung, als ob er ein Beobachtungsobjekt wäre, als etwas, was außerhalb von mir liegt.

Aber es gibt eine andere Art der Verknüpfung mit einem Menschen: das Ich-Du. Bei dieser Art von Beziehung bin ich *bei* der anderen Person. Ich schaue dich über den Abstand hinweg, der uns trennt, nicht *an*, ich versuche nicht, dich zu kennen, zu benutzen, zu verbessern; ich bin einfach nur da bei dir. Du bist kein Objekt mehr in meiner Welt, eher färbst du meine ganze Welt mit deiner Anwesenheit.

In einer solchen Situation bin ich voll präsent. Anders als die Ich-Es-Beziehung, die nur einen gewissen Teil meiner selbst involviert (meine Gedanken zum Beispiel oder ein bestimmtes Gefühl), umfasst die Ich-Du-Beziehung mein gesamtes Sein.

Da meine Beziehungen definieren, wer ich bin, bin ich verschieden, wenn ich im Ich-Du und wenn ich im Ich-Es bin. Ich-Es-Beziehungen sind oft nützlich für praktische Zwecke, aber Ich-Du ist meine eigentliche Art, eine Beziehung herzustellen. Sie bringt mein volles Potenzial, mein volles Sein zum Ausdruck. Und obgleich es nur wenige Minuten dauern kann, bringt es meinen Beziehungen Leben und daher auch mir.

Als Beispiel könnten wir an eine Ehe denken, die nur aus „korrekten" Handlungsweisen besteht. Erlebt das Ehepaar nicht hin und wieder das Ich-Du, ist die Beziehung tot.

„Sie scheinen von Bubers Worten ergriffen zu sein", vermerkt Linda, nachdem die beiden mehrere dichterische Abschnitte aus Bubers Buch gelesen haben.

„Sie sind schön", antwortet Dagmar. „Das Miteinander, von dem er spricht, ist genau das, wonach ich mich sehne."

Bald fällt ihnen jedoch auf, dass andere Gesichtspunkte von Bubers Ansatz ihrer Weltsicht ziemlich fremd sind. Anders als er definiert sie sich nicht in Bezug auf Beziehungen. Sie stört sich nicht am Abstand — vielmehr braucht sie etwas Distanz, um sich in Kontakt mit sich selbst zu fühlen. Bubers Vorstellungen sind nicht die Sprache ihres Umkreises.

Durch diese Ideen entdeckt sie nichtsdestotrotz, dass es innerhalb ihrer Welt einen Widerspruch gibt: Auf der einen Seite sehnt sie sich nach Ich-Du-Beziehungen, doch auf der anderen ist der Andere in ihrer Welt im Wesentlichen ein Objekt: ein Objekt des Verdachts, der Prüfung und Beurteilung, der Erwartungen. Sie stellt nun fest, dass Ich-Du-Beziehungen in einer Welt wie der ihren nicht bestehen können, selbst wenn sie sich nach ihnen sehnt. Solange sich ihr Umkreis nicht ändert, wird sie voraussichtlich keine wahren Ich-Du-Beziehungen haben.

Die Ausarbeitung der perimetrischen Weltanschauung des Ratsuchenden

Es ist kaum überraschend, dass keine der obigen vier philosophischen Theorien genau Dagmars Verständnis des Anderen einfängt. Eine philosophische Theorie drückt ein besonderes, von einem besonderen Denker artikuliertes Verständnis aus, und als solches ist es ein einzelner Strang im komplexen Gewebe der menschlichen Einstellungen. Wir können nicht erwarten, dass ein wahrhaftiger Mensch in ein allumfassendes Schema passt.

Allerdings können, wie wir sahen, philosophische Theorien dazu benutzt werden, Aufschluss über Dagmars perimetrische Weltanschauung zu geben, selbst wenn sie sich vollkommen von ihr unterscheiden. Ihre persönliche Haltung ist nicht ohne jeden Zusammenhang mit der von Sartre oder Ortega, Levinas oder Buber. Gute Philosophen sind imstande, Aspekte der menschlichen Wirklichkeit mit großer Tiefgründigkeit, Sensibilität und Detailtreue zu beschreiben, sodass selbst ein partielles Überlappen von ihrem und Dagmars Blickwinkel ihr helfen kann, ihr Verständnis zu konzipieren.

Eine nützliche Art, die Struktur des perimetrischen Verständnisses einer Person (oder der Struktur irgendeiner philosophischen Theorie) zu würdigen, ist das Herausarbeiten der zentralen Ideen, aus denen sie aufgebaut ist. Dies geht, weil eine Theorie als ein Netzwerk von Ideen angesehen werden kann. So ist beispielsweise Sartres Verständnis des Anderen (genau wie ein großer Teil seiner übrigen Philosophie) ein Korpus von Ideen, das sich auf eine grundlegende Dichotomie zentriert: den Zwiespalt zwischen der freien Bewusstheit und den fertigen Tatsachen oder Objekten, oder um Sartres Terminologie zu verwenden, zwischen Freiheit und Faktizität. Weitere wichtige Vorstellungen in seiner Philosophie drehen sich um diese zentrale Dichotomie. Dies kann grafisch in der folgenden „Ideenkarte" dargestellt werden:

Ist in der Welt   Hat eine Welt   Deutet

Ist, was es ist — **Ein Objekt**   Frei — **Bewusstsein** — Ist nicht, was es ist

Wird angesehen   Wird bestimmt   Sieht an   Bestimmt sich selbst

Gefühle   Werte   Glaubensüberzeugungen

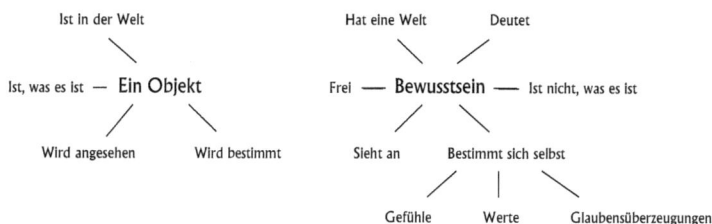

Wie diese Ideenkarte verdeutlicht, besteht eine elementare Spannung in Sartres Welt zwischen mir und einem anderen Menschen: Jeder von uns kann entweder den Anderen verdinglichen oder von ihm verdinglicht werden, mit anderen Worten, entweder den Anderen der Freiheit berauben, seine Welt zu deuten, oder von ihr bestohlen werden und eine Tatsache werden. Ein wahres Miteinander zweier freier Einzelwesen scheint deshalb unmöglich. Die größte Sorge eines in einer solchen Welt lebenden Individuums ist, seine Freiheit zu bewahren, die Verdinglichung durch Andere zurückzuweisen und dem Bemühen zu widerstehen, der Welt beraubt zu werden, die die seine ist.

Im Gegensatz dazu ist das Netzwerk von Ideen, das Bubers Theorie des Anderen bildet, sehr verschieden. Es hat fast keinen Platz für Sartres Begriffe wie etwa den verdinglichenden Blick. Bubers Ideengeflecht dreht sich um Beziehungen, nicht um Einzelne. Im Mittelpunkt seiner Theorie steht die Idee, dass einer von seinen Beziehungen bestimmt wird. Dies führt zur zentralen Dichotomie zwischen Ich-Du- und Ich-Es-Beziehungen anstelle von Sartres Faktenzwiespalt kontra Freiheit:

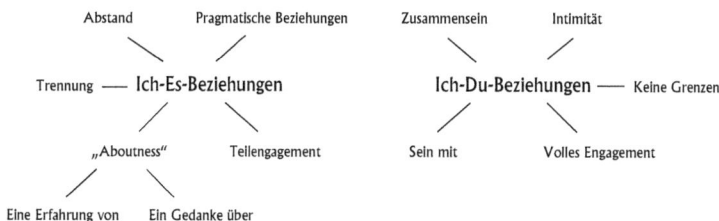

Abstand   Pragmatische Beziehungen   Zusammensein   Intimität

Trennung — **Ich-Es-Beziehungen**   **Ich-Du-Beziehungen** — Keine Grenzen

„Aboutness"   Teilengagement   Sein mit   Volles Engagement

Eine Erfahrung von   Ein Gedanke über

In einer solchen Welt pendelt das Leben des Einzelnen zwischen pragmatischen Beziehungen und Intimität. Zweifellos unterscheidet sich dieses Bild sehr von dem von Sartre, auch wenn beide dasselbe Thema behandeln — den Anderen.

Der Begriff des Ideennetzwerks und die Karte, die es grafisch darstellen, können auf Ortega und auf Levinas angewandt werden und tatsächlich auf jede Theorie über den Anderen einschließlich Dagmars. Dagmars Verständnis des Anderen ist eine philosophische Theorie wie jede andere philosophische Theorie, obwohl sie sie vor ihrem Gespräch mit Linda nie in Worte gefasst hat.

Im Laufe ihrer Gespräche erkundet Dagmar mit ihrer philosophischen Beraterin Linda das Geflecht von Ideen, das ihr Verständnis des Anderen ausmacht. Sie entdecken, dass sich auch ihre Welt um einen zentralen Zwiespalt dreht, aber einen, der sich sehr von dem von Sartre oder Buber unterscheidet. Die grundlegende Dichotomie in ihrer Welt stellt sich nicht als eine zwischen zwei Arten von Beziehungen oder zwei Seinsweisen heraus, sondern zwischen zwei Schichten im Inneren eines Menschen. In Dagmars Welt wird ein Mensch als Doppeltheit zweier Grundelemente verstanden: erstens des verborgenen Aspekts der Person, der aus dunklen, ichbezogenen und rücksichtslosen Kräften besteht; zweitens des sichtbaren Teils des Einzelnen, der üblicherweise gesittet und gezähmt ist. Kurzum, der unsichtbare ist dunkel und unheilverkündend, während der sichtbare zumeist gesittet ist.

Interessanterweise wird das dunkle Element hier als die fundamentale Wirklichkeit des Menschen identifiziert, während das sittsame Element als nebensächlicher, zeitweiliger Zustand betrachtet wird wie eine vorübergehende Insel inmitten eines dunklen Abgrunds. Dieser Urabgrund wird erst in eine gesittete Realität verwandelt, wenn er in den Blick gerät, und wendet sich wieder der Dunkelheit zu, sobald er aus dem Blickfeld verschwindet.

Da die Innerlichkeit anderer Menschen verborgen ist, nimmt Dagmar an, dass sie dunklen Kräften unterliegt. Weil ihr ihre eigene Innerlichkeit vermutlich bekannt ist, betrachtet sie sie als gerecht und vernünftig.

Auf der Grundlage dieser Überlegungen entwerfen Dagmar and Linda die folgende Ideenkarte:

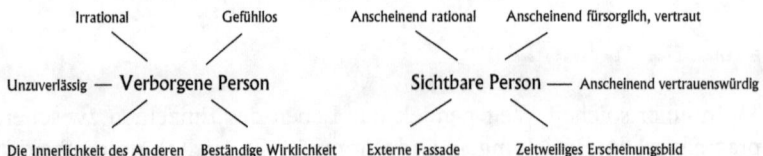

Irrational   Gefühllos   Anscheinend rational   Anscheinend fürsorglich, vertraut

Unzuverlässig — **Verborgene Person**   **Sichtbare Person** —— Anscheinend vertrauenswürdig

Die Innerlichkeit des Anderen   Beständige Wirklichkeit   Externe Fassade   Zeitweiliges Erscheinungsbild

Selbstverständlich ist Dagmar weit mehr als diese Zeichnung — sie ist ein Mensch und kann nicht in ein einfaches Schaubild gequetscht werden. Aber dieses Diagramm ist nicht dazu gedacht, Dagmar als Ganzes zu erfassen. Es skizziert lediglich ein paar Aspekte von Dagmars Umkreis, das heißt einige Handlungsweisen und Einstellungen, die starren Mustern folgen, und als ein solches kann es leicht definiert werden. Wie eine Landkarte kann es möglicherweise nicht jede Einzelheit der Landschaft beinhalten, nur die wichtigsten Merkmale von Dagmars perimetrischer Weltanschauung, wenigstens ungefähr.

Es ist jetzt der Augenblick für Linda, Dagmar zu helfen, diese Karte zu untersuchen, sie zu verarbeiten, sie mit ihren derzeitigen Verhaltensweisen zu vergleichen und sie, soweit notwendig, anzureichern und abzuändern. Sobald sie überzeugt sind, dass diese Karte Dagmars Umkreis mit vertretbarer Genauigkeit skizziert, wäre es an der Zeit, sich auf die zweite Hauptphase des philosophischen Prozesses einzulassen: das Finden eines Weges hinaus aus dem Umkreis und das Heraustreten aus diesem Gefängnis. Dies wird in nachfolgenden Teilen erörtert werden.

Die Erkundung des Umkreises in Gruppen — eine Fallstudie
Im Wesentlichen kann der gleiche Prozess, den wir im Fall von Dagmar gesehen haben, auf die Aktivität einer Gruppe angewandt werden, besonders bei Selbstbesinnungsgruppen, die langzeitige geschlossene Zirkel sind. Sich in einer solchen Gruppe in das persönliche Weltbild jedes Teilnehmers zu vertiefen könnte zu viel Zeit beanspruchen und einige private Informationen dürfen nicht im Beisein Anderer diskutiert werden. Dennoch ist es möglich, mit wechselnden Tiefengraden etwas Umkreiserkundung zu betreiben. Vielfältige Übungen und Verfahren können hier hilfreich sein. So mag sich beispielsweise das Gespräch auf Freiwillige konzentrieren, die gewillt sind, ihre persönlichen Erfahrungen zu teilen, während andere Teilnehmer beim Vorgang der Befragung helfen können. Oder aber die Mitwirkenden werden in zwei kleine Gruppen geteilt, die parallel arbeiten und die Zeit wirkungsvoller nutzen.

Linda, die Philosophin und Praktikerin, arbeitet auch mit Gruppen. Heute ist das zweite Treffen ihrer philosophischen Selbstbesinnungsgruppe, die aus zwölf Nichtphilosophen besteht. Die Gruppe kommt einmal die Woche zusammen und jede Sitzung wird einem philosophischen Thema gewidmet, das für zumindest einen Teilnehmer persönlich von Belang ist.

Das erste Treffen war eine Einführungssitzung. Die Teilnehmer stellten sich zunächst vor und dann erklärte Linda das zentrale Thema der Gruppe: die perimetrischen Verständnisse, die unsere alltäglichen Erfahrungen formen. Um zu veranschaulichen, was ein Umkreis ist, untersuchte die Gruppe ganz kurz verschiedene persönliche Erlebnisse, die mehrere Teilnehmer freiwillig teilten.

Das zweite Treffen ist fokussierter — es wird dem Thema der Pflichten gewidmet, anders ausgedrückt, dem, was ich tun soll. *Linda wählte diese Thematik, weil beim vorherigen Treffen zwei Teilnehmer, Angela und Phillip, der Gruppe erzählt hatten, dass sie oft ein erstickendes Pflichtgefühl verspürten.*

Zu Beginn der Sitzung bittet Linda Angela und Phillip, kurz ihre relevanten persönlichen Erfahrungen zu beschreiben. Angela teilt der Gruppe mit, dass sie bei einem kürzlichen Treffen mit Freunden eine ganze Weile gebraucht habe, um zu entspannen, weil sie fortwährend daran gedacht habe, was sie sagen „soll", um die irgendwie streitgeschwängerte Atmosphäre zu verbessern. Dies sei eine ziemlich häufige Erfahrung bei ihr, fügt sie hinzu. Sie strenge sich oft so sehr an, hilfreich und umsichtig zu sein, dass sie fühle, sie spiele ein soziales Spiel und sei nicht aufrichtig zu ihr selbst. Phillip beschreibt, wie er an seinem Arbeitsplatz häufig von einem Pflichtgefühl angetrieben werde und wie er damit beschäftigt sei, „das Richtige zu tun". Er sei in Sorge, dass dies ihn voreingenommen, unnachgiebig und unspontan machen könnte.

Linda möchte nicht tiefer in Angelas und Phillips Privatsphäre eindringen, als sie es normalerweise bei der philosophischen Beratung mit einem einzelnen Ratsuchenden tut. Stattdessen lädt sie andere Teilnehmer ein, auf die zwei Geschichten zu reagieren und ähnliche Erfahrungen zu teilen. Beim darauffolgenden Gespräch finden die meisten Teilnehmer, dass auch sie manchmal ähnliche Erfahrungen des „Ich soll" hätten, allerdings weniger eindringlich.

„Danke für das Teilen", fasst Linda die Unterhaltung zusammen. „Jetzt, da wir eine Sammlung ähnlicher Erfahrungen haben, lassen Sie uns versuchen, sie besser zu begreifen. Denken wir daran, was es bedeutet, eine solche Erfahrung zu haben."

„Für mich", beginnt Angela, „ist es wie die Stimme meines Gewissens, das mir sagt, was ich tun soll."

„Ich stimme zu", pflichtet Phillip bei. „Das fühlt sich auch bei mir so an."

„Eine Stimme, die mir sagt, was zu tun ist", wiederholt Linda die Worte. „Das ist eine sehr interessante Idee. Meint ihr, Angela und Phillip, dass ihr diese Stimme als etwas von euch Verschiedenes fühlt? Ihr scheint zu sagen, dass es zwei Personen in eurem Inneren gebe: eine, die befiehlt, und eine, die gehorcht, eine, die spricht, und eine, die zuhört und folgt."

Angela zögert. „Nun ... nicht genau. Diese Stimme des Gewissens fühlt sich nicht als ein Teil von mir an. Sie fühlt sich fremd an, wie jemand, der mir Anweisungen gibt."

„Ach was", wendet Jeff ein „Es kann niemand sonst sein als du!"

„Ich spreche darüber, wie sich diese Stimme für mich anfühlt", beharrt Angela. „Ich weiß, dass sie in Wirklichkeit ein Teil von mir ist, aber das ist nicht, wie ich sie erlebe. Das ist es, was Sie wissen wollten, Linda, richtig?"

„Genau. Im Jargon der Philosophen nennt man dies phänomenologische Forschung: die Untersuchung der Erfahrung selbst, die Art und Weise, wie man sie fühlt."

„Ich begreife", antwortet Jeff. „In diesem Fall habe auch ich gelegentlich diese Art von Erfahrung. Sie fühlt sich an, als ob jemand auf meiner Schulter sitzt, mich beurteilt und mir sagt, was ich richtig mache und was ich falsch mache."

Ein paar Teilnehmer nicken. Sie wissen offenbar, worüber er spricht. Aber andere wenden ein, dass ihre eigenen persönlichen Erfahrungen ganz anders seien.

„Gut", erwidert Linda, „so haben wir verschiedene Arten von Erfahrung des ‚Ich soll' in dieser Gruppe. Versuchen wir wenigstens ein paar von ihnen heute zu untersuchen. Beginnen wir mit den von Angela und Phillip und einigen Anderen beschriebenen Erfahrungen: Eine fremde innere Stimme sagt mir, was ich tun soll. Kann uns jemand mehr über diese innere Stimme sagen? Was sagt sie zu Ihnen?"

„Ich glaube, sie kommt von meinen Eltern", mutmaßt Phillip. „Als ich ein Kind war, waren sie immer streng zu mir. Vielleicht identifiziere ich mich noch immer mit ihrer Stimme."

„Freud würde zustimmen", kommentiert Debbie. „Er nennt es das Super-Ego. Du hast die Urteile deiner Eltern verinnerlicht."

„Moment mal", unterbricht Linda. Sie weiß, dass dies eine wichtige Gelegenheit ist, die Gruppe an den Unterschied zwischen philosophischem Denken und psychologischem Denken zu erinnern. „Denken wir daran, dass wir keine Psychologie machen und nicht an psychologischen Spekulationen interessiert sind. Die Psychologen interessieren sich für psychologische Vorgänge: die Prozesse, die Sie sich verhalten lassen, wie Sie es tun, die Zahnräder Ihres Verstandes, die Sie so reden lassen. In der Philosophie interessieren wir uns für Ideen —in unseren Ideen über uns selbst und die Welt. Können wir Angelas und Phillips Erfahrungen aus diesem Blickwinkel betrachten?"

„Ich bin mir nicht sicher, wie man das genau macht."

„Du hast recht, Mary. Meine Frage ist noch zu unbestimmt. Lassen Sie mich das mit Hilfe von Beispielen erläutern. Es gibt mehrere interessante philosophische Theorien darüber, was wir tun ‚sollen‘, das heißt über unsere moralischen Pflichten. Sehen wir, was sie darüber zu sagen haben.“

„Meinen Sie, dass Angelas und Phillips Erfahrungen in eine dieser philosophischen Theorien passen?“

„Vielleicht, Anne, vielleicht auch nicht. Wir werden das zu prüfen haben. So oder so: Sobald wir die Sprache dieser philosophischen Theorien verstehen, sind wir besser dafür gerüstet, die Sprache unserer eigenen Erfahrungen zu verstehen.“

Linda fängt nun an, mehrere moralische (ethische[23]) Philosophien einzuführen. „Diese Theorien versuchen uns zu sagen, jede auf ihre Weise, wie man moralische Entscheidungen trifft oder wie zu beurteilen ist, ob eine Handlung moralisch oder unmoralisch ist.“

Immanuel Kant: Achtung vor den Rechten der Menschen[24]

Was bin ich moralisch zu tun verpflichtet? Die vom wichtigen deutschen Philosophen Immanuel Kant (1724 - 1804) gegebene Antwort wird gewöhnlich als „deontologische“ oder „moralbasierte“ Ethik bezeichnet. Für Kant ist meine Handlung moralisch richtig, wenn ich mit der Absicht handle, meine moralischen Pflichten zu erfüllen. Was daher meine Handlung moralisch macht, ist meine Absicht: Eine moralische Handlung ist eine, die ich nicht bloß deshalb begehe, weil ich sie genieße, nicht aus Eigeninteresse, nicht einmal aus Mitleid, Einfühlungsvermögen oder Freundschaft, sondern aus einem Pflichtgefühl heraus. Was mich anspornt, sie zu tun, ist, dass ich wahrnehme, dass es das ist, was ich tun soll, dass es meine moralische Pflicht ist.

Was zählt als moralische Pflicht? Kant schlägt vor, dass es ein allgemeines moralisches Gesetz gebe, das er den *Kategorischen Imperativ* nennt, der unsere sämtlichen moralischen Pflichten bestimme. Er bietet drei Formulierungen dieses Gesetzes an, von denen er glaubt, dass sie einander gleichwertig sind.

---

23. Ich behandle hier die Wörter „ethisch“ und „moralisch“ als Synonyme, wie es gemeinhin auf dem Gebiet der Ethik getan wird.
24. Immanuel Kant, *Groundwork of the Metaphysics of Morals [Grundlegung zur Metaphysik der Sitten]*, Harper & Row, New York 1964.

Für unseren Zweck würde es ausreichen, sich eine dieser Formulierungen anzuschauen. Grob gesprochen handelt es sich um das Argument, dass es unsere Pflicht ist, die Menschen (mich genauso wie Andere) in einer Weise zu behandeln, in der Verstandeswesen behandelt zu werden verdienen. Um es etwas genauer auszudrücken: Wir sollten die Menschen nicht nur als Werkzeuge für irgendeinen Zweck behandeln, sondern als Wesen, die einen innewohnenden Wert und eine Geltung besitzen, als Zwecke an sich. Zum Beispiel wäre es moralisch falsch für mich, eine andere Person zu versklaven, weil ich sie mehr als Werkzeug für meine eigene Befriedigung benutzte denn als vernunftbegabtes Wesen, das für seine eigene Lebensführung verantwortlich ist. Entsprechend wäre es falsch für mich, jemanden anzulügen, weil ich ihn manipulieren würde, ohne sein Recht zu respektieren, zu wissen sowie frei und vernünftig zu entscheiden.

Wenn ich von diesem Blickwinkel aus mit einem moralischen Dilemma konfrontiert bin, sollte ich mich fragen: Wie kann ich meine Pflicht erfüllen, andere Leute als als autonome Menschen zu achten, mit anderen Worten, sie zu behandeln, wie sie behandelt zu werden verdienen — als vernünftige, freie Individuen, die Zwecke an sich sind? Wie verhalte ich mich auf eine Weise, die ihre Fähigkeit respektiert, freie und vernünftige Entscheidungen zu treffen? Wie kann ich, anders gesagt, ihre Verantwortung für ihre Handlungen beachten, ihre Rechte über ihren Körper und ihr Eigentum und ähnliche Rechte und Verantwortlichkeiten?

Wenn ich diese Frage im Kopf behalte, würde es mir bei der Entscheidung helfen, wie ich die Leute moralisch behandle. Es hülfe mir zu entscheiden, wann ich eine Pflicht gegenüber jemandem habe und wann ich keine solche Pflicht habe, wann ich einen Menschen für verantwortlich halte und wann ich diese Person entschuldige, wann ich berechtigt bin, zu tun, was ich will, und wann nicht.

„Mir gefällt diese Theorie", ruft Anne aus. „Sie erklärt wunderschön die Erfahrung, die Angela und Phillip beschrieben haben: die Stimme der Pflicht, die ihnen sagt, was sie tun sollen. Alle beide werden nicht von ihren Gefühlen oder Wünschen motiviert, sondern von der Stimme der Pflicht."

„Stimmt", meint Phillip. „Mein Pflichtgefühl ist nicht dasselbe wie meine Gefühle und Emotionen. Manchmal spüre ich, gern eine Sache zu tun, aber die Pflicht sagt mir, etwas anderes zu machen."

„Da ist etwas dran", meint Linda. „Ist hier noch jemand, um dem etwas hinzuzufügen? Was ist mit Kants Idee, dass es meine Pflicht ist, die Menschen als vernunftbegabte Einzelne zu achten, die Zwecke an sich sind?"

„Was ich erlebe", grübelt Angela, „ist nicht so sehr der Gesichtspunkt des Respekts. Ich denke nicht darüber nach, was die Menschen verdienen, oder über ihre Rechte und Verantwortlichkeiten. Die Stimme, die in mir spricht, fordert mich auf, sicherzustellen, dass sich alle gut fühlen, dass niemand betrübt ist."

„Ich weiß, was du meinst", schaltet sich Debbie ein. „Wenn ich mit Anderen zusammen bin, will ich zuweilen sicherstellen, dass wir alle eine gute Zeit miteinander haben und dass es ein Gefühl fürs Miteinander und für Freundschaft gibt."

„Ich denke", bemerkt Linda, „dass ich hier mehrere verschiedene Stimmen hören kann, und es ist wichtig, sie nicht miteinander zu vermischen. Die Kant'sche Stimme, die mir sagt, dass es meine Pflicht sei, die Menschen als vernunftbegabte Wesen zu achten, scheint sich von der Stimme zu unterscheiden, die möchte, dass sich alle Leute gut fühlen, und auch von der Stimme, die will, dass jeder der Freund von jedem ist."

„Sie hören sich verschieden an", pflichtet David bei, „obwohl ich nicht erklären kann, wie."

„Gut", sagt Linda. „Betrachten wir weitere philosophische Theorien und hoffen wir, dass sie uns helfen, diese Unterschiede zu erkennen."

John Stuart Mill: möglichst vielen Menschen möglichst viel Glück[25]

Der einflussreiche britische Philosoph John Stuart Mill (1806 - 1873) bietet einen anderen Denkansatz für moralisches Verhalten und moralische Zwangslagen (den er aus der Philosophie von Jeremy Bentham entwickelte). Er behauptet, dass eine Handlung moralisch nur dann richtig oder falsch sei, wenn sie das Glück oder Leid der Menschen beeinflusse. Mache die Handlung keinen Unterschied für irgendjemanden, ändere sie also niemands Wohlergehen, dann sei sie weder moralisch richtig noch moralisch falsch. Sie sei neutral.

Was meine Handlung deswegen richtig oder falsch macht, sind ihre Folgen: Sie ist moralisch richtig, wenn sie den Menschen mehr Glück verschafft (oder ihr Leid verringert), anders als alternative Taten, die ich begehen könnte. Sie ist moralisch falsch, wenn sie mehr Leid hervorruft (oder weniger Glück) als andere Aktionen, die ich durchführen könnte.

25. John Stuart Mill, *Utilitarianism [Der Utilitarismus]*, Oxford University Press, Oxford 1998.

Der langen Rede kurzer Sinn: Ein Verhalten ist moralisch richtig, wenn es Glück maximiert.

Dies bedeutet, dass das, was Mill wichtig ist, nicht die Absicht ist, einer Pflicht zu folgen (wie für Kant), nicht das Respektieren der Freiheit und Vernünftigkeit der Menschen, sondern „Das Glück gegen Das Leid". Was ein Verhalten moralisch macht, ist sein Einfluss auf das Glück der Menschen.

Daraus folgt, dass, wann immer ich in einem moralischen Dilemma stecke und frei zwischen verschiedenen Handlungen wählen kann, ich mich fragen sollte: Was ist für mich die beste Art zu handeln, eine, die möglichst vielen Menschen (mich eingeschlossen) möglichst viel Glück zufügt? Ich soll zum Beispiel lieber die Wahrheit sagen als lügen, wann immer die Wahrheit voraussichtlich mehr Menschen Glück bringt als die Lüge. Aber ich soll lügen, wenn die Lüge wahrscheinlich in weniger Leid oder mehr Glück mündet.

Mill nannte seinen Ansatz *Utilitarismus*, weil er uns auffordert, den Nutzen [englisch: „utility"] zu maximieren, womit er das Glück der Menschen meint (oder andere Dinge, die für sie wertvoll sind).

Eine bedeutende Unterart des Utilitarismus (an die Mill vielleicht selbst glaubte) soll hier erwähnt werden: der Regelutilitarismus. Der Regelutilitarismus richtet seinen Blick nicht auf das durch eine einzelne Handlung hervorgerufene Glück, sondern auf das Glück, das von einer allgemeinen Verhaltensregel erzeugt wird. Er konzentriert sich beispielsweise nicht auf die Folgen einer bestimmten Lüge, sondern auf die Folgen von Lügen im Allgemeinen. Wenn ich mich demzufolge mit einer moralischen Zwickmühle konfrontiert sehe, sollte ich mich fragen: Welche allgemeine Verhaltensregel soll ich befolgen? Die Antwort ist, dass ich derjenigen Verhaltensregel folgen soll, die die glücklichsten Konsequenzen nach sich zieht. Dies ist die Regel, die, wenn sie von den meisten Menschen befolgt würde, mehr Glück zuwege brächte als alle übrigen Regeln.

Daraus folgt, dass ich derjenigen Regel folgen soll, die allgemein zum Glück führt, selbst wenn sie in ein paar Sonderfällen zu Leid führen könnte. Auch wenn beispielsweise in einigen besonderen Fällen das Lügen glückliche Folgen nach sich ziehen mag, ist lügen unmoralisch, weil es generell negative Konsequenzen zu haben pflegt — Enttäuschung, Schmerz, Vertrauensverlust usw. Deshalb sollte ich, als allgemeine Verhaltensregel, das Lügen in allen Fällen vermeiden.

„Dies klingt, als ob dies näher an meiner Erfahrung dran wäre", kommentiert Angela. *„Meine innere Stimme sagt mir, dass ich sicherstellen soll, dass alle um mich herum glücklich sind."*

„Du eingeschlossen?", fragt Hannah. *„Nach Mills Utilitarismus ist auch dein Glück wichtig, nicht weniger als das Glück jeder anderen Person. Habe ich das richtig verstanden, Linda?"*

Linda nicht zustimmend. *„Was denken Sie darüber, Angela? Sind Sie eine Utilitaristin?"*

„In diesem Fall vermute ich, dass ich nicht genau eine Utilitaristin bin. Doch bin ich näher am Utilitarismus als an Kants deontologischer Theorie. Für mich wie für Mill ist es wichtig, ob die Menschen betrübt oder zufrieden sind."

„Meine eigene Meinung ist", wirft Jeff ein, *„dass, obwohl Glück wichtig ist, es nicht so wichtig wie die Pflichten ist. Du musst deine Pflicht tun, selbst wenn es Leute verärgert. Es scheint mir also, dass in Mills Theorie etwas fehlt."*

„Das ist ein interessanter Streitpunkt, um ihn zu untersuchen", antwortet Linda, *„aber denken Sie daran, dass wir im Augenblick nicht diskutieren, welche Theorie besser ist als die anderen. Wir versuchen lediglich, die Theorie darzulegen, die sich in Angelas und in Phillips Erfahrungen verbirgt. Wir bewerten Theorien noch nicht, wir bringen sie nur zur Sprache."*

Aristoteles: ein tugendhafter Mensch sein[26]

Der „Tugendethik" genannte Denkansatz war in der antiken griechischen Philosophie geläufig. In modernen Zeiten ist er durch mehrere zeitgenössische Denker wieder belebt worden. Nach dieser Sichtweise sollte unser moralisches Hauptanliegen nicht sein, *was wir tun*, sondern *wer wir sind*. Anders formuliert, unsere moralische Hauptaufgabe im Leben ist nicht, moralische *Handlungen* zu begehen, sondern moralische *Personen* zu sein. Dies wirft natürlich die Frage auf: Wer zählt als moralische Person?

Die Tugendethiker stimmen bei ihren Antworten auf diese Frage nicht überein, doch alle sind sie sich über das allgemeine Prinzip einig: dass eine moralische Person jemand sei, der gute Neigungen und Persönlichkeitszüge habe oder sogenannte *Tugenden*. Beispiele für solche Tugenden können Mut, Ehrlichkeit, Aufrichtigkeit, Freundlichkeit oder Großzügigkeit sein. Ein Mensch, der diese

---

26. Aristotle, *Nicomachean Ethics [Nikomachische Ethik]*, Cambridge University Press, Cambridge 2000.

Tugenden hat, gilt als tugendhaft. Um eine tugendhafte Person zu werden, muss man diese Tugenden in sich selbst entwickeln. Dies ist offenbar eine langfristige Aufgabe, die zu erfüllen viele Jahre in Anspruch nehmen kann.

Diesbezüglich unterscheidet sich die Tugendethik sehr von Kants deontologischem Ansatz und von Mills Utilitarismus. Die letztgenannten beschäftigen sich damit, was eine Handlung zu einer moralischen *Handlung* macht, während die Tugendethik moralische *Persönlichkeiten* behandelt. Für Tugendethiker ist die grundlegende Frage, die ich mir stellen soll, nicht, wie ich mich verhalten soll, sondern, was für eine Art von Person ich sein soll, das heißt: Welche Persönlichkeitszüge soll ich bewahren und entwickeln?

Was geschieht dann, wenn sich ein Tugendethiker mit einem moralischen Dilemma konfrontiert sieht und gezwungen ist, zwischen zwei Handlungsweisen zu wählen? Soll er lügen, damit sich sein Freund besser fühlt, oder soll er die schmerzliche Wahrheit sagen? Soll er einem Straßenbettler Geld geben oder nicht? Anders als der Deontologe und der Utilitarist verfügt er nicht über ihn anleitende Grundsätze moralischen Verhaltens. Wie also löst er solche Zwangslagen?

Eine Antwort ist, dass der Tugendethiker sich zu fragen hat, wie sich eine tugendhafte Person an seiner Stelle verhielte. Wenn er etwa glaubt, dass Aufrichtigkeit eine Tugend sei und dass eine tugendhafte Person es vermeidet zu lügen, dann würde er sich entscheiden, einem Freund die Wahrheit zu sagen. Wenn er umgekehrt glaubt, dass Aufrichtigkeit keine Tugend ist, wenigstens keine wichtige, könnte er beschließen, seinen Freund anzulügen.

Mithin hängt vieles davon ab, was für eine moralische Person er genau ist, oder anders, welche Persönlichkeitszüge als Tugenden zählen. Hierin sind sich die Tugendethiker uneins. Obwohl sie alle darin übereinstimmen, dass die Moral eine Sache von Tugenden ist, könnten sie durchaus verschiedener Ansicht bei der Betrachtung dessen sein, welche Persönlichkeitsmerkmale diese Tugenden sind. Platon zum Beispiel behauptet in seinem Buch *Der Staat*, dass die vier Haupttugenden Weisheit, Gerechtigkeit, Tapferkeit und Besonnenheit seien. Andere sind abweichender Meinung und bieten andere Tugendlisten an.

Ein interessanter allgemeiner Ansatz wird von einem anderen antiken griechischen Philosophen, Aristoteles (384 - 322 v. Chr.) vorgebracht. Laut ihm sind moralische Tugenden Gewohnheiten, die wir durch Übung lernen und fortentwickeln und die zwischen zwei Extremen liegen: zwischen Übermaß und Mangel. Mut zum Beispiel ist eine Tugend, weil er zwischen Feigheit und Leichtsinn liege. Ebenso sei Mäßigung eine Tugend, weil sie zwischen Vergnügungssucht und Enthaltsamkeit liege. Ein moralisch tugendhafter Mensch sei jemand, der solche gemäßigten moralischen Züge aufweist. Die aristotelische Ethik fordert uns deshalb auf zu versuchen, tugendhaft zu werden, indem wir in uns selbst bestimmte Persönlichkeitsmerkmale oder moralische Neigungen entwickeln, die nicht extrem sind. Ein diesbezügliches Handeln brächte uns ein Gefühl von Wohlergehen oder (auf Griechisch) „Eudämonie".

„Interessant", sagt Anne, „aber dies scheint mir nicht das zu sein, was Angela oder Phillip im Sinn haben. Ihr Pflichtgefühl sagt ihnen, wie sie sich verhalten sollen, nicht, was für Personen sie sein sollen."

Angela und Phillip sind einverstanden. „Trotzdem", bemerkt Phillip, „habe ich etwas Wichtiges von Aristoteles gelernt: dass mein eigenes Pflichtgefühl in der Sprache moralischer Handlungen, nicht in der Sprache moralischer Persönlichkeiten spricht. Gott sei Dank," fügt er lächelnd hinzu, „foltere ich mich nicht damit, wer ich sein soll, nur damit, was ich tun soll."

Es gibt einen Moment des Schweigens, als die Teilnehmer überlegen. Jeff bricht die Stille, er spricht stockend. „Ich fürchte, dass dies genau das ist, warum ich mich manchmal selbst quäle. Sehr oft bedrückt mich das Gefühl, dass ich kein guter Mensch bin, dass ich geduldiger sein soll, großzügiger, liebenswerter. Mir wird jetzt klar, dass es eine Stimme von der tugendethischen Sorte ist. Was will sie von mir — ein Heiliger sein?"

Einige andere lächeln empathisch. „Ich weiß genau, wie du dich fühlst", sagt Anne seufzend.

Nel Noddings: sorgende Beziehungen entwickeln[27]

Nel Noddings, eine zeitgenössische US-amerikanische Erziehungsphilosophin, ist eine bedeutende Theoretikerin der sogenannten „Sorgeethik", die bisweilen als eine Form feministischer Ethik angesehen wird. Sie behauptet, dass die althergebrachte Ethik — einschließlich der deontologischen, utilitaristischen und tugendethischen Ansätze — eine männliche Denkweise repräsentierte.

---

27. Nel Noddings, *Caring: A Feminine Approach to Ethics and Moral Education*, University of California Press, Berkeley 1986.

Sie geht weiter und erkennt eine alternative weibliche Art des moralischen Denkens, die auf dem Begriff der „Sorge" beruht.

Einige Leute haben sich gefragt, ob die Sorgeethik es verdiene, als „weiblich" und als im Gegensatz zu traditionellen Ansätzen stehend betrachtet zu werden, die angeblich „männlich" seien. Sie bringen vor, dass diese Denkansätze keine Angelegenheit des Geschlechts seien. Wir wollen nicht versuchen, diese Debatte hier zu entscheiden. Abgesehen von der Frage „Weiblich gegen Männlich" ist der wichtige Punkt, dass Noddings zwischen zwei Arten von Herangehensweisen unterscheidet: gerechtigkeitsbasierte Ethik (oder Moral) und sorgebasierte Ethik (Moral). Gerechtigkeitsbasierte („männliche") Ansätze wie die utilitaristische und die deontologische Ethik seien auf die Frage fokussiert, was richtig und was falsch ist. Sie versuchten allgemeine Grundsätze zu definieren, die Richtigkeit und Falschheit bestimmen. Ihr Schwerpunkt sei das Individuum, vor allem die Rechte oder das Glück des Einzelnen.

Demgegenüber ist für die Sorgeethik (die Noddings als weiblich einstuft) das Wichtige die fürsorgenden Beziehungen zwischen den Menschen. Das Hauptproblem sei nicht, wie man die Rechte der Individuen respektieren oder das Glück der Einzelnen verbessern kann, sondern wie man die fürsorgenden Beziehungen fördert und aufrechterhält.

Wenn wir uns aus diesem Blickwinkel einer ethischen Zwangslage stellen müssen, sollte unsere Hauptfrage nicht sein: Was ist richtig und was ist falsch? Vielmehr: Wie kann ich mich in einer Weise verhalten, die die fürsorgenden Beziehungen zwischen uns ausdrückt und pflegt?

Obwohl der Gruppenzweck nicht ist, abstrakte Philosophien zu erörtern, möchte Linda sicherstellen, dass die Teilnehmer die von ihr erläuterten Ideen verstehen und ihre wichtigsten Konsequenzen begreifen. Zu diesem Zweck diskutieren die Mitwirkenden eine Weile die vier verschiedenen ethischen Theorien, wenden sie in erfundenen Beispielen an und vergleichen sie untereinander. Als Linda spürt, dass die Gruppe ein allgemeines Verständnis der Materie gewonnen hat, stoppt sie die Diskussion und schlägt vor, dass sie nun untersuchen, wie diese Theorien zu ihren persönlichen Erfahrungen passen.

„Hoffentlich", erklärt Linda, „werden diese Theorien ein Licht darauf werfen, wie wir die Stimme unseres Gewissens erleben. Da unsere Gruppe zu groß ist, um über die Erfahrungen von jedem Einzelnen zu sprechen, teilen wir uns in vier kleinere Teams. Jede Kleingruppe wird die Erfahrungen eines ihrer

Mitglieder untersuchen. Auf diese Weise werden wir vier parallel laufende Unterhaltungen haben. Phillip und Angela, würden Sie Ihre persönlichen Erfahrungen mit Ihren Teammitgliedern teilen? Deren Rolle wird sein, Ihnen Fragen zu stellen und Hinweise zu geben, wie man helfen kann, Ihre Stimme des Gewissens und was genau sie Ihnen sagt, zu artikulieren."

Beide sind einverstanden.

"Möchte noch jemand freiwillig mittun? Wir brauchen vier Freiwillige, einen für jedes Team."

"Ich mach's", sagt Mark. "Die Pflicht ist etwas, was mich stark beschäftigt, aber ich habe meine eigenen Meinungen darüber, was eine moralische Person zu tun verpflichtet ist."

"Unser Thema sind nicht Meinungen, Mark. Wir interessieren uns für unsere Alltagserfahrungen, für unsere Lebenseinstellung, für unsere platonische Höhle. Wir wollen keine abstrakten Ansichten verstehen, sondern das Pflichtgefühl, das ein paar von uns im Alltag anspornt."

Schließlich teilen zwei weitere Teilnehmer ihre Erfahrungen und erörtern sie mit ihren Teamkameraden. Die Teilnehmer teilen sich in vier Teams auf, jedes besteht aus einem Freiwilligen und zwei weiteren Mitgliedern. Jede Gruppe sitzt in einer anderen Ecke des Raums.

Als Ausgangspunkt bittet Linda jeden Freiwilligen, eine kürzliche Erfahrung von Bedeutung ins Gedächtnis zu rufen und sie mit den anderen Teammitgliedern zu teilen. Diesen steht es danach frei, von den Freiwilligen mehr Einzelheiten zu verlangen und untereinander zu diskutieren.

Vier Gespräche finden nun parallel statt. Linda geht zwischen ihnen herum und bleibt bei Gelegenheit stehen, um sich ihre Diskussion anzuhören oder um Kommentare und Anregungen dazuzugeben.

Eine halbe Stunde später kehren die Teilnehmer in den Großkreis zurück. Sie teilen untereinander, was ihr Team getan hat und was sie aus dem perimetrischen Verständnis des Freiwilligen gelernt haben. Linda hilft ihnen, ihre Beobachtungen zu verfeinern.

"Faszinierend", meint Phillip am Ende des Treffens. "Ich habe nie gemerkt, dass mein Pflichtgefühl in der Sprache der Gerechtigkeit spricht — von richtig und falsch —, und zwar auf Kosten anderer wichtiger Dinge. Mir ist niemals aufgefallen, dass es andere zulässige Wege gibt, sich auf die Menschen einzulassen. Ich kann jetzt erkennen, dass, wenn ich Wert auf die Pflicht lege, ich die Wichtigkeit des Glücks und der fürsorgenden Beziehungen verharmlose. In Wahrheit erklärt mein Pflichtgefühl: Die Pflicht ist das, was zählt! Vergiss, was die anderen Leute fühlen, vergiss, wer diese Leute sind, vergiss es, dich mit

ihnen zu verbinden — das Einzige von Bedeutung ist, ob sie recht oder unrecht haben."

„Das ist eine mutige Beobachtung, Phillip", erwidert Linda „Wir könnten sagen, dass dies ein Teil Ihrer perimetrischen Weltanschauung ist. Es ist Ihre vorgegebene Art des Verständnisses von sich und den Anderen — gleichsam Ihre automatische Theorie. Und wie jeder Umkreis begrenzt er unsere Welt. Vielleicht können wir irgendwann in der Zukunft daran denken, was Sie diesbezüglich tun könnten."

Teil 7

Außerhalb des Umkreises:
die innere Dimension

Nun, da wir die Struktur des Umkreises zu erkennen beginnen, dürfen wir uns fragen, was es bedeutet, über ihn hinauszuschreiten. Um Platons Terminologie zu benutzen: Wenn unsere Höhle unser übliches Verständnis der Welt ist, was bedeutet es dann, aus ihr herauszukommen? Und was kann einer dort draußen finden?

Kann die Philosophische Praxis auf die Befriedigung von Bedürfnissen hinarbeiten?

An früherer Stelle habe ich vorgeschlagen, dass wir das Heraustreten aus der Höhle als einen Prozess der Selbsttransformation begreifen sollten. Allerdings könnte die Idee einer eigenen Transformation zu abschreckend und sogar wirklichkeitsfremd erscheinen. Deshalb liegt die Versuchung nahe, sich mit einem banaleren Ziel zu begnügen und Platons Höhlengleichnis in vertraute Alltagsangelegenheiten zu übersetzen.

Folglich könnte man denken, dass das Heraustreten aus der Höhle einfach nur das Überwinden seiner Unzufriedenheit, seiner Bedrängnis oder seines dysfunktionalen Verhaltens oder aber die Befriedigung irgendwelcher denkbaren persönlichen Bedürfnisse bedeutet: das Besiegen von Schüchternheit und die Entfaltung von Durchsetzungsvermögen, die Verbesserung der Kommunikation in der Familie, das Finden einer befriedigenden beruflichen Tätigkeit oder die Eindämmung der eigenen Ängstlichkeit.

Solch ein Denkansatz ist in der psychologischen Beratung und der Psychotherapie sehr geläufig, aber auf die Philosophie angewandt ist er von Haus aus ungeeignet, und zwar aus einer Anzahl von Gründen.

Erstens verzerrt und banalisiert dieser Ansatz die großen Visionen der vielen Transformationsphilosophen über die Zeiten hinweg. Statt unser normales Leben zu hinterfragen und uns anzuspornen, es zu transzendieren, will er, dass wir uns zurück in die Normalität begeben. Anstatt uns aus der „Höhle" unseres kleinen Lebens zu wecken, will er uns helfen, unsere Höhle auszuschmücken und sie gemütlicher zu machen.

Zweitens: Sobald wir der Philosophie die Aufgabe übertragen, persönliche Probleme zu lösen und Bedürfnisse zu erfüllen, verwandeln wir sie dabei in ein reines Werkzeug zum Erlangen von Befriedigung. Dies heißt, dass die Philosophische Praxis nunmehr von Überlegungen zum Wohlergehen der Kunden geleitet wird, die sich über philosophische Erwägungen hinwegsetzen. Es kommt nicht mehr darauf an, ob ein philosophischer Prozess tiefgründig oder oberflächlich ist, schlüssig oder verworren, unvoreingenommen oder dogmatisch — solange er es schafft, die Kunden sich besser fühlen zu lassen. Wenn ich mich beispielsweise als philosophischer Praktiker frage, ob ich einem Kunden einen bestimmten Text zu lesen gebe oder nicht oder ob ich eine Annahme des Kunden in Frage stelle oder nicht, soll meine Entscheidung davon abhängen, was das Wohlbefinden des Kunden fördert und nicht etwa, was ihn zu einem tieferen philosophischen Verständnis führt. Überhaupt kann sich eine einfältige Parole als geeigneter erweisen, die Beklemmung eines Kunden aufzulösen, als eine tiefsinnige philosophische Einsicht. Damit kommt das Ziel der Kundenzufriedenheit einem Verrat an der Philosophie als einer Suche nach Verständnis und Weisheit gleich.

Sobald der Philosophie, drittens, als Ziel vorgegeben wird, Bedürfnisse zu befriedigen und Zufriedenheit zu fördern, wird sie zu einem Teil des Konsumgeistes der heutigen Marktwirtschaft. Der Philosoph verwandelt sich in einen Lieferanten für Waren, die darauf zugeschnitten sind, den offensichtlichen Kundenbedürfnissen zu entsprechen, so wie der Küchenchef, der Speisen in Übereinstimmung mit dem Kundengeschmack zubereitet, wie der Schönheitschirurg, der Nasen verändert, um das Verlangen nach Bewunderung zu befriedigen, oder wie der Innenarchitekt, der Wohnzimmer entwirft, um dem Bedarf der Leute nach Annehmlichkeit und Eleganz zu genügen. Die Folge ist, dass die Philosophie, die immer danach gestrebt hat, eine Kritikerin akzeptierter sozialer Normen zu sein, nun eben zu einem weiteren Spieler *innerhalb* der Gesellschaft wird. Anstatt radikal unsere wahrgenommenen Bedürfnisse zu hinterfragen und zu untersuchen, wird sie jetzt in einen Befriediger solcher Bedürfnisse verwandelt. Die philosophischen Praktiker ertappen sich jetzt dabei, wie sie ihre Praxis an den Bedarf des Marktes anpassen, an die von Kunden ausgesprochenen Bedürfnisse und Zielsetzungen. Sie sind nicht mehr ein Sokrates, ein Rousseau oder ein Nietzsche, der die Menschen aus ihren selbstgefälligen Einbildungen und ihrem Verfolgen von Selbstzufriedenheit schüttelt und der der Gesellschaft zuruft, was die Gesellschaft nicht hören möchte, sondern domestizierte Fachkräfte, die befriedigen wollen.

Natürlich ist nichts falsch dabei, den Menschen zu helfen, sich besser zu fühlen, dies ist jedoch nicht mehr Philosophie im ursprünglichen Sinne von Philo-sophia, von Liebe zur Weisheit und von Suche nach Wahrheit und Verständnis. Die Philosophie in ihrer tieferen Bedeutung ist eine Kritikerin unserer empfundenen Bedürfnisse, keine Befriedigerin von Bedürfnissen. Sie zielt darauf ab, Unzufriedenheit zu erwecken, nicht, Zufriedenheit anzubieten. Sie strebt danach, Vielschichtigkeit und Erstaunen zu erwecken, nicht, Lösungen und Selbstzufriedenheit zu erzeugen; die Wertschätzung für die Kompliziertheit und den Reichtum des Lebens zu fördern, nicht, das Leben zu Lösungen und Fazite zu vereinfachen. Wahre Philosophische Praxis bemüht sich darum, all das zu hinterfragen, was „normal" ist, nicht, die Menschen in die Normalität zu führen.

Die philosophischen Praktiker erwähnen oft Sokrates und Platon als ihre Vorbilder. Doch Sokrates war gewiss kein Befriediger von Bedürfnissen; er war ein Provokateur. Seinen „Ratsuchenden" bot er Aufregung, Staunen, Verwirrung, kreative Unzufriedenheit. Ähnlich versuchte Platon, die Leute aus ihrer engen Höhle herauszuziehen, aus ihrer Schattenwelt — also aus ihren „normalen" Auffassungen und wahrgenommenen Bedürfnissen. Sein Ziel war nicht die Lösung von Problemen *innerhalb* ihrer Höhle — wie man mit dem Chef umgeht, wie man sich mit sich selbst besser fühlt, wie man eine befriedigende Berufswahl trifft —, sondern in ihnen eine schlafende Sehnsucht nach dem Verlassen ihrer Höhle zu wecken, nach etwas jenseits ihrer gefühlten Sorgen.

In diesem sokratischen und platonischen Sinn ist der wahre Philosoph ein Agitator, ein Revolutionär, und dies aus einem sehr guten Grund: Die Suche nach Weisheit erfordert das Infragestellen des Offensichtlichen, das Vergessen unserer bisherigen Überzeugungen, das

Opfern unserer Selbstzufriedenheit und Sicherheit, das Sichabwenden von empfundenen Bedürfnissen und Werten und das Sichhinauswagen auf unkartiertes Gelände.

Ein näherer Blick auf einige Transformationsdenker

Ein besseres Verständnis der Bedeutung des Heraustretens aus der Höhle kann man in den Schriften der Transformationsphilosophen finden. Wie ich bereits erwähnt habe, ist ihnen allen eine Unterscheidung zwischen zwei Lebenseinstellungen gemein, eine begrenzte und eine erfülltere. Obwohl diese Unterscheidung mehr eine Sache des Grades sein kann als eine scharfe Dichotomie, können wir uns der Einfachheit halber auf die beiden extremen Pole konzentrieren. Während wir uns bei der ersten Einstellung nur mit oberflächlichen Aspekten von uns selbst abgeben, befassen wir uns bei der erfüllteren Einstellung mit tiefer gehenden Gesichtspunkten unseres Seins.

Für ein besseres Verständnis dessen, was dies bedeutet, untersuchen wir am besten ausführlich eine Handvoll Beispiele. Ich habe beschlossen, mich hier auf Rousseau, Bergson, Buber und Mark Aurel als repräsentative Auswahl für die gesamte Gruppe zu konzentrieren, da sie sich untereinander sehr unterscheiden und deswegen eine breite Skala möglicher Perspektiven abdecken. Wie wir sehen werden, sind sie trotz der Unterschiede zwischen ihnen Varianten der gleichen gemeinsamen Themen.

Jean-Jacques Rousseau: das natürliche Selbst gegen die falsche Maske

Rousseau war ein bedeutender französischer Philosoph des 18. Jahrhunderts, dessen Schriften eine ungeheure Wirkung auf das moderne Denken hatten. In seinem Buch *Émile*[28] unterscheidet er zwischen dem falschen, künstlichen, sozialen Selbst und dem natürlichen, wahren Selbst.

Eine wesentliche Sorge für Rousseau gilt dem sozialen Spiel, das die Menschen spielen, durch das sie einen falschen Sinn für sich selbst entwickeln. Die Leute folgen gesellschaftlichen Normen, sie passen sich Sprech- und Verhaltensweisen an, die sozial akzeptabel oder anständig sind, sie trachten danach, das zu besitzen, was ihre Nachbarn besitzen, und sie denken und fühlen auf vorgegebene Weise. Dies ist nicht nur ein äußeres Verhalten, das sich die Menschen aneignen. Schlimmer

---

28. *Emile*, Basic Books, New York 1979.

noch, diese Denk-, Gefühls- und Verhaltensmuster prägen sich ihnen ein, sodass sie sich letztlich mit den sozialen Spielen identifizieren, die sie spielen. Ihr Leben entfernt sich von ihrem eigenen wahren Selbst und in diesem Sinne entfremden sie sich von sich selbst.

Mehrere psychologische Vorgänge sind für diese Entfremdung verantwortlich, darunter der Vergleich von einem selbst mit Anderen, das Erliegen dem äußeren Druck gegenüber, das Nachahmen, das Manipulieren und das Handeln fern von Stolz und Eigenliebe. Die Folge ist, dass der Einzelne eine falsche Vorstellung von dem entwickelt, wer er ist, soll heißen: ein falsches Selbst. Aber da er sich mit diesem falschen Selbst identifiziert, ist er sich seiner Falschheit nicht bewusst.

Die Lösung für dieses menschliche Befinden wäre laut Rousseau eine Erziehung, die in früher Kindheit beginnt. Sie würde die Kinder vor zerstörerischen sozialen Einflüssen schützen, und solange sie noch jung und beeindruckbar sind, brächte sie sie in einem beschützenden Bildungsumfeld unter, wo ihre wahrhaftigen Lebensquellen frei wären, sich ohne äußere Verfälschung zu entwickeln.

Hier macht Rousseau eine wichtige (und diskutierbare) Annahme, nämlich, dass wir natürliche innere Ressourcen besitzen, die ganz unabhängig vom Einfluss der Gesellschaft sind. Diese Ressourcen sind das, was er das *natürliche Selbst* nennt. Das natürliche Selbst repräsentiert die dem Menschen angeborenen Potenziale und kann mit der angeborenen Natur eines Baumes verglichen werden, der das Potenzial aufweist, sich von einem Samen zu einem mächtigen Baum zu entwickeln mit einem mächtigen Stamm, Ästen und Blättern. Damit diese innere Natur wirken kann, benötigt der Baum Grundbedingungen wie Boden, Sonne und Wasser, sodass seine innere Natur sich voll zum Ausdruck bringen kann. Auf ähnliche Weise wird eine authentische Person von einem inneren Selbst angeregt — einer Quelle eigenmotivierter Energien, die spontan, produktiv, autonom, eigenverantwortlich und gutherzig sind —, das eine paar Grundbedingungen braucht, um im Wachstumsprozess voll zum Ausdruck zu kommen. Demgemäß ist es die Rolle, die sich Rousseau für die Erziehung vorstellt, das „Gewächshaus" zu schaffen, in dem die junge Pflanze gesund aufwächst, bevor sie sich in die Gesellschaft begibt. Der Erzieher wird mit einem Gärtner verglichen, der nicht versucht, der jungen Pflanze vorzuschreiben, wie sie wachsen soll, sondern nur für die Bedingungen sorgt, die es erlauben würden, die natürlichen Potenziale auf bestmögliche Weise zu entfalten.

Rousseaus Vision kann kritisiert werden, weil sie eine allzu simple Unterscheidung zwischen gesellschaftlichen Einflüssen und inneren Ressourcen trifft. Man könnte einwenden, dass ein Selbst, das nicht von gesellschaftlichen Einflüssen geformt wird, kein vollständiges, gesundes Individuum sein könne. Die Einflüsse aus der Gesellschaft sind ein wesentlicher Teil von Wachstum, Mündigkeit, Selbstverständnis und Eigenidentität.

Dies ist ein legitimer Einwand, aber wir brauchen ihn hier nicht zu erörtern. Für unseren Zweck können wir die Einzelheiten von Rousseaus Theorie als das äußere Gewand einer grundlegenden Vision betrachten, die ihn inspiriert hat: dass die Alltagsfassette unseres Selbst überhaupt nicht das ist, was wir sein können, und nicht einmal der tiefste und wahrhaftigste Teil von uns ist. Unser wahrhaftigeres und tieferes Selbst ist gewöhnlich inaktiv und übergangen, und nur unter passenden Bedingungen kann es erweckt werden.

Beachten Sie, dass Rousseaus falsches Selbst eine psychologische Struktur hat, die spezifischen Mustern folgt: die Neigung zum Vergleichen, Manipulieren, Nachahmen, dem Spielen von Machtspielen usw. Es ist ein psychologischer *Mechanismus*, und deshalb manifestiert er sich in festen Mustern.

Im Gegensatz dazu wird Rousseaus natürliches Selbst nicht von psychologischen Mechanismen beherrscht und folgt überhaupt nicht solchen Mustern. Es ist vielmehr spontaner und freier. Überhaupt ist es fast nicht beschreibbar. Während Rousseau im Detail die Mechanismen beschreibt, die unser falsches Selbst gestalten und kontrollieren, sagt er sehr wenig über die Struktur unseres natürlichen Selbst. Was er uns über Émile erzählt — sein ausgedachtes Beispiel für ein natürliches Kind — ist eine Geschichte, ein spezifisches Beispiel, keine verallgemeinerte Theorie und gewiss keine Theorie über Émiles Psychologie. Das ist verständlich. Das natürliche Selbst entbehrt bestimmbarer Mechanismen und Verhaltensmuster und kann als solches nicht in allgemeingültige Formeln gepresst werden.

Aber wie kann das natürliche Selbst unsere Handlungsweisen, Gedanken und Gefühle formen, wenn es kein psychologischer Mechanismus ist? Obwohl Rousseau dies nicht ausdrücklich so sagt, vermute ich, dass das natürliche Selbst zu einer Kategorie gehört, die durch und durch anders ist als das falsche. Rousseaus natürliches Selbst ist eine Quelle von Energien und Motivationen, weniger ein Mechanismus, der steuert und gestaltet. Die authentische Person wird von einem inneren Selbst gefördert und rührt mehr von ihm her, als dass es von ihm regiert wird.

Folglich sehen wir hier eine Gegensätzlichkeit zwischen zwei geistigen Wirklichkeiten: Eine wird von Mechanismen beherrscht, die uns Verhaltens- und psychologische Muster auferlegen, während die andere frei aus einer Quelle von Lebensenergien fließt. Dies ist eine Dichotomie zwischen einem Mechanismus und einer Quelle: Muster gegen Spontanität, herrschende Kräfte gegen Fülle.

Henri Bergson: Ganzheit gegen Zerrissenheit

Eine ähnliche Unterscheidung findet man in den Schriften der meisten anderen Transformationsdenker, auch wenn sie jeder von ihnen von einem anderen Standpunkt aus betrachtet. Lassen Sie uns, um uns ein anderes Beispiel anzuschauen, drei Jahrhunderte nach vorn zu Henri Bergson springen, einem französischen Philosophen und Nobelpreisträger, der zu Beginn des 20. Jahrhunderts besonders einflussreich war, aber dessen Wirkung noch heute in der europäischen Philosophie zu spüren ist.

Anders als Rousseau, dessen Interesse sich hauptsächlich auf das Verhältnis zwischen dem Einzelnen und der Gesellschaft richtet, konzentriert sich Bergson auf unser inneres geistiges Leben und die Art, wie es durch die Zeit fließt. In seinem Buch *Zeit und Freiheit*[29] argumentiert er, dass die vielfältigen Elemente unseres geistigen Lebens — die vielen Schattierungen von Emotionen, Empfindungen, Gefühlen, Gedanken, Bildern usw. — auf eine einzigartige Weise organisiert seien, die sich vollkommen von der Ausgestaltung materieller Objekte unterscheiden. Steine, Stühle und Häuser seien feste, stabile „Dinge", die jeweils von den anderen getrennt sind. Sie hätten festgelegte Eigenschaften, sie nähmen einen spezifischen Ort in den Dimensionen von Raum und Zeit ein, sie seien untereinander fremd und aus unabhängigen, gesonderten Teilen gemacht (oder könnten in solche zerbrochen werden).

Dagegen hat unser geistiges Leben eine Organisation, die Bergson „Dauer" nennt: einen ganzheitlichen Fluss von Beschaffenheiten, die

---

29. Henri Bergson, *Time and Free Will [Zeit und Freiheit]*, Dover Publications, New York 2001.

sich gegenseitig durchdringen. Diese Beschaffenheiten sind, anders als materielle Objekte, weder gesonderte Elemente noch im Laufe der Zeit stabil. Wenn ich zum Beispiel ein Glas Wein trinke, unterscheidet sich sein Geschmack nicht völlig vom Sinneseindruck des Geruchs in meinen Nasenlöchern, von der Empfindung der Konsistenz in meinem Mund, vom Vergnügen, das ich beim Miteinander mit meinen Freunden spüre, oder gar vom Kopfweh oder Unbehagen, das ich zufällig habe. Diese Beschaffenheiten „färben" sich einander. Sie werden auch von vorherigen Augenblicken gefärbt — vom Essen, das ich vor zehn Minuten eingenommen habe, oder von einem ärgerlichen Gespräch, das ich gerade gehabt habe. Und da die Vergangenheit ständig Zeitpunkt für Zeitpunkt wächst, bleibt eine geistige Befindlichkeit mit der Zeit niemals gleich. Der erste Augenblick des Weintrinkens beispielsweise ist nicht der gleiche einen Moment später, wenn der Sinneseindruck des Geschmacks sich von einem sanften Kribbeln auf der Zunge auf den ganzen Mund ausgebreitet hat, und nicht der gleiche beim Schmecken des zweiten oder dritten Glases, wenn die Empfindung schwer und fade ist. Die Vergangenheit häuft mit der vergehenden Zeit fortwährend zusätzliche Beschaffenheiten an, sodass sich jede Erfahrung unentwegt wandelt.

Darüber hinaus kann man streng genommen nicht einmal über verschiedene Intensitäten derselben Empfindung sprechen. Die Beschaffenheit eines „leichten" Kopfschmerzes — sagen wir, ein scharfes Zwicken an der Schläfe — ist nicht das Gleiche wie die hammerartige Qualität eines „schweren" Kopfwehs, das quer durch meinen ganzen Kopf hallt. Unterschiedliche Kopfschmerzen unterscheiden sich eben nicht durch ihre Stärken, sondern durch ihre Grundmerkmale. Es ist nur die Sprache, die sie gemeinsam zusammenfasst und sie als verschiedene Intensitäten derselben Sache darstellt.

Demnach ist unser inneres geistiges Leben keine Permutation fester Beschaffenheiten, die lediglich in verschiedenen Kombinationen und Stärken neu organisiert werden, sondern ein sich ständig verändernder, kreativer und ganzheitlicher Fluss einander durchdringender neuartiger Qualitäten. Es ist nur um die Vereinfachung und Kommunikation willen, dass wir unser geistiges Leben behandeln, als ob es aus gesonderten, stabilen und messbaren Elementen variierender Intensitäten bestünde. Wir entnehmen dem Fluss, in dem es erscheint, ein spezifisches Merkmal, ignorieren Schattierungen und allmähliche

Veränderungen und erlegen ihm eindeutige Charakterisierungen auf: „Kopfweh", „Liebe", „größeres Glück", „der gleiche Ärger".

Die Folge dieser sprachlichen Abstraktionen ist weitreichend. Nach und nach werden sie in unserem Verstand real, weil sie sich auf unsere geistigen Beschaffenheiten drängen, die sich herauskristallisieren und sich in trennbare Fragmente verwandeln. Eine Kruste bildet sich auf dem Fluss unseres geistigen Lebens — eine Kruste aus mentalen Merkmalen, die nicht mehr lebendig und fließend sind, sondern eigenständig und feststehend. Diese leblosen gedanklichen Elemente fließen auf dem ganzheitlichen geistigen Fluss wie tote Blätter auf einem Teich. Schrittweise kommen wir dahin, den tief unter ihnen fließenden reichen Fluss zu ignorieren, und so fangen wir an, überwiegend auf der Oberfläche unseres Seins zu leben.

Als Ergebnis verlieren wir den Kontakt mit der Fülle unseres inneren Lebens. Die meiste Zeit merken wir nicht einmal, dass das Leben, das wir führen, lediglich eine Kruste auskristallisierter, lebloser geistiger Elemente ist und dass diese getrennten Teile nicht mehr in einer kreativen Sinfonie fließen, sondern festen mechanistischen Mustern folgen. Auf dieser Stufe sind wir nicht zur Gänze wir selbst. Es geschieht nur in besonderen Momenten, dass der tiefere Fluss unseres geistigen Lebens an die Oberfläche durchbricht und ausbricht. Nur dann bringen wir unser ganzes wahres Sein voll und frei zum Ausdruck.

Doch obwohl wir gewöhnlich das sinfonische Fließen unseres geistigen Lebens nicht wahrnehmen, haben wir die Fähigkeit, es zu bemerken. Das ist es, was Bergson *Intuition* nennt. Die Intuition ist für ihn eine Art von Verständnis, die ganzheitlich und direkt ist. Sie erfasst das Ganze, ohne dieses Ganze in Teile zu brechen, ohne ihm Begriffe und Unterscheidungen aufzuerlegen. Sie ist außerdem eine Art, das Leben vom Inneren aus zu verstehen, das uns direkt mit dem Fluss des Lebens verbindet.

Es beeindruckt, wie ähnlich sich Bergsons und Rousseaus Theorien trotz ihrer offenkundigen Unterschiede sind. Sie zeichnen beide eine Unterscheidung zwischen zwei Aspekten unseres inneren Lebens: eine oberflächliche Schicht unseres Lebens, welche von Strukturen hervorgerufen wird, die von außen aufgezwungen sind, gegen ein tiefes, authentisches und freies inneres Leben, das aus der Fülle des tiefen Selbst auftaucht. Für beide Denker ist das Ergebnis, dass wir normalerweise unseren Alltag nicht in seiner potenziellen Fülle leben; dass das oberflächliche Leben, das wir meistens führen, von fremden

Strukturen entstellt ist; dass diese Strukturen das Leben auf enge und künstliche Wege beschränken, auf denen wir uns mit uns selbst und unserer Welt verbinden; und dass es größere Quellen in uns gibt, die wir in der Regel nicht erkennen und nutzen. Augenscheinlich drücken die zwei Denker die gleiche Erkenntnis aus, jeder in Bezug auf seine eigenen Begriffe und Ideen.

Martin Buber: Miteinander gegen Abstand

Für unsere dritte Fallstudie wähle ich Martin Buber, einen einflussreichen israelischen, in Österreich geborenen Philosophen des 20. Jahrhunderts, eben weil seine Philosophie so verschieden von der von Rousseau oder Bergson zu sein scheint. Wir sind ihm schon kurz an früherer Stelle in diesem Buch begegnet und es ist nun an der Zeit, sich ausgiebiger seine Ideen anzuschauen.

Buber verortet das echte Leben in interpersonellen Beziehungen zu anderen Menschen, im Gegensatz zu Rousseaus und Bergsons individualistischen Visionen, die die Quelle des authentischen Lebens als im Einzelwesen liegend betrachten. Doch trotz dieses offenkundigen Unterschieds können wir vom Anfang bis zum Ende das gleiche zentrale Thema beim Durchlesen von Bubers Schriften finden, die gleiche grundlegende Unterscheidung zwischen zwei Seinsweisen.

In seinem Buch *Ich und Du*[30] erklärt Buber, dass wir gewöhnlich gegenüber Anderen das voraussetzen, was er Ich-Es-Beziehungen nennt. Ich befinde mich in einer Ich-Es-Beziehung zu einem anderen Menschen, wenn ich einen Zusammenhang mit ihm als Objekt herstelle — ein Objekt meiner Gedanken, meiner Gefühle, meiner Erfahrungen usw. Dies geschieht zum Beispiel, wenn ich herauszufinden versuche, was er denkt, oder wenn ich ihn analysiere oder psychologisiere, wenn ich mir einen Eindruck von ihm oder einen Gedanken über ihn mache, wenn ich ihn mit Neugier betrachte, wenn ich ihn als Störgröße oder als Mittel zur Befriedigung meiner Bedürfnisse behandle, von ihm fantasiere, ihn fürchte, ihn manipuliere usw. Ich-Es-Beziehungen müssen nicht notwendigerweise mit schlechten Absichten einhergehen. So kann ich etwa ein wohlwollender Psychologe oder ein liebenswürdiger Freund sein, der die gepeinigte Seele eines Anderen heilen möchte. Wenn ich zu ergründen versuche, was ihm zusetzt, oder

---

30. *I and Thou [Ich und Du]*, Scribner's, New York 1970.

ich nach dem Ursprung seines Leids forsche, stelle ich dabei eine Ich-Es-Beziehung zu ihm her.

Wir können Ich-Es-Beziehungen zu anderen Menschen eingehen, aber auch zur Natur, zu den Pflanzen und Tieren, den Musik- und Kunstwerken und sogar zu Gott. Dies geschieht, wenn wir sie als Objekte unserer Gedanken oder unserer Erlebnisse behandeln, als Dinge, die es zu durchschauen, zu manipulieren oder zu benutzen gilt. Unser Alltag ist gemeinhin von Ich-Es-Beziehungen beherrscht.

Das Problem mit Ich-Es-Beziehungen ist, dass sie einseitig, unnahbar und entfremdend sind. Da der Andere in der Ich-Es-Beziehung ein Objekt für mich ist, verknüpfe ich mich zunächst mit ihm durch Gedanken oder Erfahrungen, die *über* [englisch: „about"] ihn sind. Diese „Aboutness" bedeutet, dass wir einander wesensfremd sind. Eine Kluft trennt uns — eine Kluft zwischen Subjekt und Objekt, zwischen dem Betrachter und dem Betrachteten.

Ferner ist nur ein begrenzter Teil von mir an Ich-Es-Beziehungen beteiligt, und zwar die Gedanken oder Erfahrungen, die ich in dem Moment einsetze. Ich kann zum Beispiel ein Interesse am Anderen erleben, während der Rest meiner Persönlichkeit unbeteiligt bleibt. Oder ich kann seinen Worten mit Respekt und Genuss folgen, jedoch ohne den Rest von mir daran zu beteiligen.

Ich-Es-Beziehungen sind also objektivierend, distanzierend und einseitig. Und da für Buber Beziehungen im Zentrum des menschlichen Daseins stehen, bedeutet dies, dass, wenn ich diese Beziehungen eingehe, ich nicht mein Leben voll lebe.

Hier entsprechen Bubers Sichtweisen der Grundeinsicht von Rousseau und Bergson: Im Alltag lebe ich gewöhnlich nicht entsprechend der potenziellen Fülle meines Seins, obwohl ich mir normalerweise dieses uneigentlichen Zustands nicht bewusst bin. Obendrein weist auch Buber wie die anderen beiden Denker darauf hin, dass ich diesen entfremdeten, verarmten Zustand überwinden kann. Was not tut, ist ein Wandel, der wenigstens zeitweise meine Art und Weise, mich mit den Menschen und der übrigen Welt zu verbinden, grundlegend transformieren würde.

Für Buber liegt eine solche Transformation nur zum Teil in meiner Macht. Ich kann ihr gegenüber aufgeschlossen und offen sein, doch es hat auch ein eigenes Leben. Es erscheint mitunter für ein paar Augenblicke wie aus sich selbst heraus und entfernt sich wieder. Dies ist eine Wandlung, die Buber Ich-Du-Beziehungen nennt.

Stehe ich in einer Ich-Du-Beziehung zu einem anderen Menschen, bin ich mit meinem ganzen Sein *mit* ihm. Dies geschieht etwa in besonderen Momenten, wenn mich eine unaussprechliche Zweisamkeit mit einem Anderen verbindet — manchmal mit einem Freund, doch bisweilen mit einem völlig Fremden. In diesen Augenblicken denke ich nicht über die andere Person, ich rate nicht, was sie fühlt. Kein Wissen, Gedanke oder Erleben trennt uns, keine Aboutness-Beziehung wird benötigt, um die Diskrepanz zwischen unseren Leben zu überbrücken, da es keine solche gibt. Wir sind durch ein Miteinander verbunden als einer grundlegenden Beziehung, die nicht in kleinere Elemente aufgegliedert werden kann. In diesen Momenten sind wir in unserer Beziehung, in unserer vollen Ganzheitlichkeit voll zugegen und entsprechen daher der Fülle unseres Seins. Durch diese Ich-Du-Beziehung erlangen wir unsere Authentizität. Obwohl es unmöglich ist, sie die ganze Zeit aufrechtzuerhalten, ist sie für alle Interaktionen und das Leben allgemein eine Quelle von Bedeutung und Wert.

Wie wir erkennen können, behauptet Buber wie Rousseau und Bergson, dass eine Selbsttransformation uns in Kontakt mit der Fülle unseres Seins bringen könne, dass sie uns ermöglichen könne, eine erfülltere Beziehung zum Leben einzugehen und somit authentischer zu leben. Doch Buber trägt hier ein zusätzliches Argument vor, das bei den anderen beiden Ansätzen weniger hervorsticht. Um dieses zu erkennen, beachten Sie bitte, dass Buber eine anscheinend offenkundige Annahme anzweifelt, nämlich dass ich als Person eine eigenständige Entität bin, deren Dasein von anderen Menschen und Dingen um mich herum trennbar ist. Gemäß dieser geläufigen Annahme sind meine Natur und Identität unabhängig von anderen um mich herum, so wie ein Felsen grundsätzlich von anderen Felsen unabhängig ist.

Doch nach Buber trifft es nur in den entfremdeten Ich-Es-Beziehungen zu, dass wir solch abgetrennte, eigenständige Atome sind. In meiner tiefer liegenden Wirklichkeit, die im Ich-Du-Modus erscheint, sind meine Beziehungen zu Anderen ein Teil dessen, was ich bin. Ich bin eine Person-in-Beziehung, sodass mein Wesen meine Beziehungen zu anderen Menschen, zu Dingen, zur Natur, zu Ideen und zu Gott einschließt. Mit anderen Worten: Ich bin durch und durch ein Beziehungswesen, ich wende mich grundsätzlich dem über mich Hinausgreifenden zu. Die Quellen meiner Existenz — jene, die mir Leben, Bedeutung und Identität geben — sind nicht allein in mir, sondern in meinem Sein mit Anderen.

Wir haben bereits den Keim einer ähnlichen Idee bei Bergson gesehen. Bergson vertritt die Auffassung, dass unsere geistigen Beschaffenheiten keine getrennten Dinge seien, die untereinander fremd sind, weil sie stets benachbarte Beschaffenheiten durchdringen würden und offen seien, aus sich hinauszugehen. Buber geht einen Schritt weiter, wenn er suggeriert, dass ein Mensch als Ganzes keine eigenständige Entität sei. In meiner grundlegenden Realität, wie sie sich in Ich-Du-Beziehungen zeigt, sei ich offen für den Anderen, und in diesem Sinn sei ich mehr als ich selbst. Tatsächlich wird in Bergsons späterem Buch *Schöpferische Evolution* das Leben eines Menschen als Teil des allumfassenden Fließens des Lebens auf der Erde dargestellt.[31]

Mark Aurel: Einordnung in die Allnatur

Dieses letzte Thema — unsere fundamentale Offenheit, aus uns hinauszugehen — ist schon Jahrhunderte früher durch den Stoizismus entwickelt worden, eine bedeutende philosophische Schule, die in der antiken hellenischen Welt eine Blütezeit erlebte. Ein interessantes Beispiel findet sich im Buch *Selbstbetrachtungen*[32], geschrieben vom stoischen Philosophen (und römischen Kaiser) Mark Aurel im zweiten Jahrhundert n. Chr.

In einem späteren Teil werde ich dieses Buch ausführlicher erörtern. Für jetzt reicht es aus zu sagen, dass er sich eine Selbsttransformation von einer psychologischen Sklaverei zu einer inneren verstandesmäßigen Freiheit ausmalt. Für Mark Aurel werden wir gewöhnlich von psychologischen Kräften wie Begierden und Ängsten kontrolliert und betrügen auf diese Weise unser wahres Selbst, das unsere Fähigkeit sei, frei und mit Verstand zu handeln. Wenn wir unseren psychologischen Kräften unterliegen, würden wir uns erlauben, an Objekten der Begierde zu hängen, unzufrieden mit dem zu sein, was wir haben, uns vor der Zukunft zu fürchten und Opfer von Reue, Eifersucht, Ärger und anderen quälenden Emotionen zu werden. Dies sei nicht nur ein Zustand von Sklaverei, sondern auch von Unglücklichsein.

Demgegenüber kann uns die Vernunft von falschen Begierden und Sorgen freisetzen, da sie uns sagt, unter allen Umständen das mit

---

31. *Creative Evolution [Schöpferische Evolution]*, University Press of America, Lanham, MD 1983.
32. *Meditations [Selbstbetrachtungen]*, Prometheus Books, Amherst 1991.

Gelassenheit hinzunehmen, was immer uns widerfährt. Die Vernunft ist unsere wesentliche Natur als Menschen. Sie ist unser „Leitprinzip" (oder „Daimon"), das in der Seele jedes Menschen siedelt, aber im Alltag vergessen wir es meistens und verlieren den Kontakt zu ihm, indem wir uns in unsere täglichen Sorgen vertiefen. Es bedarf besonderer philosophischer Übungen, um in uns ein Bewusstsein für unser Gefängnis zu wecken und uns zu unserem wahren Selbst oder unserem Leitprinzip zurückzubringen.

Bis dahin sehen wir bei Mark Aurel Transformationsthemen, die denen anderer Philosophen ähneln. Aber eine weitere Idee verdient es, betont zu werden: Die Vernunft leitet nicht nur die Menschen, sondern auch das Weltall ganz allgemein. Das Universum ist eine Allnatur — ein harmonisches organisiertes System, das sich in Übereinstimmung mit dem weltumfassenden Logos, oder der Vernunft, verhält. Es ist deshalb eine gute Welt, in der alles geschieht, wie es soll. Wenn wir versucht sind zu beachten, was uns als Unvollkommene und Bedauernswerte widerfährt, liegt es nur daran, dass wir uns an unsere engen, ichbezogenen Begierden klammern und daran scheitern, ein größeres Bild zu sehen. Wir erwarten von der Welt, dass sie unsere Erwartungen erfüllt.

Sobald wir unseren egozentrischen Standpunkt aufgeben und von der breiteren Perspektive der allumfassenden Vernunft auf das Leben schauen, merken wir, dass es eine vollkommene Welt ist, ja sogar eine heilige Welt. Daher ermahnt Mark Aurel ein ums andere Mal in seinem Buch sich selbst daran, sich im Zusammenhang des Kosmos zu betrachten, und daran zu denken, dass er ein winziges Teil dieses geheiligten Ganzen ist. Dies ist kein pessimistischer Ausblick. Im Gegenteil, durch die Erkenntnis, dass wir verschwindend kleine Einzelheiten in einem weiten Weltall sind, machen wir uns von unseren belanglosen Sorgen frei und kommen darauf, uns selbst als Mitwirkende in der großen Ordnung der Dinge anzusehen. Unser klitzekleines Leben erhält Wert und Bedeutung vom Ganzen.

Wir brauchen nicht an die stoische Metaphysik zu glauben, um die grundlegende Einsicht zu schätzen, die dieser Metaphysik zugrunde liegt: dass wir uns nicht als isolierte Atome betrachten sollen, sondern als Teile eines größeren Ganzen. Durch die Annahme eines breiteren Blickwinkels transzendieren wir unser kleines persönliches Weltbild.

Dies ist also die Transformation, die in den Schriften Mark Aurels angeregt wird: Wir sollen unsere Versunkenheiten in uns selbst und unsere Begierden überwinden und die Grenzen unserer ichbezogenen Welt hin zu den größeren Horizonten der Wirklichkeit öffnen. Dies erfordert eine tiefgreifende Änderung in unserem Verständnis von uns selbst, von Anderen und von der Welt. Sie verlangt von uns, damit aufzuhören, den täglichen Ereignissen ausschließlich vom Blickwinkel unserer persönlichen Interessen zu begegnen, als ob wir der Mittelpunkt der Welt wären, vielmehr von einer allumfassenden Perspektive aus.

Die innere Dimension der Tiefe

Die obigen vier Denker — Rousseau, Bergson, Buber und Mark Aurel — sind nur eine Auswahl aus einer größeren Gruppe von Transformationsdenkern aus der Geschichte, die sich eine von der Philosophie geführte Selbsttransformation vorstellten. Aus dem, was wir gerade gesehen haben, wird klar, dass sie von einer ähnlichen Vision inspiriert wurden, nämlich dass wir üblicherweise ein eingeengtes, mechanisches, fragmentiertes Leben führen, das wir dennoch zu transzendieren in der Lage sind. Nicht nur *können* wir diese Begrenztheiten überschreiten, wir *sollen* es tun. Tief in uns gibt es eine Sehnsucht — einen *Aufruf* —, uns zu wandeln und ein größeres, erfüllteres und reicheres Leben zu leben.

Die von diesen vier Philosophien vergegenwärtigten Transformationen unterscheiden sich offenkundig untereinander in mehr als einer bedeutsamen Hinsicht, aber trotzdem teilen sie mehrere wichtige Merkmale:

1. Kostbarkeit: Vielleicht das offensichtlichste von diesen Philosophen geteilte Thema ist die Idee, dass der transformierte Zustand als etwas mit einem besonderen Wert behaftet erfahren wird. Normalerweise fühlen sich viele von unseren alltäglichen Momenten unbedeutend, kaum bewusst, dumpf, zum Vergessen an. Demgegenüber wird jeder Augenblick im gewandelten Zustand als wertvoll erlebt, jeder Moment schenkt uns die Empfindung eines besonderen Stellenwerts — nicht weil er nützlich für irgendeinen künftigen Zweck wäre, sondern weil er aus sich heraus bedeutend ist. Ein stoischer Moment konzentrierter Gelassenheit in Harmonie mit der Allnatur, ein Augenblick von Rousseaus einfacher freier Spontanität, ein Bergson'scher Augenblick des reichen sinfonischen Fließens oder ein Buber'sches Miteinander — jeder und jedes von ihnen wird als kostbar empfunden, vereinzelt sogar als heilig.

2. Fülle: Die Kostbarkeit des Augenblicks geht zum Teil auf das Gefühl zurück, sich zur Gänze und unmittelbar der Wirklichkeit bewusst zu sein — der Realität von uns selbst, von Anderen, der Welt. Der typische Nebel von Unachtsamkeit und Selbsttätigkeit hat sich verzogen, wir schätzen den Moment in seiner Fülle und diese Wahrnehmung ist in uns lebendig und stark. Dies ist keine theoretische Art von Wertschätzung — wir legen uns keine neue Theorie über zuvor unbekannte Tatsachen zu, sondern sind uns direkt der Fülle und des Reichtums der Wirklichkeit in uns und außerhalb von uns bewusst.

3. Selbsteinheit: Werde ich von meinen psychologischen Mechanismen und Kräften beherrscht, bin ich meistens fragmentiert. Teile von mir werden von verschiedenen Kräften und Mechanismen aktiviert und drücken unzusammenhängende Einstellungen und Verständnisse aus. Im Gegensatz dazu bin ich im transformierten Zustand einer. Meine Gedanken, Gefühle und Handlungsweisen sind nicht mehr getrennt und isoliert, ziehen nicht mehr in unterschiedliche Richtungen, sondern bilden einen Teil eines vereinigten Ganzen.

Somit rührt mein Verhalten nicht mehr von grundverschiedenen psychologischen Kräften her, die mir ihre Regeln und Absichten auferlegen, sondern entspringt meinem inneren Sein. Ich werde von einer einzigen Quelle bewegt — dem stoischen Logos, dem spontanen natürlichen Selbst, dem Bergson'schen Fluss, dem Miteinander des Ich-Du. Ich bin mit mir selbst eins.

4. Dezentralisierung: Im Alltag erlebe ich mich als im Mittelpunkt meiner Welt stehend und daran arbeitend, sie zu verwalten und zu kontrollieren. Ich bin mit meinen persönlichen Programmpunkten und Sorgen beschäftigt, mit meinen Bedürfnissen und Befriedigungen, mit meinem Erscheinungsbild und dem Eindruck, den ich auf Andere mache. Im transformierten Zustand hingegen bin ich Teil einer größeren Wirklichkeit, die sich über mein kleines Selbst hinaus zu breiteren Horizonten des Lebens ausdehnt. Für Mark Aurel bin ich ein integraler Bestandteil des Kosmos, ich verstehe mich selbst als kleine Entität in der weiten Allnatur und lebe im Einklang mit dem allumfassenden Logos. Für Rousseau werde ich ohne Selbstbeschäftigung von meinen spontanen Lebensenergien bewegt; für Bergson bin ich ein Bächlein im kreativen Fluss des Lebens; und für Buber bin ich im Miteinander mit Anderen und mit der Welt. Für alle diese Philosophen lebe ich im Namen des Lebens statt im Namen des selbstvertieften Selbst.

5. *Innere Freiheit*: Vor der Transformation werde ich von festen psychologischen Kräften und Mustern kontrolliert und bin in diesem Sinne unfrei. Nach der Wandlung bin ich, wie alle vier Denker erklären, frei von diesen Mechanismen. Da ich eins mit mir selbst bin, gibt es keine Kluft zwischen mir und dem, das zu tun mir meine psychologischen Mechanismen sagen, zwischen dem Kontrolleur und dem Kontrollierten in mir. Da alles, was ich tue, fühle und denke, einer einheitlichen Quelle von Energien entspringt, bin ich der eine, der sich selbst bestimmt. Für Bergson fließt mein Bewusstsein in einer ganzheitlichen kreativen Freiheit. Als Stoiker identifiziere ich mich mit meinem inneren Führer und handle frei aus ihm heraus. Als Rousseaus natürlicher Mensch entspringt mein Verhalten frei und spontan meinem natürlichen Selbst. Und als Buberaner verbinde ich mich mit jeder Person auf eine neue, einzigartige Weise.

In der Gesamtschau stellen die vier Transformationsphilosophen den transformierten Zustand als radikal anders dar als alltägliche Momente vor dieser Wandlung. Jeder Augenblick ist kostbar und angefüllt, mit einem Gefühl von innerer Einheit, von Offenheit gegenüber der Außenwelt und von innerer Freiheit.

All dies könnte jedoch als bloße Sache der subjektiven Geistesverfassung erscheinen. Und eine Geistesverfassung, so tiefgründig sie auch sein mag, ist nicht viel. Drogen könnten vielleicht dieselbe Wirkung hervorrufen. Freilich würde ein näheres Hinsehen offenbaren, dass eine solche Transformation mehr ist als ein subjektives Erlebnis. Sie gestattet uns auch, unsere Wirklichkeit auf neue Arten und Weisen zu verstehen: Der stoische Geisteszustand verrät uns die Wege der Vernunft in der Allnatur; Rousseaus natürliches Selbst erlaubt es uns, die menschliche Welt zu sehen, wie sie wirklich ist, ohne die Verzerrungen gesellschaftlicher Normen; Bergsons Fluss des Bewusstseins ermöglicht es uns, unseren ganzheitlichen Fluss zu würdigen, bevor er fragmentiert wurde; und Bubers Ich-Du-Beziehungen enthüllen uns den anderen Menschen in seiner Fülle, wie auch die wahre Natur der Beziehungen, bevor sie durch Abstand und Getrenntheit objektiviert worden sind.

Demnach ist die transformierte Geistesverfassung nicht einfach erfahrungsbezogen, sie ist ebenso ein Fenster zu einer tieferen Kenntnis der menschlichen Wirklichkeit. Sie erlaubt uns die grundlegendere, tiefere Daseinsdimension unter der normalerweise sichtbaren

Oberfläche zu verstehen. Es geht nicht einfach darum, dass die Transformation uns in die Lage versetzt, neue Fassetten des Lebens zu entdecken, sondern dass sie die tiefere Wurzel unseres vertrauten Lebens aufzeigt. Durch Selbsttransformation erkennen wir irgendwann die wahre Natur unserer Existenz, den weiteren Zusammenhang, in dem unsere vertraute Welt angesiedelt ist, die grundlegenden Prinzipien unseres Lebens, bevor es eingeengt, zerstückelt und eingeebnet wurde.

Wir könnten alsdann behaupten, dass die von den Transformationsdenkern ins Auge gefasste Wandlung uns einen neuen Geisteszustand schenke, der es uns erlaube, noch tiefer schürfend uns und unsere Welt zu verstehen. Sie öffnet für uns eine andere „Dimension" des Lebens oder was als *innere Dimension* bezeichnet werden kann. Um zu betonen, dass diese innere Dimension entscheidend für die menschliche Realität wie auch weitgehend verborgen ist, kann sie auch die *Dimension der inneren Tiefe* oder kurz die *innere Tiefe* genannt werden. Mark Aurels Leitprinzip, Rousseaus natürliches Selbst, Bergsons ganzheitlicher Fluss und Bubers Ich-Du-Beziehungen sind alles verschiedene Perspektiven auf diese innere Dimension, die Dimension der inneren Tiefe — oder verschiedene theoretische Interpretationen davon.

Das Wort „Dimension" muss hier immer wieder gebracht werden, um eine gewisse Vielfältigkeit einzuräumen. Einige Philosophen wie Rousseau und Mark Aurel betrachten sie als eine bereits bestehende Wirklichkeit, die in uns schlummert und darauf wartet, entdeckt und erweckt zu werden. Andere Philosophen wie Nietzsche und Spinoza sehen sie als unverwirklichte Möglichkeit an, die auf die Realisierung wartet. Für Rousseau ist diese innere Dimension eine Quelle von Energien, während sie für Bergson eine Form der Organisation unserer bewussten Zustände ist; für Mark Aurel ist sie eine Fähigkeit zum Verstehen, während sie für Buber eine Art ist, sich mit Anderen zu verbinden.

Dies scheinen unterschiedliche theoretische Deutungen derselben grundlegenden Erkenntnis zu sein. Doch ungeachtet dieser verschiedenen Interpretationen ist die gemeinsam geteilte Einsicht eng mit den früher vorgestellten Konzepten verknüpft, jenen von „Platons Höhle" und „Umkreis". Was diese Denker, jeder in seiner Terminologie, als begrenzt, oberflächlich, künstlich oder uneigentlich betrachten, ist das, was ich unseren Umkreis oder unsere platonische Höhle nannte — unsere starre, strukturierte Einstellung zu unserer

Welt. Die Wandlung, auf die uns einzulassen sie uns ermutigen, ist das, was ich hier mit „unseren Umkreis transzendieren" oder „aus unserer Höhle heraustreten" bezeichnet habe. Wir können behaupten, dass die Transformationsphilosophen die Zeitläufe hindurch beabsichtigen, aus der Höhle unseres normalen Lebens herauszutreten und in Berührung mit der inneren Dimension zu kommen, sie zu erwecken, sie zu pflegen. Dieses Ziel — besonders wenn in Begriffen des „Erweckens" formuliert — kann man auch in vielerlei spirituellen und religiösen Traditionen finden. Das Interessante an den Transformationsphilosophen ist allerdings ihre Einsicht, dass der Vorgang des Erweckens und Pflegens unserer inneren Dimension philosophisch sein oder zumindest von philosophischer Reflexion unterstützt werden kann. Er kann, anders gesagt, ein Prozess des Erkundens grundlegender Ideen sein.

Teil 8

Flüchtige Eindrücke von der inneren Dimension

Im vorherigen Teil richteten wir unseren Blick auf die Ähnlichkeiten zwischen verschiedenen Transformationsphilosophen. Es ist nun an der Zeit, über die Unterschiede zwischen ihnen nachzudenken. Wie wir gesehen haben, begreifen diese Denker den menschlichen Umkreis in unterschiedlichen Begriffen, schlagen unterschiedliche Wege zur Überwindung vor und zeichnen unterschiedliche Bilder der inneren Dimension und der Art, sie zu pflegen. Diese Unterschiede legen nahe, dass es eine ganze Reihe von Wegen gibt, aus unserem Umkreis herauszutreten, dass der Prozess höchst individuell ist und dass er nicht mit einer einzigen allgemeingültigen Formel erfasst werden kann.

Vielfalt von Transformationsphilosophien

Ein eindeutiger Unterschied zwischen Transformationsphilosophien ist, dass jede von ihnen andere Netzwerke von Begriffen benutzt, um das Menschsein zu verstehen. Obwohl sie alle einen zentralen Zwiespalt zwischen unserer perimetrischen Seinsweise und unserer transformierten Seinsweise postulieren, setzt ihn jeder in eine ganz andere, aus verschiedenen Vorstellungen zusammengesetzte begriffliche Landschaft.

Beachten Sie beispielsweise die Unterschiede zwischen den Begriffen, die Rousseaus Philosophie bestücken, und jenen in Bubers Philosophie angesiedelten. Rousseau begreift die Unterscheidung zwischen der perimetrischen und der transformierten Bedingung in Bezug auf das, was aus dem Inneren der Person stammt, gegen das, was von außerhalb herrührt, insbesondere von gesellschaftlichen Einflüssen. Seine übrigen Vorstellungen drehen sich um diese grundlegende

Dichotomie: Auf der einen Seite finden wir Ideen wie die soziale Maske, zwischenmenschliche Machtspiele, Manipulation und Vergleich von sich mit Anderen über die Eifersucht und den Stolz. Auf der anderen Seite dieser Spaltung stößt man auf Begriffe wie natürliche Begierden und natürliche Liebe, Selbstständigkeit, Selbstmotivation, Selbstgenügsamkeit, Aufrichtigkeit und Spontanität.

Bubers Philosophie platziert die Unterscheidung zwischen dem perimetrischen Zustand und dem transformierten Zustand hingegen in eine ganz andere begriffliche Landschaft. Da Buber die Idee eines abgesonderten „Ichs" zurückweist, hat sein Verständnis dieser Differenzierung sehr wenig zu tun mit Rousseaus Unterscheidung zwischen einem unabhängigen inneren Selbst und einem sozialen Selbst. Die wesentlichen Vorstellungen, die Bubers Welt ausmachen — die vom Miteinander gegen Abstand, Mit-sein gegen Denken-über, Totale Einbeziehung gegen Teilbeziehungen, *der Andere als ein Objekt* gegen *der Andere als eine Welt* — haben keinen Platz in Rousseaus Welt, ganz gewiss keinen zentralen Platz.

Bergsons Verständnis der Unterscheidung zwischen der perimetrischen Bedingung und der transformierten Bedingung unterscheidet sich völlig von der von beiden Denkern. Da er sich hauptsächlich für die Phänomenologie des Bewusstseins interessiert, hat seine Differenzierung wenig mit zwischenmenschlichen Beziehungen zu tun und bleibt deshalb Bubers Beziehungskonzepten fremd. Ein bisschen wie Rousseau stellt Bergson die innere Spontanität den äußeren Einflüssen gegenüber, aber für ihn sind diese äußeren Einflüsse vorrangig jene der Sprache, nicht etwa von Machtverhältnissen und sozialen Gegenüberstellungen wie bei Rousseau. Während Bergsons wichtigste Dichotomie ferner in Ausdrücke wie Kreative Ganzheit gegen Fragmente fester Einheiten gegossen ist, besteht Rousseaus begriffliches Szenarium in erster Linie aus Motivationsvorstellungen, etwa: Natürliches Verlangen gegen Anpassung an gesellschaftliche Normen oder Selbstgenügsam gegen Vergleichende Gefühle und Antriebe. Das sind offenkundig sehr unterschiedliche Ideenlandschaften.

Mark Aurel ist ebenfalls verschieden. Auf den ersten Blick ähnelt seine wichtigste Dichotomie anscheinend Bergsons Unterscheidung zwischen zwei inneren Geistesverfassungen. Doch anders als Bergsons Landschaft dreht sich die von Mark Aurel um die Differenzierung zwischen emotionaler Verbundenheit und freiem rationalem Denken.

Diese Unterscheidung hat keinen besonderen Status in Bergsons Szenarium, das sich auf erfahrungsbezogene Merkmale geistiger Zustände fokussiert, nicht auf die ihnen zugrunde liegenden psychologischen Mechanismen. Überdies sind in Mark Aurels begrifflicher Landschaft Vernunft und Selbstkontrolle nicht mit dem perimetrischen Pol der zentralen Dichotomie verbunden, wie es bei Bergson der Fall ist, sondern mit dem transformierten Pol.

Daraus lässt sich schließen, dass jeder der hier von uns ausgewählten vier Denker die perimetrischen und die transformierten Zustände in Hinsicht auf ein anderes Geflecht von Begriffen begreift. Während diese begrifflichen Landschaften nicht notwendigerweise einander entgegenstehen — sie weisen, wie wir sahen, einige wichtige Ähnlichkeiten auf, zumindest im Geist —, sprechen sie dennoch in verschiedenen Sprachen und bestehen aus verschiedenen Vorstellungen. Dies sind vier gedankliche Landschaften, die aus verschiedenen Bausteinen errichtet sind, welche verschiedene Einsichten, Interessen und Blickwinkel ausdrücken. Während jede von ihnen im Inneren kohärent ist — die sie zusammensetzenden Ideen passen schön zusammen —, sind sie untereinander nicht stimmig.

Wichtig ist, dass innerhalb jeder Philosophie die gleichen Begriffe benutzt werden, um sowohl den perimetrischen Zustand als auch den transformierten Zustand abzubilden. In Mark Aurels Landschaft zum Beispiel definiert der Begriff der Kontrolle zum einen den perimetrischen und zum anderen den transformierten Zustand: Während der erste als Befindlichkeit gekennzeichnet ist, in der emotionale Begierden herrschen, wird der zweite als einer charakterisiert, in dem die Vernunft die Kontrolle ausübt. Oder anders ausgedrückt: Während das rationale Selbst im ersten Zustand nicht das Ruder in der Hand hat, tut es dies im zweiten. Ähnlich ist für Bergson der Begriff der Fragmentierung wesentlich bei der Beschreibung beider Zustände: Während der perimetrische als in Bruchstücke zerfallen beschrieben wird, wird der transformierte als nicht fragmentierter oder als ganzheitlicher Zustand bezeichnet.

Somit werden in jeder Theorie sowohl der perimetrische als auch der transformierte Pol mit ähnlich lautenden Bezeichnungen definiert, oft als Verneinung des jeweils anderen: Rational gegen Nicht rational, Fragmentiert gegen Nicht fragmentiert, Zusammensein gegen Getrenntsein. Wir finden keine ernsthafte, kohärente Philosophie, die zum Beispiel Rousseaus Auffassung vom perimetrischen Zustand mit

Mark Aurels Konzept des transformierten Zustands kombiniert. Zusammen addieren sich die zwei zu keiner einzelnen zusammenhängenden Begriffslandschaft.

Individuelle Unterschiede in platonischen Höhlen

Die Lehre, die wir daraus ziehen können, ist, dass obwohl Transformationsphilosophien ausnahmslos an eine Umwandlung von einem perimetrischen Zustand zu einem transformierten Zustand glauben, sie diese Transformation mit Netzwerken von Begriffen darstellen, die einander ziemlich fremd sind. Es gibt anscheinend keinen vernunftgemäßen, objektiven Weg, um sich zwischen diesen alternativen Arten, den Prozess zu konzipieren, zu entscheiden. Einen von diesen zur „richtigen" Art zu erklären, scheint mir unvernünftig dogmatisch zu sein. Wir können folgern, dass die grundlegende Sehnsucht, aus unserer Höhle zu treten, allgemein menschlich ist, aber ihre Übersetzung in spezifische Begriffe ist nicht universal. Einzelpersonen mit verschiedenen Lebenserfahrungen, verschiedenen Einstellungen und Befindlichkeiten und verschiedenen persönlichen und kulturellen Herkünften können verschiedene Transformationsphilosophien für mehr oder für weniger passend und anwendbar halten.

Dies legt nahe, dass wir nicht darauf hoffen können, eine einzelne Formel für die Selbsttransformation zu finden, die weltweit auf jedermann anwendbar wäre. Durch die Geschichte hindurch förderten im Osten wie im Westen viele religiöse und philosophische Überlieferungen ihre eigene Vision einer Selbsttransformation als einziger Wahrheit, die für alle gilt. Heute jedoch sind wir uns glücklicherweise viel mehr der individuellen und kulturellen Varianten bewusst und müssen einsehen, dass es möglicherweise nicht nur eine einzige Straße zur Selbsttransformation für jeden geben kann.

Aus diesem Grund ist die Philosophie ein mächtiger Denkansatz bei unserer Suche nach einem Weg aus unserem Umkreis hinaus. Die Philosophie ist eine offene Erkundung, die keine Methode oder Annahme für selbstverständlich hält, sondern anerkannte Formeln, Verallgemeinerungen und Ideologien nachprüft. Sie kann dem Einzelnen dabei helfen, die grundlegenden Bausteine seiner eigenen einzigartigen persönlichen Wirklichkeit zu untersuchen. Dies erklärt auch, warum die philosophische Suche nach Selbsttransformation eine persönliche Suche zu sein hat, bei der jedes Individuum danach trachten muss, seine spezifische platonische Höhle und seine spezifische Art des Heraustretens aus ihr zu verstehen. Und deshalb können philosophische Praktiker die Suchenden nicht mit einem Satz vorgefertigter Ideen beliefern, sondern müssen sich jedem Einzelnen mit Aufgeschlossenheit, Kreativität und Einfühlungsvermögen nähern. Folglich ist die philosophische Reise eine hochpersönliche Angelegenheit, sowohl für den philosophischen Praktiker als auch für den Sucher. Es ist eine Suche nach einem ganz eigenen Pfad, der die spezifischen perimetrischen Beschränkungen des Suchenden überwinden würde hin zu einer persönlichen Beziehung zu einer tieferen, verborgenen, inneren Dimension des Lebens. Es kann deshalb nicht darum gehen, dem Sucher eine bereits vorhandene Sicht dessen aufzuzwingen, was diese tiefere Dimension sein muss. Diese tiefere Dimension ist etwas, was der einzelne Suchende persönlich erkunden muss, was man nur innerhalb der einzigartigen Wirklichkeit von einem selbst finden kann und was man zu erwecken und zu pflegen erlernen muss.

Diese Dimension bleibt gewöhnlich verborgen und unbemerkt, aber sie erscheint in seltenen Momenten — selten, aber dennoch spürbar. Sie drückt sich manchmal in besonderen Augenblicken der Stille oder Begeisterung aus, in unklaren Momenten des Verlangens oder einfach in einer darunter liegenden Unzufriedenheit, die zeigt, dass wir irgendwo in uns wissen, dass es mehr als das Leben gibt, das wir gerade durchleben.

Solche Augenblicke sind ein Anzeichen für eine andere Dimension des Lebens, die schlummert und darauf wartet, erkannt zu werden. Wir leben auf der Oberfläche unseres Lebens, aber etwas in uns spürt, dass das Leben erfüllter sein kann und dass es uns aufruft, aufzuwachen. Hier sollten wir eine wichtige Änderung an Platons Bildsprache in seinem Höhlengleichnis vornehmen. Obwohl wir gewöhnlich in unserer Höhle gefangen sind, sind wir nicht vollständig vom Sonnenlicht draußen abgekoppelt, wie Platons Allegorie nahezulegen scheint. Vereinzelte Sonnenstrahlen dringen hin und wieder durch die Höhlenöffnung ein, werden an den Wänden zurückgeworfen und verkünden, dass es nicht nur in der Höhle Leben gebe. Und falls wir dieser Lichtfunken gewahr werden, dann können wir mit ihnen aufwachen und die Suche nach ihrer Quelle beginnen.

Wir alle haben, glaube ich, solche Funken von „Streulicht" oder Anzeichen davon von außerhalb der Höhle erlebt. Auf die Gefahr einer

Übervereinfachung oder Überverallgemeinerung hin lohnt es sich, sie
in mehrere typische Arten zu unterteilen, sodass wir bei einer Suche
nach ihnen eine bessere Ahnung davon haben, wo wir am besten
hinschauen.

Umfassende Unzufriedenheiten

Der vielleicht offenkundigste Hinweis darauf, dass es jenseits
unseres engen Umkreises Leben gibt, ist ein allgemeines Gefühl der
Unzufriedenheit. Ein Gefühl der Unzufriedenheit kann uns sagen: „Es
gibt im Leben mehr als meine enge Höhle." Aber nicht jeder Unmut
richtet sich gegen meine Höhle als Ganzes. Viele alltägliche
Unzufriedenheiten betreffen spezifische Einzelheiten *innerhalb* der
Höhle und sie drücken einen Wunsch nach Änderungen vor Ort
innerhalb meiner üblichen Situation aus: Ich möchte ein besseres Gehalt,
ich möchte mehr Zeit zum Ausruhen und Entspannen, ich möchte, dass
meine Kollegen mich schätzen, ich wünsche mir ein besseres Aussehen.
In diesen Fällen bin ich nicht mit der Gegebenheit unzufrieden, dass ich
in einer Höhle gefangen bin — ich wünsche mir lediglich, dass meine
Höhle gemütlicher wäre, dass meine Fesseln hübscher wären, dass mein
Stuhl praktischer wäre, dass meine Mitgefangenen freundlicher wären.
Das sind „normalisierende" Unzufriedenheiten in dem Sinn, dass sie
einen Wunsch zum Ausdruck bringen, das Leben innerhalb der
normalen Höhle zu verbessern.

Aber manchmal ist eine Unzufriedenheit umfassender, von
grundsätzlicherer Art. Das Leben scheint objektiv gut voranzugehen,
und dennoch befriedigt mich etwas nicht voll. Ich kann einen
Arbeitsplatz haben, der gut und sicher ist, ich kann eine liebevolle
Familie haben, ein hübsches Haus und gute Freunde, nichtsdestotrotz
fehlt etwas.

Ein allgemeines Gefühl der Unzufriedenheit, nicht verbunden mit
einem spezifischen Problem, weist uns oft darauf hin, dass etwas in mir
nicht mit meiner Welt zufrieden ist — nicht bloß mit diesem oder jenem
Detail in meiner Welt, sondern mit meiner Welt als Ganzem. Dies ist
eine *umfassende* Unzufriedenheit. Sie bekundet einen Wunsch, meine
gegenwärtigen Lebenshorizonte umzuwandeln, die Grenzen meines
Umkreises zu überschreiten. In diesem Sinne dient sie als Aufruf:
Etwas, was außerhalb meiner jetzigen Lebenssphäre ist, winkt mir zu.

Solche Unzufriedenheiten sind bisweilen vage und gestaltlos, und
ein Mensch mag unfähig sein, sie zu erklären, außer zu sagen, dass

etwas in seinem Leben fehle. Doch mitunter sind sie der Person ein wenig klarer und ihre Einzelheiten mögen einen Hinweis auf die allgemeine Richtung der erhofften Wandlung geben. Zum Beispiel könnte ein bedrückendes Gefühl der Einsamkeit trotz vorhandener Familie oder Freunden auf eine Sehnsucht nach einem Buber-ähnlichen Zusammensein mit der Welt anspielen; ein verstörendes Gefühl von Eintönigkeit und Fadheit könnte auf ein Verlangen nach Fülle hindeuten; ein quälendes Gefühl von innerem Konflikt und Unentschlossenheit könnte ein Streben nach Ganzheit durchblicken lassen, vielleicht von Bergson'scher Art. Das sind natürlich rein unverbindliche Hinweise und wir sollten auf sie keine vorgefasste Deutung gründen. Sie sind Ansatzpunkte für eine weitergehende Erkundung.

Paulas Woche folgt einem vertrauten Muster. Jeden Morgen eilt sie nach einem schnellen Frühstück zur Arbeit und um siebzehn Uhr kehrt sie nach Hause zurück. Dort setzt sie sich aufs Sofa, um ein paar Minuten auszuruhen, dann steht sie auf und beginnt das Abendessen zuzubereiten. Ihr Mann kommt ein wenig später von der Arbeit nach Hause und hilft ihr. Ihre halbwüchsige Tochter kommt irgendwann einmal, manchmal mit ihrem Freund. Sie essen gemeinsam zu Abend und plaudern beiläufig über nichts Besonderes. Danach spült ihr Mann das Geschirr, während sie fernsieht, und wenn er fertig ist, gesellt er sich zu ihr, bis es Zeit zum Schlafengehen ist.

Tag für Tag vergehen die Stunden wie im Flug mit sehr wenigen Neuigkeiten in einer gedankenlosen, bequemen Routine.

„Mein Leben ist zu bequem", sagt Paula zu Linda, der philosophischen Praktikerin, „ohne Herausforderungen, ohne Leidenschaften oder sogar ohne wirkliche Emotionen. Ich bin natürlich aktiv und mache Dinge, und manchmal lache und brülle ich, aber tief drinnen zählt weder das eine noch das andere wirklich. Ich wünsche fast eine Katastrophe herbei, die mich treffen würde. Als ob ich ein … wäre." Sie sucht nach Worten.

„Als ob Sie auf Autopilot gestellt wären?", fragt Linda.

Paula zögert. Dann findet sie das Wort und spricht es triumphierend aus. „Träumen: Das ist das Wort, nach dem ich gesucht habe! Ich fühle, als ob ich die meiste Zeit in einem Traum wäre."

„Ein Traum? Können Sie mir diese Metapher erläutern?"

„Nun, die Dinge finden wie Bilder statt, nicht wie die Wirklichkeit. Sie sind nicht echt." Sie verfällt in Schweigen, dann fügt sie hinzu: „Ich wollte, ich würde aufwachen."

"Wie sähe es aus, wach zu sein?"
*"Ich wünschte, ich wüsste es. Vielleicht wären die Dinge weniger
offensichtlich. Unerwartete Überraschungen würden mir auf den Kopf schlagen.
Oder mich durchschütteln. Oder mich inspirieren. Ich weiß nicht, vielleicht
würde ich für etwas kämpfen, wirklich kämpfen."*
*"Können Sie mir etwas über eine kürzliche Situation erzählen, als Sie dieses
Traumgefühl empfanden?"*
*Paula nickt traurig. "Wie gerade jetzt zum Beispiel. Ich spreche zu Ihnen,
aber mich ergreift das Gefühl nicht, dass es wirklich wichtig ist."*

Paulas Unzufriedenheit kann ein paar erste Anhaltspunkte darüber
geben, wie beengt ihre Welt ist, und über die allgemeine Richtung, in
die sie transformiert werden „will". Ihre Unzufriedenheit dreht sich
anscheinend um die Dichotomien In einem Traum sein gegen Wach
sein, Komfort gegen Herausforderungen, Ein Gefühl von Realität gegen
Ein Gefühl von Als-ob, Für mich zählende Dinge gegen Für mich nicht
wirklich zählende Dinge. Diese Zwiespälte können sowohl das
Gefängnis ausdrücken, in dem sie sich gefangen fühlt, als auch die
erhoffte Wandlung.

Natürlich müssen diese Fingerzeige mit Vorsicht genossen werden.
Sie können sich als falsche Spuren erweisen. Sie könnten nicht mehr
sein als Worte, die Paula sich von einem Fernsehprogramm geliehen
hat. Aber sie sind ein guter Ausgangspunkt für eine ernsthafte
Untersuchung.

Sehnsüchte

Paulas Unzufriedenheit legt nahe, dass sie ein verborgenes
Verlangen danach hat, irgendwie ihr Leben umzugestalten. In der Tat
werden umfassende Unzufriedenheiten oft von Sehnsüchten begleitet:
Ich fühle mich unzufrieden mit meinem Leben und verzehre mich auch
nach einer anderen Art von Leben. Aber manchmal wird mehr die
Erfahrung von Sehnsucht ausgesprochen als die Erfahrung von
Unzufriedenheit. Ich kann eher eine Erfahrung von Sehnsucht nach
neuen Horizonten durchleben als die Erfahrung eines schlechten
Gefühls, dass etwas nicht in Ordnung ist. In solchen Fällen ist es für
den philosophischen Praktiker leichter, das Sehnen direkt zu
erforschen.

Es ist wichtig, zwischen einer Sehnsucht und einem bloßen
Anliegen zu unterscheiden. Eine Sehnsucht betrifft das Leben eines

Einzelnen als Ganzes, das, was als Grundlage des einzelnen Lebens wahrgenommen wird, während es sich bei einem Anliegen um spezifische Elemente im Leben von einem handelt. Eine Sehnsucht ist ein Wunsch, die Grundkoordinaten der eigenen Lebensführung zu ändern, das Leben auf eine höhere Stufe zu heben und es zu mehr zu machen, als es zurzeit ist. Sie beinhaltet daher eine Vision — so unbestimmt, vorläufig und inaktiv sie auch sein mag — von etwas, das anders das Leben sein könnte.

Im Gegensatz dazu möchte ein Anliegen nur ein spezifisches Element im Leben einer Person ändern, während sie andere Elemente unberührt lässt. Beim Anliegen einer zufriedenstellenden beruflichen Laufbahn zum Beispiel, finanzieller Sicherheit oder einer romantischen Beziehung geht es um bestimmte Komponenten im Lebensbereich des Menschen.

Praktisch gesprochen kann es schwierig sein, zwischen einem Anliegen und einer Sehnsucht zu unterscheiden. Teilweise ist dies eine Sache des Grades: Je umfassender und grundlegender ein Anliegen ist, desto mehr hat es den Charakter einer Sehnsucht. Allerdings gibt es trotz des Fehlens einer eindeutigen Grenze wichtige Unterschiede zwischen den beiden. Bei einem Anliegen geht es um etwas Spezifisches: um eine Ware zu kaufen und zu besitzen, um eine Beziehung zu verbessern, um eine Laufbahn zu wechseln. Eine Sehnsucht betrifft wegen ihres Umfangs keine bestimmte Sache im Leben, sondern die Grundlage meines Lebens als Ganzen. Wir dürfen sagen, dass ein Anliegen sich auf etwas bezieht, was ich *haben* möchte, während eine Sehnsucht darauf verweist, wie ich *sein* möchte. Dies ist der Unterschied zwischen „Was" ich in meinem Leben finden will gegen „Wie" ich mein Leben führen will. Um Platons Höhlenallegorie zu bemühen: Es ist der Unterschied zwischen dem Etwas-haben-Wollen innerhalb meiner Höhle und dem vollständigen Aus-meiner-Höhle-herausschreiten-Wollen mit Kurs auf eine neue Welt.

Deswegen ist eine Sehnsucht gewöhnlich schwer zu artikulieren. Da es bei ihr nicht um eine besondere Sache geht, kann sie nicht so einfach beschrieben werden.

Zach ist Hochschulstudent, bei seinen Freunden beliebt, sozial aktiv und ziemlich erfolgreich in seinem Studium. Er genießt es, auf dem Universitätsgelände herumzugammeln, mit seinen vielen Bekannten und Freunden zu plaudern und auf dem Campusrasen Frisbee oder Fußball zu spielen. Er liebt es auch, mit Freunden ins Kino zu gehen oder an Wochenenden auf eine Party.

Doch trotz seines angenehmen Lebensstils verspürt er hie und da einen seltsamen Durst nach etwas mehr ... er findet nicht die richtigen Worte, um es zu beschreiben. „Etwas, was wirklich zählt", sagt er sich selbst. Dieses Durstgefühl kommt in unerwarteten Augenblicken auf, manchmal, wenn er allein seine Hausaufgaben macht, bisweilen mitten in einem angeregten Gespräch mit Freunden. Es bleibt ein, zwei Stunden lang bei ihm und klingt dann ab.

Eines Tages stößt er auf eine Anzeige über eine philosophische Selbstbesinnungsgruppe, die bald auf dem Campus beginnt, und beschließt aus Neugier, ihr beizutreten. Beim ersten Treffen der Gruppe schlägt Linda, die Moderatorin, den Teilnehmern eine ungewöhnliche Art der Selbstvorstellung vor der Gruppe vor. Anstatt allgemeine persönliche Informationen zu geben — wo sie leben, was sie studieren, was ihre Hobbys sind —, werden sie eingeladen, zu beschreiben, was sie in ihrem Leben zu tun hoffen.

Als Zach an der Reihe ist zu sprechen, entsinnt er sich seiner Durstmomente und beschließt, sie mit der Gruppe zu teilen. „Anders als die, die vor mir gesprochen haben", beginnt er, „kann ich nicht sagen, dass ich mir irgendetwas Besonderes erhoffe. Offen gesagt, ich bin ganz zufrieden mit meinem Leben und quäle mich nicht mit Plänen für die Zukunft. Dennoch habe ich zuweilen diese Augenblicke, in denen ich spüre, dass das, was ich mache, keine wirkliche Bedeutung hat. Wisst ihr, was ich meine? Und dann wünsche ich, dass ich etwas Sinnvolleres tun könnte, etwas, was ... einen gewissen Wert hat, eine gewisse Bedeutung."

„Du meinst", fragt einer der Teilnehmer, „etwas wie den Armen helfen oder einen Bestseller schreiben oder eine wissenschaftliche Entdeckung machen?"

„Nicht genau. Nun, mag sein, aber es muss etwas sein, das ich wirklich tun sollte. Falls nur um meines Vergnügens oder der Befriedigung willen, dann ist es das nicht. Den Armen zu helfen oder einen Roman zu schreiben ist eine große Sache, die man tun kann, aber das ist nicht genug. Jeder sonst könnte es an meiner Stelle tun."

„Du willst etwas Verschiedenartiges tun", suggeriert ein anderer Teilnehmer. „Du willst einzigartig sein. Ist es das, Zach?"

„Nein, ich werde nicht zu zählen anfangen, wie viele Leute das tun, was ich tue. Ich werde nicht darauf verzichten, Kinder zu haben, weil alle übrigen Leute Kinder haben. Es ist mehr so: Ich möchte fühlen, dass ich das tue, wofür ich eigentlich da bin, nicht irgendein von mir erfundenes Projekt."

„Das hört sich für mich so an", bemerkt Linda *„als ob Sie wollen, dass man Ihnen die Erfüllung einer Mission anvertraut; nicht einfach eine Mission erfinden, sondern eine zu bekommen. Von Gott? Vom Universum? Vom Leben?"*
Zach schaut sie überrascht an. „Genau." Er errötet. „Eine Mission vom Leben — mir gefallen diese Worte."
„Es scheint demnach", fügt Linda hinzu, „dass Ihre Erfahrung in der Sprache einer interessanten Dichotomie spricht: Was ich ausdenke, ist nicht sinnvoll gegen Was ich vom Leben bekomme, das ist sinnvoll." Zach nickt und wartet darauf, dass sie fortfährt. „Sinnhaftigkeit ist hier der zentrale Begriff. Sie kann nicht produziert werden, sie kann nur gegeben werden. In einer solchen Welt ist Ihre Rolle nicht, eine Mission zu erfinden, sondern ihr treu zu sein."
Lindas Worte berühren Zach tief. Sie schweben weiter in seinem Verstand, sogar während die Einführungsrunde weitergeht. Nach Beendigung des Treffens fragt Zach Linda, wie er seine neue Einsicht weiter vertiefen könnte.

Wertvolle Erfahrungen

Unzufriedenheiten und Sehnsüchte weisen auf eine mögliche Transformation hin, die noch nicht verwirklicht ist. Aber die meisten von uns erleben auch besondere Augenblicke, die uns einen Vorgeschmack darauf geben, wie diese Wandlung beschaffen sein könnte. So kann uns in seltenen Momenten etwa eine herrliche Üppigkeit umhüllen oder wir können eine intensive innere Stille spüren, eine zarte Liebe, die aus uns in die ganze Welt fließt, eine wundersame Fülle, eine Eingebung oder eine Klarheit des Geistes. Diese wertvollen Erfahrungen teilen uns mit, dass das Leben anders sein kann und dass seine Potenziale viel größer sind, als wir normalerweise wissen. Sie entfachen unsere Sehnsucht nach einer erfüllteren Seinsweise und ermutigen uns, nach einem Weg hinaus aus unserem üblichen Umkreis zu suchen. Aber sie können uns auch sagen, was für eine Art von Wandlung für uns möglich ist.

Natalie betrachtet sich selbst als begünstigt. Sie hat einen festen Arbeitsplatz als Büroleiterin, einen liebevollen Ehemann und zwei wunderbare Kinder, und sie hat keinen Grund, sich zu beklagen. Sie sind nicht reich, aber ihr Einkommen reicht aus, um schicke Kleidung und Spielzeug für die Kinder zu kaufen und einmal im Jahr zusammen eine mehrtägige Reise zu unternehmen. Das Leben geht auf seinem erwarteten Pfad weiter und im Wissen, wohin er sie führen wird, fühlt Natalie sich geborgen.

Eines Nachmittags, während der Arbeit, bemächtigt sich ihrer eine besondere Geistesverfassung. Zunächst bemerkt sie sie kaum und arbeitet weiter wie gehabt. Doch dann stellt sie fest, dass allmählich eine ungewohnte Klarheit des Verstandes in ihr heranwächst. Ihr Bewusstsein wird klar und stark, ihre Gedanken verstummen und ihr körperliches Handeln wird präzise, konzentriert und mühelos, als ob es aus ihr selbst flösse. Sie fühlt sich offen zur Welt, zu ihren Kollegen, zu den Kunden, sogar zu den Wänden um sie herum. Alles ist jetzt ungemein präsent und lebendig, jedes kleine Objekt, Gesicht und Falte, jede unscheinbare Bewegung und Empfindung. Sie spürt, dass sie die Welt durch neue Augen und mit einem reichhaltigeren Verständnis als jemals sieht, obwohl sie dieses Verständnis nicht in Worte fassen kann.

„Das ist so prächtig", wundert sie sich. „Ich habe nie gewusst, dass es möglich ist, so viel zu sehen."

Das Erlebnis ist sanft und schwach und sie hält es vorsichtig in sich zurück, um es nicht zu stören. Sie fühlt, dass es sich verflüchtigen wird, wenn sie es ignoriert. Fast eine Stunde lang arbeitet sie weiter, versunken in dieser kostbaren Klarheit. Sie gibt sich diesem neuen Geisteszustand hin, verrichtet ihre Arbeit stetig und reibungslos ohne ihr übliches gebieterisches Verhalten gegenüber ihren Mitarbeitern, ohne die ihr vertraute Eigenkontrolle und Selbstbeherrschung. Sie blickt auf die Menschen um sie herum mit einer Zärtlichkeit, die sie nie gekannt hat, mit einem Gefühl von Verständnis und Mitgefühl.

Als sie ihr Büro verlassen hat und nach Hause fährt, merkt sie, dass ihr wunderliches Erlebnis dabei ist, sich zu verflüchtigen. Ihr Verstand beginnt sich zu fragen: Was kann sie zum Abendessen machen? Wann werden ihre Kinder zu Hause sein? Sie ist versucht, die Erfahrung, die sie gerade als gute Laune und nichts weiter erlebt hat, zu missachten, aber nach weiterem Nachdenken kommt sie darauf, dass sie mehr war als ein Gefühl. Nein, sie hat sie erhöht, ihr neue Perspektiven eröffnet, aus ihr für mehrere Stunden einen durch und durch anderen Menschen gemacht.

„Wenn ich diesen Geisteszustand öfter hätte", grübelt sie, „könnte ich eine weise Frau sein. Ich könnte Menschen mit Ratschlägen helfen. Vielleicht könnte ich sogar ein Guru sein."

Sie weiß jetzt, dass sie mehr ist als ihr vertrautes Selbst. Sie ist nicht einfach die gewohnte Natalie. „Ich kann viel mehr sein als ich selbst", flüstert sie. Und dieses „Viel mehr" ist kostbar, verborgen, vielleicht inaktiv, doch darauf wartend, verwirklicht zu werden. Eine potenzielle Natalie, eine höhere Natalie: klarsichtig, einfühlsam, offen zu allem, mit einer sanften Gelassenheit und liebenswerten Weisheit.

Sie muss nach Wegen suchen, diesen höheren Teil von sich zu pflegen, sagt sie sich. Sie weiß, dass sie ihn nicht zwingen kann, erneut zu erscheinen, aber sie würde ihm gern einen Raum öffnen, ihn irgendwie einladen. Wenn sie nur wüsste, wie.

Erst als sie nach Hause kommt und die Erfahrung vollkommen weg ist, trifft sie die volle Auswirkung. Sie begreift jetzt, wie begrenzt ihre übliche Seinsweise ist, wie verarmt und kahl.

„Es ist, als hätte ich mein ganzes Leben mit verbundenen Augen gelebt", reflektiert sie, „und erst jetzt merke ich es."

Viele Wochen vergehen und die Erinnerung an ihr kostbares Erlebnis verblasst allmählich. Was in ihrem Verstand bleibt, ist nur ein vages Gefühl, dass ihr Leben mehr sein kann, als es derzeit ist.

Natalies wertvolle Erfahrung ist eine kurzzeitige Selbsttransformation, und sie ist zu kurz und isoliert, um vertrauenswürdig analysieren zu können, was genau sie über ihr Leben aussagt. Dennoch scheinen verschiedene Vorstellungen dafür wesentlich zu sein: Der Gedanke des Sehens gegen Die Augen verbunden haben, Reichhaltigkeit gegen Dürftigkeit, Mitfühlende Zärtlichkeit gegen Kontrolle, und dazu Weisheit. Interessanterweise scheint diese Weisheit in Natalies Erlebnis nicht um ihrer selbst willen da zu sein, sondern als etwas, das sie nutzen könnte, um Anderen zu helfen.

Diese Vorstellungen sollten als sehr vorläufig und vorsichtig hingenommen werden — es wäre gefährlich, zu viel Gewicht auf eine einzige Erfahrung zu legen. Jedoch können wir diese Erfahrung als Indiz dafür betrachten, dass etwas in Natalie über ihre derzeitigen Grenzen hinaus wachsen möchte. Sie ist eine kurze „Botschaft" aus ihrer Dimension der inneren Tiefe, ein Hinweis darauf, der in eine bestimmte Richtung zeigt, die es zu erkunden und zu entwickeln gilt. Sie bietet einen ersten flüchtigen Eindruck von einem Netzwerk von Vorstellungen, die sie für eine neue Dimension des Lebens öffnen könnte.

Früheste Erinnerungen als Schlüssel zum Umkreis und dem Jenseitigen

Zusätzlich zu den umfassenden Unzufriedenheiten, Sehnsüchten und wertvollen Erfahrungen lohnt es sich, hier eine vierte Art von kurzen Blicken in die Dimension der inneren Tiefe zu erwähnen:

früheste Erinnerungen. Die meisten von uns haben zwei oder drei frühe Kindheitserinnerungen aus dem Alter von drei bis vier Jahren. Diese Erinnerungen können als wichtige Schlüssel sowohl zu unserem Umkreis als auch zur inneren Dimension dienen, die weiter außerhalb liegt.

In einer Hinsicht ist eine früheste Kindheitserinnerung genau wie jede Erinnerung von letzter Woche oder letztem Jahr — sie gibt uns ein paar Informationen über die perimetrischen Verständnisse der Person. Doch sehr frühe Erinnerungen haben einen besonderen Stellenwert, denn sonst würde man sich nach so vielen Jahren nicht an sie erinnern. Immerhin erlebten wir in früher Kindheit jeden Tag Dutzende von mächtigen Erlebnissen, viele von ihnen aufregend, erschreckend, schmerzlich, lustig oder neuartig. Als Kleinkinder fielen wir viele Male hin und verletzten uns am Knie oder wir wurden von Mami oder Papi geschimpft oder gelobt, wir entdeckten eine neue Art von Tier oder Spielzeug, wir scheiterten oder hatten Erfolg, vermissten unsere Eltern oder waren in ihren Armen. Und trotzdem sind von diesen unzähligen Erlebnissen nur eine Handvoll noch in unserem Gedächtnis eingraviert. Es spielt keine Rolle, ob diese Erinnerungen den Tatsachen entsprechen oder die verdrehte Interpretation des Kindes wiedergeben oder vielleicht sogar reine Fantasie sind. Das Wichtigste ist, dass sie den größten Teil unseres Lebens in unserem Gedächtnis haften. Dies zeigt, dass es etwas besonders Bedeutungsvolles bei ihnen gibt. Sie wurden aus einem Grund in unserem Verstand behalten: weil sie mit etwas Wichtigem in uns eine Resonanz hergestellt haben.

Tatsächlich habe ich bei meiner Arbeit als philosophischer Praktiker früheste Erinnerungen gesammelt — solche von Ratsuchenden, Freunden, Studenten und sogar Fremden — und ich kann mit fester Überzeugung sagen, dass sie in fünf von sechs Fällen wichtige Informationen über den Umkreis des Menschen enthalten ebenso wie die Sehnsucht, darüber hinaus zu gehen. Obwohl sie oberflächlich betrachtet harmlos und sogar uninteressant erscheinen können, offenbart ein näherer Blick fast ausnahmslos ein perimetrisches Verständnis sowie eine Sehnsucht, die eine wichtige Rolle im Leben der Person spielen. Dies wird durch unabhängige Untersuchungen meistens bestätigt.

Die Wichtigkeit frühester Erinnerungen ist vom Psychologen Alfred Adler[33] bekräftigt worden, einem Schüler von Freud, der mit ihm brach und eine eigene Psychologieschule begründete. Allerdings ist seine Analyse frühester Erinnerungen durch seine psychologischen Ideen gefärbt, die hier für uns ohne Belang sind.

Für unseren Zweck hat eine früheste Erinnerung, wie gesagt, eine zweifache Bedeutung: Sie bietet Anhaltspunkte sowohl für den Umkreis der Person als auch für die innere Dimension, die jenseits des Umkreises liegt. Was die Schlüssel zum Umkreis betrifft, gehört die Untersuchung der frühesten Erinnerungen zu vorherigen Teilen, in denen wir die Analyse des Umkreises diskutierten. Aber bezüglich der Schlüssel zur inneren Dimension gehört diese Analyse hierher zum vorliegenden Teil. Da es schwierig ist, dem einen ohne den anderen auf den Grund zu gehen, verschob ich die Diskussion über die frühesten Erinnerungen auf den jetzigen Zeitpunkt.

Fünf Leitprinzipien bei der Analyse einer frühesten Erinnerung

Das Analysieren einer frühesten Erinnerung ist eine Kunst so wie das Untersuchen des Umkreises eines Menschen ganz allgemein. Gestatten Sie mir, hier einige Leitlinien zu empfehlen, die uns bei dieser Kunst helfen können. Erstens können wir eine früheste Erinnerung als eine Erfahrung betrachten, die wegen ihrer Bedeutsamkeit aus vielen anderen zu erinnernden *ausgewählt* wurde. Der Verstand des Kindes „wählte" sie gewissermaßen, weil sie einem wichtigen Verständnis oder einer wichtigen Sehnsucht nahekam.

Norma, eine Frau mittleren Alters, ist in ihrem Freundeskreis für ihre übertriebenen Sorgen und Ängste bekannt. Sie folgt eifersüchtig ihrer üblichen Routine und ist stets aufgeregt, wenn es um das Probieren neuer Dinge geht. Aus Angst vor Unfällen vermeidet sie es, auf Reisen zu gehen; sie traut sich nicht, neue elektronische Geräte zu kaufen, weil sie eine gefährliche Strahlung aussenden könnten; und sie hat es nicht gern, unbekannte Restaurants aufzusuchen, weil ihr die Speisen missfallen oder sie krank machen könnten. Einige ihrer Freunde argwöhnen, dass dies von ihr erfundene Ausreden sind, um

33. Alfred Adler, *The Science of Living*, Teil 5, „Old remembrances", S. 117 - 134, Garden City Publishing Company, New York 1929; John Linton und Richard Vaughan, *Alfred Adler*, Teil 12, „Earliest Recollections of Childhood", S. 202 – 218, Faber and Faber, London 1945; Heinz Ansbacher und Rowena Ansbacher, *The Individual Psychology of Alfred Adler*, S. 351 - 357, Harper and Row, New York 1956.

vor sich selbst zu rechtfertigen, warum sie lieber ihre alten, vertrauten Gewohnheiten beibehält.

Norma ist eine entfernte Verwandte von Linda, der philosophischen Praktikerin. Eines Tages fragt Linda Norma bei einem Familientreffen nach ihrer frühesten Erinnerung, die sie abrufen kann.

„Ich kann nur an eine Erinnerung aus meiner frühen Kindheit zurückdenken", erwidert Norma. „Ich muss drei Jahre alt gewesen sein, weil wir Tante und Onkel besuchten, bevor sie ins Ausland zogen. Ich erinnere mich, wie ich aus dem Fenster in den Hinterhof schaute. Da waren ringsum schöne Blumen. Ich wollte hinausgehen und sie riechen, deshalb machte ich die Tür auf und schritt nach draußen. In diesem Moment sah ich ihren Hund — einen Labrador, glaube ich, sehr groß, jedenfalls für ein kleines Kind. Er stand da und schaute zu mir, dann begann er zu bellen. Es war wahrscheinlich ein freundliches Bellen, aber ich war erschrocken. So ging ich schnell wieder hinein, schloss die Tür und blieb drinnen."

„Sehr interessant", sagt Linda nachdenklich.

„Wirklich? Ich dachte, dass es bei dieser kleinen Anekdote nichts Besonderes gibt. Jedes Kind hat ab und zu Muffensausen."

„Richtig", antwortet Linda, „aber die meisten Leute erinnern sich nicht an solche frühen Episoden. Was ich interessant finde, ist nicht das Vorkommnis selbst, sondern die Tatsache, dass du dich noch daran erinnerst. Ich bin sicher, dass in diesem Alter Klein Norma viele andere Erlebnisse hatte, und trotzdem hast du die meisten vergessen. Es ist nur dieses beängstigende Erlebnis, das du aus dieser Periode deines Lebens mitgenommen hast."

„Worauf willst du hinaus?", fragt Norma. „Dass meine Erinnerung der Grund ist, warum ich mich so sehr sorge?"

„Nun, ich weiß nicht, was das Küken und was das Ei ist. Ich behaupte, dass dein Verstand beschloss, diese Erinnerung zu bewahren, weil es dabei etwas besonders Bedeutsames gab. Diese Erinnerung betraf nicht unbedingt einen bestimmten Hund — sie brachte eine wichtige Idee zum Ausdruck, vermutlich die Idee, dass die Welt da draußen ein gefährlicher Ort ist und dass es besser ist, drinnen zu bleiben in deiner vertrauten Welt."

„Ja, ich kann das begreifen. Besser drinnen bleiben und all die schönen Sachen draußen verpassen. Diese Blumen — ich erinnere mich bis auf den heutigen Tag — waren so schön, fast märchenhaft."

„Für mich klingt das so, Norma, dass dies etwas anderes ist, was dir deine Erinnerung sagt: dass du dich danach sehnst, hinauszugehen — nicht um des Abenteuers willen, nicht um frei zu sein, nicht um dich zu beweisen, sondern um

Schönheit zu finden. Ich wäre nicht überrascht, wenn du dich heimlich nach einer Art Wunderland sehnst. "
Norma schaut sie überrascht an. „Bestimmt tue ich das, Linda. "

Das zweite in Normas Geschichte veranschaulichte Leitprinzip ist, dass einige Einzelheiten in einer frühen Erinnerung wichtiger sind als andere. Der Umstand zum Beispiel, dass der Hund erschreckend aussah und bellte, scheint wesentlich für die Bedeutung dieser Erinnerung. Aber die Gegebenheit, dass der Hund ein Labrador und kein Deutscher Schäferhund war oder dass er auf dem Rasen und nicht auf Sand oder Kies stand, ist wohl nicht sehr wichtig. Diese Episode wurde wahrscheinlich wegen des furchterregenden Hundes zum Sicherinnern „ausgewählt", nicht wegen des Rasens. Trotzdem sollten wir hier vorsichtig sein. Wir können nicht vorab sicher sein, dass der Rasen nicht aus irgendeinem Grund wichtig ist und die Szene deshalb für die Erinnerung ausgesucht wurde.

Allgemein gesprochen dürfen wir annehmen, dass die meisten Einzelheiten in einer frühen Erinnerung einen gewissen Grad an Stellenwert aufweisen, sonst würde man sich nicht jahrelang an sie erinnern. Wäre der Rasen etwa vollkommen unwichtig, würde Norma sich wohl nicht daran erinnern, dass der Hund darauf stand. Der schöne Rasen hätte für die kleine Norma ein Teil der Schönheit des Gartens sein können und ein Teil des Anreizes, hinauszugehen und zu spielen, etwas, das zu tun sie vom Hund abgehalten wurde. Wir könnten daher sagen, dass die meisten erinnerten Details typischerweise irgendwie mit einem zentralen perimetrischen Verständnis verbunden sind, das der Erinnerung zugrunde liegt.

Um dieses zentrale Verständnis ausfindig zu machen, ist es hilfreich, nach Einzelheiten auszuschauen, die das Gewöhnliche sprengen (falls es solche gibt). Stünde der gruselige Hund zum Beispiel mit dem Rücken zur kleinen Norma, dann wäre dies höchstwahrscheinlich ein bedeutsamer Umstand. In diesem Fall würden wir uns fragen: Warum wurde mehr *diese* Szene erinnert als eine andere Szene, eine Begegnung von Angesicht zu Angesicht mit Gefahr?

Eine dritte nicht außer Acht zu lassende Leitlinie ist, dass die mit der Erinnerung verknüpften Emotionen ein hilfreiches Stück Information sind. Wenn sich Norma daran erinnert, vom Hund aufgeschreckt worden zu sein, dann unterscheidet sich das durch diese Erinnerung ausgedrückte perimetrische Verständnis augenscheinlich sehr von einem ähnlichen Kindheitserlebnis, an das sie sich als, sagen wir, lustvoll erinnert. Unglücklicherweise werden Gefühle oft vergessen.

Viertens ist es sehr hilfreich, sich mehrere frühe Erinnerungen anzuschauen, wenn es solche gibt, und sie miteinander zu vergleichen. Nach meiner Erfahrung haben die Menschen gewöhnlich zwei oder drei früheste Erinnerungen aus ungefähr der gleichen frühen Periode. Diese Erinnerungen drücken häufig ein ähnliches Verständnis (oder Sehnsucht) in verschiedenen Formen aus, sodass ihr Vergleich uns helfen kann zu identifizieren, was genau sie ausdrücken. Wenn Norma beispielsweise noch über eine zweite frühe Erinnerung verfügt, in der sie Angst davor hat, wegen eines unheimlichen Schattens an der Wand nachts aus ihrem Bett zu steigen, würde dies die Bedeutung der Erinnerung an den Hund bekräftigen, da sie beide allem Anschein nach dasselbe Thema ausdrücken: die Furcht vor einer von außen kommenden Bedrohung.

Jedoch besagen zwei Erinnerungen aus derselben Periode nicht notwendigerweise dasselbe. Sie können einander auch *ergänzen.* Beachten Sie zum Beispiel die Erinnerung „Ich bin allein und sehe mich einem furchterregenden Hund gegenüber" und die Erinnerung „Ich sitze auf dem Schoß meiner Mutter und schaue hinunter auf ein süßes Kätzchen, das auf dem Boden spielt". Warum wurden diese beiden Erinnerungen für das Gedächtnis ausgewählt? Was ist an ihnen dran, das eindrücklich genug ist, um es denkwürdig zu machen? Eine voraussichtliche Antwort wäre, dass sie sich gegenseitig ergänzen, soll heißen: Allein bin ich in Gefahr, doch wenn ich bei meinen Lieben bin, bin ich sicher. Es kann sich herausstellen, dass die erste Erinnerung ein perimetrisches Verständnis ausdrückt, dass die Welt fremd und bedrohlich ist, während die zweite eine Sehnsucht nach Wärme und Sicherheit bekundet. Wenn dem so ist, dann müssten wir nach Normas innerer Dimension in der Richtung von liebevoller Zärtlichkeit suchen.

Zu guter Letzt enthalten die frühesten Erinnerungen begrenzte Informationen, und es ist unmöglich, sie ohne die Zuhilfenahme weiterer Informationen über die Person sinnvoll zu analysieren. Eine Erinnerung an sich ist zu lückenhaft und mehrdeutig, nur im Zusammenspiel mit einer hinreichenden Bekanntschaft mit dem Menschen können wir ihre Bedeutung ergründen. Wenn wir demnach zum Beispiel wissen, dass die Person dazu neigt, unbekannte Situationen zu meiden, dann würde diese Information nahelegen, dass eine früheste Erinnerung an eine Konfrontation mit einem Hund besagt: „Es ist am besten, zu Hause zu bleiben, an meinem vertrauten, sicheren Ort." Doch wenn wir andererseits wissen, dass die Person abenteuerlustig ist, könnte dieselbe Erinnerung an den Hund auf den Wert von Erregung im Angesicht einer Gefahr hindeuten. Daraus folgt, dass eine frühe Erinnerung immer eine Ergänzung zu anderen Informationsquellen ist.

Joshs früheste Erinnerung ist schwach und stammt wohl aus der Zeit, bevor er drei Jahre alt war. Er erinnert sich, dass er im Bett war, als sein Papa den Raum betrat. Klein Josh spürte den Drang, aus dem Bett zu springen und sich in seinen Armen zu kuscheln, aber sofort stoppte er sich. Stattdessen tat er so, als schliefe er. Er hielt eine Weile still, die Augen geschlossen. Das ist alles, was Josh von dieser Kindheitsszene abrufen kann. Er erinnert sich nicht mehr, was er genau fühlte, doch er entsinnt sich vage, dass es ein angenehmes Erlebnis war.

Beim Blick auf diese Erinnerung können wir uns fragen: Warum wurde bei all den Kindheitserlebnissen von Josh gerade dieses bestimmte erinnert? Welch einzigartiges Thema bringt es zum Ausdruck und macht es unvergesslich? Beachten Sie zuerst Joshs Rolle in dieser Szene. Offensichtlich ist der kleine Josh kein passiver Beobachter; er guckt nicht einfach auf etwas, was passiert. Er ist auch kein Empfänger: Weder wird ihm etwas gegeben noch wird er in die Arme des Vaters getragen noch wird ihm geholfen. Er ist der Hauptdarsteller in der Szene, doch interessanterweise ist seine Handlung nicht unzweideutig. Er sagt nichts laut oder spielt mit einem Spielzeug oder baut eine Burg oder rennt. Vielmehr tut er so, als würde er sich verstecken.

Oft hilft es sich anzusehen, was in der Erinnerung fehlt. In diesem Fall vermisst man die gegenseitige Interaktion mit dem Papa. Obwohl der kleine Josh nicht allein ist — die Anwesenheit seines Vaters ist ein wichtiges Element in der Geschichte —, gibt es trotzdem kein Zusammenspiel zwischen den beiden. Josh wirkt auf seinen Vater ein oder manipuliert ihn sogar.

Es fehlt in der Szene auch der Grund, warum Josh seinen Schlaf simuliert. Tat er es aus Spaß? Oder um eine Bestrafung zu vermeiden? Oder weil er nichts davon essen wollte, was ihm sein Vater gebracht hatte? Die Erinnerung beantwortet diese Fragen nicht. Es scheint, dass diese Fragen unwichtig sind und dass der Grund für das vorgetäuschte Spiel nicht bedeutend genug war und es nicht verdiente, sich daran zu erinnern. Was Josh beeindruckte, war die Tatsache, dass er heucheln konnte, unbeachtlich dessen, warum er das tat.

Diese Überlegungen legen nahe, dass diese Szene erinnert wurde, weil sie die Idee von Vortäuschung und Manipulation ausdrückte. Es scheint deshalb, dass dies das Verständnis ist, das Josh so viele Jahre mit sich herumträgt: Meine Beziehung zu Anderen (sogar zu meinen Liebsten) ist manipulativ.

Das ist anscheinend eine sehr reizvolle Deutung, aber so verlockend sie anmutet, so müssen wir vorsichtig sein. Die Erinnerung kann andere Bedeutungen haben, die dem Blick verborgen sind, weil vielleicht relevante Hintergrundinformationen fehlen. Wenn der Vater zum Beispiel ein schroffer Mann war, der von seinen Kindern gefürchtet wurde, dann könnte Joshs vorgeblicher Schlaf eine andere Bedeutung haben, vielleicht eine von Entkommen und Überleben. Zusätzliche Informationen würden helfen, unsere Interpretation zu untermauern.

Wie sich herausstellt, hat Josh eine zweite Erinnerung aus mehr oder weniger dem gleichen Alter. Diese Erinnerung ist reichhaltiger an Details: Sein Onkel kam sie besuchen. Klein Josh versteckte sich schüchtern hinter den Beinen seines Vaters, doch als der Onkel ihn anlächelte und seinen Kopf tätschelte, gewann Josh das Vertrauen zurück und trat nach vorn. Dann streckte ihm der Onkel seine geschlossene Faust hin und sagte Josh, dass er darin eine Süßigkeit halte. Der kleine Josh mühte sich aufgeregt, die Faust seines Onkels zu öffnen, aber als sich die Hand schließlich auftat, erwies sie sich als leer. Offenbar hatte sein Onkel keine Süßigkeit als Geschenk; er spielte ihm nur einen Streich. Der Besucher lachte laut über seinen Scherz. Josh brach in Tränen aus.

Wenn wir diese zweite Erinnerung untersuchen, sehen wir, dass sie unsere Deutung der ersten Erinnerung stützt und sie zudem ergänzt. Auch hier ist Joshs Beziehung zu Anderen manipulativ, nur ist es diesmal er, der manipuliert wird, nicht derjenige, der manipuliert. Zweifellos steht das Thema des Vortäuschens und Manipulierens in beiden Erinnerungen im Mittelpunkt. Und wenn wir abrufen, dass Joshs Erinnerung diese zwei Kindheitserlebnisse aus Tausenden von anderen Erfahrungen „auswählte", gewahren wir, dass dieses Thema in seinem Leben bedeutungsvoll sein muss. Zusammen drücken diese zwei Erinnerungen das Verständnis aus: „Direkte Beziehungen sind unmöglich. Entweder manipulierst du oder du wirst manipuliert."

Wir sollten nicht überrascht sein, wenn wir entdecken, dass Josh als Erwachsener Muster des Vortäuschens, des Verbergens seiner Gedanken, des Ausbeutens Anderer und des Misstrauischseins von sich gibt. Unnötig zu erwähnen, dass wir freilich auch daran denken müssen, dass Josh mehr ist als dieses Muster und dass Manipulation nur eine von mehreren roten Fäden in einem komplizierteren Umkreis sein kann.

Dementsprechend dürfen wir auch mutmaßen, dass mit diesen zwei Erinnerungen eine Sehnsucht in Zusammenhang steht: das Verlangen nach ehrlicher und spontaner, nicht durch Manipulation verzerrter Zuneigung.

Darum stellt die erste Erinnerung den kleinen Josh als sein Begehr unterdrückend dar, in die Arme seines Vaters zu springen, und die zweite Erinnerung verzeichnet einen Augenblick des Vertrauens. Wenn diese Hinweise richtig sind, dann kann sich herausstellen, dass Joshs Reise zur Selbsttransformation Gewinn aus einem Rousseau'schen Ideennetzwerk zöge, das sich um Spontanität und Aufrichtigkeit dreht.

Früheste Erinnerungen in der Philosophischen Praxis

Bei der philosophischen Beratung ist es eine gute Idee, die Ratsuchenden nach ihren frühesten Erinnerungen zu fragen, mit ihrer Analyse jedoch erst nach mindestens einer Sitzung zu beginnen, wenn mehr persönliche Daten offenbart worden sind. Die Erinnerung eines Menschen verfrüht ohne Hintergrundinformationen zu untersuchen hat eine vermutlich verzerrende Wirkung. Die Analyse früher Erinnerungen kann nicht auf sich selbst aufbauen.

Wenn wir Ratsuchende nach ihren ersten Erlebnissen fragen, ist es wichtig, ein spezifisches Ereignis zu erbitten, das ihrer Erinnerung nach eingetreten ist, eines, das sie sich bildlich vorstellen können. So ist „Ich erinnere mich, dass ich meistens allein spielte" kein spezifisches Vorkommnis, mehr ein übliches Stück Wissen über eine allgemeine Gewohnheit. Es ist eine gute Idee, dem Ratsuchenden zu erläutern, dass die frühesten Erinnerungen wichtige Themen enthalten, und sie gemeinsam zu analysieren. Zusätzlich zu den frühesten Erinnerungen können auch spätere Erinnerungen aussagekräftig sein, wenngleich viel weniger stark. Die meisten von uns verfügen über Dutzende von Erinnerungen aus dem Alter von sieben oder zehn, allerdings ist ihre Aussagekraft begrenzt.

Die philosophischen Praktiker können früheste Erinnerungen dazu nutzen, um drei wesentliche Dinge auszukundschaften. Erstens kann die Erinnerung als Anhaltspunkt zu den Mustern der Person dienen. Beispielsweise kann eine früheste Erinnerung an eine Streiterei ihr geläufiges Muster eines feindseligen Verhaltens erklären. Zweitens kann eine früheste Erinnerung als Schlüssel zu den perimetrischen Verständnissen des Menschen verwendet werden. So kann die früheste Erinnerung einer Ratsuchenden an einen Freund, der sie betrog, ihr derzeitiges Verständnis zum Ausdruck bringen, dass man den Leuten nicht trauen darf. Diese zwei Arten von Hinweisen — die Schlüssel zu einem bestehenden Muster und zu einem bestehenden Verständnis — sind ziemlich geläufig und treten üblicherweise zusammen in der gleichen Erinnerung auf. Aber ebenso findet man gelegentlich eine dritte Art von Anhaltspunkt. Es geschieht bisweilen, dass eine früheste Erinnerung die Sehnsucht der Person bekundet, aus ihrem besonderen Umkreis herauszutreten — über ihre Muster und Verständnisse hinaus. Normas obiger Fall ist ein Beispiel.

Teil 9

Das Erlernen der Sprache
der inneren Dimension

Unzufriedenheiten, Sehnsüchte, wertvolle Erfahrungen und früheste Erinnerungen — dies sind die wichtigsten Hinweise, die uns mitteilen, dass unser potenzielles Leben nicht auf den sichtbaren Umkreis beschränkt sein könnte. Es steckt mehr in uns als unser weltliches Sein, und zwar was ich die verborgene Tiefe oder die innere Dimension genannt habe.

Aber wie treten wir heraus aus unserem perimetrischen Gefängnis und kommen in Kontakt mit dieser inneren Dimension? Was müssen wir tun, um sie zu erwecken und zu pflegen?

Als ersten Schritt sollten wir lernen, sie ausfindig zu machen, sodass wir wissen, wohin wir blicken und wonach wir Ausschau halten sollen. Mit keiner allgemeinen Formel kann hier gerechnet werden. Gerade weil sich der Umkreis von Individuum zu Individuum unterscheidet, sollte dasselbe auf den Vorgang des Heraustretens aus dem Umkreis hin zu einer inneren Dimension zutreffen. Die innere Dimension kann in verschiedenen Personen auf verschiedene Art sprechen. Um daher etwas über meine innere Dimension zu erfahren, müsste ich ihre spezifische „Sprache" lernen, mit der sie in *meinem* Leben spricht.

Die Sprache der inneren Dimension bei der Beratung

Matt sucht Linda auf, die philosophische Praktikerin. Nachdem er sich vorgestellt hat, gesteht er ein, dass er sich nicht sicher ist, warum er gekommen ist.

„Ich vermute, ich bin hier, weil ich durcheinander bin", sagt er ihr, nachdem sie sich gesetzt haben.

Er hat einen gut bezahlten Job als technischer Redakteur bei einer Hochtechnologiefirma, aber er fühlt nicht, dass es dies ist, was er wirklich machen möchte. Er ist gut darin, Handbücher für die Elektronikspiele seines Unternehmens zu schreiben, doch spürt er oft, dass er in dieser Arbeit seine Zeit vergeudet. Das Problem ist, dass ihm nichts einfällt, was er stattdessen tun soll.

Linda hört zu und stellt ein paar Fragen, die Klarheit schaffen. Zu seiner Überraschung will sie auch etwas über Dinge hören, die anscheinend nichts damit zu tun haben wie Erlebnisse, die er vor Kurzem mit seinen Freunden, seiner Familie oder bei der Arbeit hatte.

Gegen Ende des Treffens bemerkt sie: „Es ist interessant, dass sich ein roter Faden durch Ihre Geschichten zieht: Sie sind aktiv und machen viele Sachen, aber Sie machen sie halbherzig. Sie sind mit Ihren Freunden zum Camping gefahren, obwohl Ihnen nicht unbedingt danach war. Sie haben eine teure neue Kamera gekauft, aber mit sehr wenig Begeisterung. Sie haben ein Stellenangebot als technischer Redakteur angenommen, auch wenn Sie nicht auf diese Art von Arbeit versessen waren. Sie haben sogar mich besucht — wie Sie mir erzählt haben —, ohne genau zu wissen, warum."

Matt überlegt und zuckt dann defensiv mit der Achsel. „Ich glaube, ich bin nicht fähig herauszufinden, was ich wirklich will. Ich wollte, ich könnte."

Bei ihrem zweiten Treffen untersuchen Matt und Linda weitere Aspekte seines Lebens und erkennen, dass dies tatsächlich ein hervorstechendes Muster in seinem Verhalten ist. Am Ende der Sitzung ist Matt von dieser Enthüllung ziemlich aufgewühlt.

„Das ist schrecklich, aber wahr", sagt er traurig. „Das ist eindeutig ein Muster bei mir. Sehr oft spüre ich, dass ich einfach nur errate, was ich tun will."

Beim folgenden Treffen geht Linda weiter. Bis dahin haben sie Matts Verhaltens- und Gefühlsmuster erkundet. Jetzt macht Linda einen ersten Schritt in Richtung der philosophischen Stufe, der Stufe von Begriffen und Verständnissen.

„Befassen wir uns mal mit dieser Haltung des ‚Ich weiß nicht, was ich wirklich will', wie Sie sie beschreiben. Was für eine Art von Aussage macht sie über Ihr Leben?"

„Also, ich vermute, sie besagt: Die meiste Zeit bin ich nicht in Kontakt mit meinem ‚wirklichen' Ich."

Linda nickt. „Anders formuliert: Sie sagt, dass es in Ihnen ein ‚wirkliches' Selbst gebe, dass Ihre gewohnten Gefühle und Bedürfnisse nicht so wirklich seien wie das, was dieses wirkliche Selbst fühlt und will."

„Ja, das ist wie ein Schatz, der sich in meinem Inneren versteckt."

„Ein Schatz, genau. Es ist sehr wichtig, im Kontakt zu diesem Schatz zu sein — so wichtig, dass ohne ihn nichts einen wirklichen Wert hat. Und so verbringen Sie die Zeit und warten auf diese wirkliche Sache, damit es sich selbst offenbart. Das Leben steht bis dahin auf Halt. "

Matt lächelt versonnen. „Das ist ein ganz eigenartiges Bild von mir. Es ist präzise, aber eigenartig. Doch stimmt damit etwas nicht? Ist etwas falsch dabei, nur das Allerbeste zu wollen und sich nicht mit weniger zufriedenzugeben? "

„Nicht notwendigerweise. Mein Argument ist, dass dies Ihre persönliche Art ist, das Leben zu begreifen, aber vielleicht nicht, wie es Andere verstehen. Nicht jeder sorgt sich um sein wirkliches Selbst. "

„Ich habe das gemerkt, Linda. Wenn ich meinen Freunden sage, dass ich nicht weiß, ob ich etwas wirklich will, habe ich das Gefühl, dass sie nicht verstehen, worüber ich spreche. Was meinst du mit: du willst es ,wirklich'? — so reagieren sie. Entweder willst du es oder du willst es nicht. "

„Wohingegen für Sie, Matt, es hier zwei verschiedene Dinge gibt: was du zu wollen glaubst und was du wirklich willst. "

In der Tat geht sie weiter davon aus, dass die Vorstellung von Echtheit wesentlich für die meisten Geschichten von Matt ist: was ich wirklich will, was ich wirklich fühle, wer ich wirklich bin.

Sie legt zwischen sie ein Blatt Papier auf den Tisch und schreibt oben die Worte darauf „Das wahre Ich ".

Dies, pflichtet Matt bei, scheint das Zentrum seiner Einstellung zu sich und zum Leben zu sein. „Ich hoffe, Sie helfen mir, es ein wenig besser zu verstehen. "

Es ist das Ende der Sitzung und Linda bittet ihn, darüber zu Hause nachzudenken.

Beim nächsten Treffen gibt Matt zu, dass er keine Ahnung habe, was oder wer sein wahres Ich möglicherweise sein könne. „Ich weiß nur, ich möchte im Kontakt mit ihm sein. Es ist verborgen. Und diese Verborgenheit quält mich. Von außen gesehen ist anscheinend alles in Ordnung mit mir. Bei der Arbeit spreche ich mit den Ingenieuren, ich lerne, wie das System arbeitet, ich schreibe den Text und sende ihn für Kommentare zurück. Alle sagen, ich mache einen guten Job. Aber … in meinem Hinterkopf frage ich mich, ob all dieses High-tech-Geschäft — ob das wirklich ich bin. "

„Das klingt bei Ihnen so, als ob es zwei Matts in Ihnen gäbe: den wahren Matt und … "

„… und einen falschen Matt. In meinen schlechten Momenten ist es das, wie ich mich ansehe: eine Fälschung. "

Linda legt das Blatt Papier von der vorherigen Sitzung auf den Tisch und fügt ihm eine zweite Kopfzeile hinzu, sodass jetzt dort steht: „Das wahre Ich" und „Das falsche Ich".

„Wahr gegen Falsch", sagt Matt, „genau. Meine Arbeitskollegen denken alle, dass ich begeistert bin und die Herausforderungen meines Jobs genieße. Aber es kommt nicht aus meinem Herzen. Tief in mir kümmert es mich wahrscheinlich nicht. Glauben Sie, dass ich mich selbst betrüge?"

„Sich selbst betrügen — das ist ein verblüffender Ausdruck. Bei einem Betrug betrügt ein Mensch einen anderen Menschen. Wer ist derjenige, der betrügt, und wer ist derjenige, der betrogen wird?"

„Nun, der eine, der betrügt, ist mein gewöhnliches Ich, und es betrügt mein wahres Ich, was immer oder wer immer das ist."

„Also erzählen Sie mir wieder, Matt, dass es zusätzlich zu Ihrem wahren Selbst — das angeblich verborgen ist — es auch ein gewöhnliches Selbst gebe, Ihr falsches Selbst, das unehrlich sei."

Sie schreibt ein paar weitere Begriffe aufs Papier:

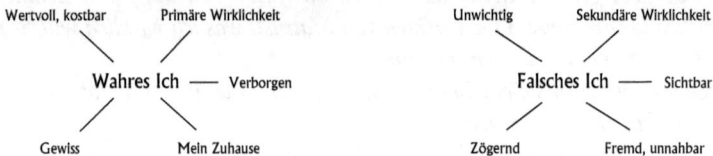

Wertvoll, kostbar	Primäre Wirklichkeit		Unwichtig	Sekundäre Wirklichkeit
Wahres Ich — Verborgen			**Falsches Ich** — Sichtbar	
Gewiss	Mein Zuhause		Zögernd	Fremd, unnahbar

„Ist dies eine vernünftige Zusammenfassung der Art und Weise, wie Sie sich selbst verstehen? Es ist wie eine Theorie, die Sie über sich haben."

Matt inspiziert die Grafik.

„Ich habe auf diese Weise nie über mich nachgedacht, Linda, aber ja, Sie haben vollkommen recht. Sie haben die Art zusammengefasst, wie ich mich auf mich selbst beziehe."

„Wir können sie als eine Theorie betrachten, die Sie in der Praxis leben, ohne unbedingt darüber in Worten nachzudenken. Und sie wirft offenkundig die Frage auf: Wer ist der ‚wahre' Matt?"

„Ja", antwortet er nach einer Pause. „Das ist genau die Frage: Welcher Teil von mir ist das ‚wahre Ich'?"

„Fühlen Sie eigentlich manchmal diesen wahren Matt? Erleben Sie mitunter, wie Sie ohne Ihr übliches halbherziges Zögern und Misstrauen gegenüber sich selbst handeln?"

„Gelegentlich. Nicht sehr oft. Zum Beispiel war ich letzten Monat mit drei von meinen Freunden beim Bergwandern. Wir wollten einen kleinen schönen

Wasserfall finden, von dem wir gehört hatten, dass es ihn gab. Aber wir verirrten uns. Es wurde spät und wir dachten schon, zurück nach Hause zu fahren, ohne den Wasserfall gesehen zu haben. " Matt fährt mit der Beschreibung fort, wie er auf einmal aufstand, in der Gruppe das Heft in die Hand nahm, seine Freunde davon überzeugte, hartnäckig zu sein, und sie mit überraschender Entschlossenheit und Einfallsreichtum zum Wasserfall führte. „*Für ein paar Stunden war ich voller Zielstrebigkeit — ich weiß nicht, woher ich sie hatte.* "

„*Es muss sich sehr gut angefühlt haben, den Wasserfall zu finden.* "

„*Als wir ihn endlich fanden, spürte ich diese erstaunliche Empfindung von Hochgefühl. Ich weiß nicht, wie ich das erklären soll — ich war völlig eins mit mir selber. Ich war wirklich da, stand auf dem Felsen, ganz ich. Ergibt das für Sie Sinn?*"

„*Das klingt wie ein kostbarer Augenblick* ", kommentiert Linda.

Die Benutzung philosophischer Texte bei der philosophischen Beratung

Matts Erfahrungen sagen uns etwas über die Struktur seines Umkreises. Doch ein paar seiner Erlebnisse könnten uns auch flüchtige Blicke auf das gewähren, was hinter seinem Umkreis liegen mag.

In dieser Phase sind kurze Blicke allerdings verschwommen. Eine ausführliche Untersuchung tut not. Ein ausgezeichneter Weg, um dies zu bewerkstelligen, ist die Inanspruchnahme philosophischer Texte. Tiefsinnige philosophische Texte sind reich an aufschlussreichen Begriffen und Ideen. Sie können neue Perspektiven bieten und uns helfen, unsere Gedanken abzuklären, unabhängig davon, ob wir mit ihnen übereinstimmen oder nicht.

Linda übergibt Matt einige Seiten mit ausgewählten Passagen aus Max Stirners Buch Der Einzige und sein Eigentum. „*Hier, nehmen Sie das und denken Sie zu Hause darüber nach. Stirner ist kein berühmter Philosoph, aber Sie könnten ihn relevant und provozierend finden. Hier erklärt er seine Auffassung des Selbst und was es bedeutet, authentisch zu sein, oder ,wahr', wie Sie es nennen. Ich bin gespannt, Matt, ob dies die Art von Echtheit ist, nach der Sie sich sehnen. Aber zuerst lassen Sie mich Ihnen die allgemeinen Hintergründe von Stirner erläutern.* "

Max Stirner: das einzigartige Selbst[34]

Max Stirner (1806 - 1856) war ein deutscher Philosoph, dessen Schriften frühe existentialistische, nihilistische und anarchistische Themen beinhalten. Stirner argumentiert, dass das Selbst nicht definiert oder beschrieben werden könne. Jedes Konzept, dass du möglicherweise auf mich anwenden willst, ist nicht Teil dessen, was ich wirklich bin. Ich bin einzigartig, sodass mich keine allgemeine Auffassung erfassen kann. Ich kann blond sein, aber „blond" ist kein Teil meines Wesens, Teil dessen, was ich wirklich bin. Ich kann glücklich sein, aber „glücklich" ist nicht Teil dessen, was ich wirklich bin. Ich kann ein Mann sein, aber „Mann" oder gar „Mensch" ist nicht Teil dessen, was ich wirklich bin. Deshalb kann mein Selbst nicht definiert werden, es liegt jenseits aller allgemeinen Beschreibungen. Du kannst meine Haarfarbe mit deiner Haarfarbe vergleichen oder meinen menschlichen Körper mit deinem menschlichen Körper, aber du kannst nicht mein Selbst mit anderen Selbst vergleichen. Ich bin einer von einer Art.

Dies bedeutet, behauptet Stirner, dass ich, um mir selbst treu zu sein, alles wegwerfen müsse, was nicht wirklich ich ist — was fast alles sei. Auf diese Weise käme ich dazu, mich zu „besitzen" und nur mich. Wenn ich dies täte und wahrhaftig ich selbst würde, würde ich erkennen, dass ich nicht wirklich in irgendeine allgemeine Vorstellung der Menschheit passe. Obwohl Religionen und soziale Ideologien mir spezifische Identitäten auferlegen wollten (du bist „menschlich", „ein Christ", „ein Deutscher", „ein Lehrer" usw.), seien dies in Wirklichkeit falsche Identitäten.

Bei ihrem nächsten Treffen fragt Linda Matt, was er über die ausgewählten Abschnitte von Max Stirner denke.

„Ich glaube zu erkennen, warum Sie ihn für mich ausgewählt haben, Linda. Stirner kann genauso wenig sagen, wer er ist. Aber es gibt einen großen Unterschied zwischen uns: Er fühlt sich dabei wohl, während ich spüre, dass mir etwas fehlt. Empfehlen Sie, dass ich seine Theorie akzeptieren soll?"

„Im Gegenteil, Matt, ich würde vorschlagen, nichts voreilig anzunehmen oder abzulehnen. Nehmen wir uns die Zeit, schenken wir Stirners Ideen Gehör und sehen wir, ob sie Ihre Erfahrungen aufhellen können oder nicht.

---

34. Max Stirner, *The Ego and His Own [Der Einzige und sein Eigentum]: The Case of the Individual Against Authority*, Dover Books, Mineola, NY 2005.

Tiefgründige philosophische Ideen fordern uns dazu heraus, auf neuen Wegen zu denken, ob wir mit ihnen einverstanden sind oder nicht."

"*In der Tat*", sagt Matt, "*machte mich der Text nachdenklich. Er brachte mich auf die Frage, ob die Tatsache, dass ich nicht weiß, wer ich bin, wirklich ein Problem ist. Womöglich ist es gut, es nicht zu wissen. Vielleicht bedeutet es, dass ich authentisch und frei von jeder allgemeinen Beschreibung bin.*"

"*Also sind Sie gespannt darauf, ob Stirners Ideen sich auf Sie anwenden lassen.*"

"*Ja.*"

"*In Ordnung. Stimmt die Sprache von Stirners Ideen mit der Sprache Ihrer eigenen kostbaren Erfahrungen überein? Denken Sie an die Begriffe, die er benutzt, die Unterscheidungen, die er trifft, die Verbindungen, die er feststellt.*"

"*Ich glaube nicht*", grübelt Matt. "*Ich sehe mich nicht als einzigartige Person.*"

"*Jetzt mal langsam, Matt, geben Sie Stirner eine Chance. Rufen Sie Ihr Wasserfallerlebnis ab und erzählen Sie mir davon, als ob Sie Stirner wären. Fangen Sie beim Beginn jenes Tages an.*"

"*Also gut, sehen wir mal … Am Morgen treffe ich mich mit meinen Freunden. Wir nehmen Bills Auto. Die drei Anderen plaudern, lachen und albern herum. Ich bin nicht in der Stimmung für diese Art von Geselligkeit, aber ich spiele mit. Stirner könnte sagen, dass ich in Ruhe meine Freiheit und Authentizität bewahre und mich weigere, soziale Spiele zu spielen.*"

"*Ist es das, wie Sie sich im Auto fühlten?*"

"*Nicht wirklich. Ich tat überhaupt nichts Ideologisches oder so. Ich hatte einfach nicht die Geduld, mir ihren Unsinn anzuhören, aber ich spielte mit, weil ich ihnen die Stimmung nicht verderben wollte.*"

"*Okay, weiter.*"

Matt fährt fort mit der Beschreibung, wie sie das Auto parken, losmarschieren und sich verirren.

"*Dann stellen wir fest, dass es spät ist, und Bill sagt: ,Vergessen wir den Wasserfall und fahren wir nach Hause.' Auch Dennis sagt etwas darüber, dass sich der Himmel verdunkelt. Und Mark meint, dass er den Wasserfall wirklich sehen will, er aber zu müde ist, sich darum zu sorgen. Jeder beginnt, sich irgendwie unglücklich zu fühlen.*"

"*Gut. Und was geschieht als Nächstes?*"

"*Und dann sehe ich mich aufstehen und sagen: ,Nein, wir geben nicht auf!' Stirner könnte sagen, dass ich meine Einzigartigkeit, meine Besonderheit, meine Freiheit durchsetze.*"

"*Gab es etwas bei Ihrem Erlebnis, Matt, das diese Interpretation stützt?*"

„Vielleicht ein kleines bisschen. Ich erinnere mich an ein Gefühl von Freiheit. Aber es war keine Sache von Einzigartigkeit oder des Ablehnens von falschen Identitäten. Es war ein Gefühl von Gewissheit. Das war es, als ich ankündigte: ‚Wir fahren jetzt nicht nach Hause. Wir werden diesen Platz finden!‘"

„Wenn ich Ihre Geschichte höre, Matt, kann ich nicht Ihr übliches Zaudern vernehmen. Es klingt, als ob Sie in sich eine neue Persönlichkeit gefunden hätten."

„Das ist eine gute Art, es auszudrücken. Eine neue Persönlichkeit, die ich nicht kannte, lebte in mir, stieß plötzlich an die Oberfläche und kündigte sich an. Mit einem Mal war ich mächtig, ein einheitlicher Mensch, der genau wusste, was er wollte. Aber dieser neue Mensch war nicht unbeschreibbar, wie Stirner sagen würde. Ich könnte ihn als abenteuerlustig, selbstsicher und begeistert beschreiben."

„Das ist eine gute Beobachtung", sagt Linda. „So spricht Ihre Erfahrung vielleicht nicht in Stirners Sprache. Gibt es trotzdem noch etwas in seiner Philosophie, das Sie von ihr mitnehmen?"

„Ja, ich übernehme von ihm die Idee, dass das Ich-selbst-Sein mit einem Gefühl von Freiheit verbunden ist, mit einem Gefühl, dass ich mir selbst ‚gehöre‘ und ich niemandem etwas schulde."

„Sie lächeln nun, Matt. Sie vermissen dieses Gefühl, sich selbst zu gehören."

„Selbstverständlich tue ich das. Ohne dieses Gefühl fühle ich mich wie niemand."

„Gut."

„Wie bitte?!"

„Ihr Gefühl, niemand zu sein, sagt Ihnen, dass die Dinge nicht so sind, wie sie sein sollten. Wäre es besser, Sie würden sich nicht schlecht dabei fühlen?"

Linda lächelt ihm beruhigend zu und händigt ihm einen neuen Text aus. „Sehen wir, Matt, ob dieser Text Ihnen helfen kann, sich selbst mit noch ein wenig mehr Tiefe zu verstehen."

„Glauben Sie, dieser Text hat die Antwort?"

„Natürlich nicht. Ein guter philosophischer Text gibt Ihnen keine Antworten. Er spornt Sie an, sich selbst auf Ihre eigene Weise zu verstehen."

Jean-Paul Sartre: Ich bin nicht, was ich bin[35]

Stirner nimmt wie viele andere Denker an, dass es in jedem von uns so etwas wie ein Selbst gibt. Der französische existentialistische Philosoph Jean-Paul Sartre (1905 - 1980) ist anderer Meinung. Der Versuch, mit einem „Selbst" in mir in Verbindung zu treten, sei eine Einbildung oder Selbsttäuschung.

Nach Sartre habe ich als Mensch keine eindeutige Persönlichkeit, Natur oder Selbst. Was ich bin, das sei etwas, worüber zu entscheiden ist, nichts, was es zu entdecken gibt. Mit anderen Worten: Es gibt nichts in mir, das bestimmt, was ich bin — meine Werte, meine Glaubensüberzeugungen, meine Neigungen, sogar meine Persönlichkeit —, mit Ausnahme meines freien Willens. Ich bin frei, mich selbst zu bestimmen. Außerdem gebe es keinen Wert und keine Moral, der/die mir sagen kann, wie ich sein *soll*, weil Werte und Moral meine eigene Schöpfung seien. Ich sei völlig frei zu wählen, wer ich bin, was gut oder schlecht ist, was ich mit meinem Leben machen möchte. Sogar meine Vergangenheit nehme mir meine Freiheit nicht weg: Wenn ich vor zehn Minuten eine Entscheidung getroffen habe, sei ich frei, mich jetzt anders zu entscheiden. Sogar in Haft könne ich entscheiden, was für eine Person ich bin. Nach Sartres Worten bin ich dazu verurteilt, frei zu sein.

Im Grunde ist es ungenau zu sagen, dass ich frei sei. Besser wäre: Ich bin Freiheit. Wie Sartre meint, bin ich nicht, was ich bin, und bin, was ich nicht bin. Oder, wie er sich auch ausgedrückt hat, die Existenz geht dem Wesen voraus — das heißt, zu jedem Zeitpunkt existiere ich zuerst und bestimme danach mein Wesen (wer ich bin).

All dies deutet darauf hin, dass Authentizität nicht bedeuten kann, meinem inneren Selbst treu zu sein. Ich bin vielmehr authentisch, wenn ich der Tatsache treu bin, dass *ich kein* bestimmtes inneres Selbst *habe*; wenn ich treu zu meiner Freiheit bin, zu entscheiden, wer ich bin. Deshalb meint authentisch sein für Sartre, dass ich meiner Freiheit bewusst bin, dass ich die volle Verantwortung für mein Leben übernehme und nicht vorgebe, dass irgendeine Macht oder Tatsache mich zur Person gemacht hat, die ich bin. Das bedeutet, dass ich mich nicht als Produkt meiner Psychologie, meiner Erziehung, der Umstände, logischer oder moralischer Überlegungen oder von Gott

---

35. Jean Paul Sartre, *Existentialism and Humanism [Der Existenzialismus ist ein Humanismus]*, Methuen, London 1948.

betrachte. Ich habe keine Entschuldigung dafür, die Person zu sein, die ich bin.

Bei ihrer folgenden Sitzung teilt Matt Linda mit, dass Sartres Idee von radikaler Freiheit zu extrem sei. „Für mich ist klar, dass ich durch meine früheren Erlebnisse und meine Persönlichkeit eingeengt bin. Meine Psychologie diktiert vieles in meinem Leben."

Linda erinnert ihn daran, dass das Entscheidende nicht ist, ob Sartres Theorie richtig ist oder nicht, sondern ob sie Licht auf Matts Sehnsucht und kostbare Erfahrungen werfen kann. Sogar wenn Sartres Theorie insgesamt nicht hinnehmbar ist, könnte der Hauptpunkt noch von Belang sein: dass authentisch sein bedeutet, nicht zu etwas treu zu sein, was schon im ihm existiert, sondern zu seiner Freiheit.

Eine Weile erörtern sie Sartres Theorie und ihr Verhältnis zu Matts Erfahrungen. Sie stellen sich vor, wie die Wasserfallepisode aus Sartres Blickwinkel aussehen könnte: Matt ist versucht, die Suche aufzugeben und mit den Freunden nach Hause zu fahren, erkennt dann aber, dass er frei ist, sich zu weigern, und durch seine frisch entdeckte Freiheit auf der Fortsetzung der Suche nach dem Wasserfall zu bestehen und die volle Last der Verantwortung auf sich zu nehmen.

„Nein", sagt Matt schließlich, „das ist definitiv nicht die Sprache meiner Erfahrungen. Im Fall des Wasserfalls war es nicht so, dass ich plötzlich beschloss, Verantwortung zu übernehmen. Verantwortung ist keine Kernfrage für mich, wenn ich spüre, dass ich nicht weiß, was ich wirklich will. Ich bin gut darin, Verantwortung zu übernehmen. Bei der Arbeit führe ich alle möglichen Projekte durch, aber dies tröstet mich nicht. Wonach ich mich sehne — ich sehe das jetzt klar dank des Vergleichs mit Sartre —, ist, von einer Art inneren Überzeugung eingenommen und angeleitet zu werden. Das ist keine Frage der Entschlossenheit, sondern einer Überzeugung, eines Sinns für Wahrheit, eines Lichtes, das mich inspiriert."

Gabriel Marcel: der Zeuge in mir[36]

Der französische existenzialistische Philosoph und Bühnenautor Gabriel Marcel (1889 - 1973) unterscheidet zwischen zwei Haltungen zum Leben: Beobachtung und Bezeugung. Ein Beobachter sei jemand, der ohne persönlichen Einsatz auf das Leben blickt, ohne sich irgendwo

---

36. Gabriel Marcel, „Testimony and Existentialism", in: *The Philosophy of Existentialism*, Citadel Press, New York 1995.

einzubringen. Für einen solchen Menschen sei das Leben eine Abfolge objektiver, unpersönlicher Tatsachen. Er mag aktiv sein und hart arbeiten, jedoch sei er keiner Sache treu. In einer nur aus objektiven Fakten gemachten Welt gebe es nichts, dem man treu sein kann.

Im Gegensatz zu einem Beobachter sei ein Zeuge jemand, der bereit ist, das Leben zu empfangen, als ob es ihm anvertraut worden wäre. Marcel nennt diese Haltung „Bezeugung", weil es das sei, was ich vor Gericht mache, wenn ich beschließe, wahrheitsgemäß über etwas auszusagen, was ich gesehen habe, sogar wenn es mich in Gefahr bringt, sogar wenn das Gericht korrupt ist. Auf ähnliche Weise sei ich ein Zeuge, wenn ich frei einen gewissen Wert oder ein „Licht" akzeptiere, das mich berührt und dem treu zu sein ich bereit bin. Ich nehme die Verpflichtung auf mich, auf meine ganz persönliche Weise ein Zeuge für dieses Licht zu sein.

In diesem Sinn ist das Leben für mich ein „Geschenk", das in Empfang zu nehmen ich mich aufgerufen fühle. Aber das Empfangen ist keine passive Haltung. Wenn ich zum Beispiel zu Hause Gäste empfange, bin ich ein aktiver, engagierter, kreativer Empfänger, ich gebe von mir, damit meine Gäste sich vergnügen. Wenn ich ebenso das Leben als ein Zeuge empfange, akzeptiere ich es frei, getreulich, persönlich, kreativ.

Bei ihrem nächsten Treffen sagt Matt Linda, dass Marcels Denkbild „Licht" ihn fasziniere, es aber nicht erfasse, was er persönlich erlebt.

„Marcel ist für mich zu religiös", erklärt Matt. „Die Idee, dass ich ein Licht ‚empfangen' soll, sagt mir nichts: Empfangen woher? Von wem?"

„Denken Sie daran, Matt, dass tiefgründige philosophische Texte uns helfen, uns selbst sogar auf dem Weg der Meinungsverschiedenheit zu begreifen, selbst dann, wenn sie sich sehr von dem unterscheiden, was wir glauben. Legen wir also Übereinstimmung und Nichtübereinstimmung beiseite und denken wir über den ‚Zeugen' nach, den sich Marcel vorstellt — seine innere Geistesverfassung, seine Einstellung zum Leben, die Art, wie er die Welt durchsteht."

„Ich bin mir nicht sicher, was ich sagen soll, Linda."

„Dann versuchen Sie es mit Ihrem Körper, mit Ihren Armen und Händen zu sagen."

Matt steht auf und spreizt seine Arme in Richtung Himmel. Danach setzt er einen Gesichtsausdruck des Flehens auf.

„Mmm. Sie interpretieren seinen ‚Zeugen' passiv, als jemanden, der auf ein Wunder vom Himmel wartet."

„Ja, Sie haben recht, Linda. Marcel spricht über ‚aktiven Empfang' — wie ein Gastgeber, der aktiv seine Gäste empfängt. Er heißt sie willkommen, bietet ihnen Kaffee an, unterhält sich mit ihnen."

Matt steht wieder auf und nimmt die Pose eines Gastgebers an, der seine Gäste einlädt. Er setzt sich hin.

„Dies ist noch immer nicht das, wonach ich mich sehne. Bei meinem Wasserfallerlebnis und bei ähnlichen Erfahrungen spürte ich … ich vermute, ‚mich ermächtigt' ist das Wort. All meine Ungewissheiten, all meine vertrauten Bedenken, Selbstrechtfertigungen und Selbstbegründungen sind verschwunden. Ah, ja, ich kann es jetzt erkennen: In solchen Augenblicken werde ich eins mit mir, eine geeinigte Person. Ich gehöre mir selbst, wie Stirner sagt."

Er stellt sich erneut hin, gerade, aber entspannt. Ein eigentümlicher dichterischer Geist überkommt ihn. „Alles in mir ist ruhig und schlicht. Ich bin ein ursprünglicher Mensch in einer ursprünglichen Welt, frei, um zu lieben und zu genießen, wild, nichts und niemandem verantwortlich."

Linda schaut Matt mit einem freundlichen Lächeln an. „Toll!"

Matt setzt sich hin, irgendwie ernüchtert, als ob aus einem Traum aufwachend. „Genau: toll. Einen Moment lang habe ich diese ursprüngliche Existenz gespürt, wie sie wieder in mir gehandelt hat, wie beim Wasserfall. Ursprüngliche Existenz — frei von Komplikationen, frei von Kalkulation, einfach nur eindeutige Existenz: Alles ist wirklich, ich bin wirklich, ich muss mir keine Geschichten über mich ausdenken."

Linda legt zwischen sie ein neues Blatt Papier auf den Tisch. „Lassen Sie uns die Landschaft Ihrer Welt neu zeichnen."

Gemeinsam stellen Linda und Matt eine überarbeitete Ideenkarte zusammen:

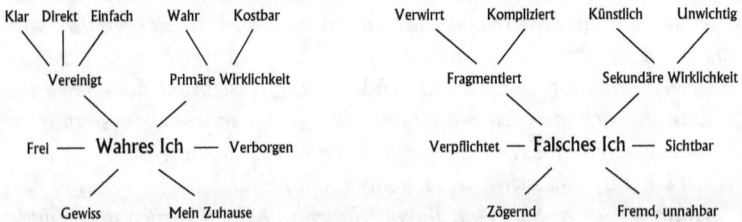

Klar Direkt Einfach Wahr Kostbar	Verwirrt Kompliziert Künstlich Unwichtig
\ | / \ /	\ / \ \/
Vereinigt Primäre Wirklichkeit	Fragmentiert Sekundäre Wirklichkeit
\ /	\ /
Frei —— **Wahres Ich** —— Verborgen	Verpflichtet —— **Falsches Ich** —— Sichtbar
/ \	/ \
Gewiss Mein Zuhause	Zögernd Fremd, unnahbar

„Dies", sagt Linda am Ende, „ist ein ausgezeichneter Ausgangspunkt für eine ernsthafte Erkundung. Nun haben wir die ersten Hinweise darauf, wonach Sie sich sehnen, was das ist, was Sie aufruft, was außerhalb Ihrer platonischen

Höhle liegt. Soweit wir dies an diesem Punkt sagen können, sind diese Vorstellungen die Sprache Ihrer inneren Dimension. "

Die innere Dimension in philosophischen Kameradschaften

Die Vier-Augen-Beratung ist nicht immer das beste Format, um die Sprache der inneren Dimension zu erforschen. Das Kameradschaftsformat ist manchmal wirkungsvoller.

Eine philosophische Kameradschaft[37] ist eine Gruppe von Personen, die sich mehrmals von Angesicht zu Angesicht oder online trifft, gewöhnlich einmal die Woche für eine oder zwei Stunden, und ihr Augenmerk auf einen kurzen philosophischen Text, vorzugsweise gekürzt oder sogar dichterisch, richtet. Eine Kameradschaft ist keine Diskussionsgruppe. Das Besondere an einer Kameradschaft ist, dass die Kameraden versuchen, während der Sitzung eine besinnliche Geistesverfassung beizubehalten. Mit Hilfe verschiedener Übungen und Verfahren versuchen sie, aus ihrer inneren Tiefe heraus zu denken und zu sprechen, nicht von ihren automatischen Denkmustern oder ihrem eigensinnigen Verstand her. Darüber hinaus denken sie, statt Meinungen zu äußern, zu analysieren und zu beurteilen, im Miteinander und im Einklang untereinander wie Jazzmusiker, die zusammen spielen. Sie führen auch einen Einklang mit dem Text herbei, statt *über* ihn zu sprechen.

Diese drei Elemente — die Beibehaltung eines besinnlichen Geisteszustands, der Einklang in der Gemeinschaft mit Anderen und das Herstellen von Einklang mit einem Text — sind der Kern der philosophischen Kameradschaft. Dank ihnen gehen die Kameraden über ihre typische Art des Denkens, über ihre Meinungen und automatischen Denkmuster hinaus und sprechen Aspekte von sich selbst aus, mit denen sie selten in Berührung kommen, vor allem Aspekte ihrer inneren Dimension.

Es ist der Beginn des ersten Treffens einer von Linda vermittelten neuen philosophischen Kameradschaft, der ersten einer Reihe von Sitzungen über Sinnphilosophien. Die Kameraden sollen im Miteinander über kurze philosophische Texte meditieren, die den Sinn des Lebens behandeln, und auf

---

37. Für eine ausgiebige Diskussion, wie die philosophische Kameradschaft funktioniert, siehe Ran Lahav, *Handbook of Philosophical Companionships*, Loyev Books, Vermont 2016.

diese Weise ein tieferes Verständnis ihrer persönlichen Sinnerfahrungen gewinnen.

Normalerweise leben wir, woran uns die Transformationsphilosophen erinnern, auf der Oberfläche unseres inneren Lebens und sind uns nicht des potenziellen Reichtums und Tiefe unserer alltäglichen Momente bewusst. Wenn wir Verstand und Herz öffnen und in der Gemeinsamkeit über einen ausgewählten philosophischen Text nachsinnen, eröffnet uns dieser Text neue Bedeutungshorizonte. Man könnte sagen, dass es das Ziel der Kameradschaft sei, eine zusätzliche Dimension des Lebens zu erwecken — zusätzliche Tiefen —, die dem Blick in der Regel verborgen sind.

An diesem Abend richtet die Kameradschaft ihre Aufmerksamkeit auf einen kurzen Textauszug von Albert Camus.

Albert Camus: mehr erleben[38]

In seinem Buch *Der Mythos des Sisyphos* fragt der französische existentialistische Philosoph Albert Camus (1913 - 1960), ob das Leben es wert sein, gelebt zu werden. Camus antwortet, dass die Welt, wie wir sie erfahren, „absurd" sei — bar von Sinn und Werten. Lehrmeinungen über Gott, über Jenseits, Moral und Sinn seien reine Spekulationen oder menschliche Erfindungen. Das Einzige, was wir bestimmt wüssten, das Einzige, worauf wir uns verlassen könnten, sei, was wir unmittelbar erleben.

Dies läuft darauf hinaus, dass jedes Werturteil über mein Verhalten keine Grundlage in der Wirklichkeit hat. Was zählt, ist nicht, ob mein Handeln edel oder ordinär, gut oder schlecht ist, sondern ob es mir erlaubt, direkte Lebenserfahrungen zu machen. Worauf es ankommt, ist, ob die Tat mir das Einzige schenkt, wovon ich weiß, dass es existiert: Erfahrungen. Wie Camus behauptet, sind das Wichtige nicht „bessere Erfahrungen", sondern „mehr Erfahrungen": eine reichhaltigere Vielfalt an Situationen, die ich voll, bewusst und leidenschaftlich erlebe.

Kurzum, laut Camus ist eine Situation insofern bedeutsam, als sie mir neue mächtige Erfahrungen schenkt, sie mir erlaubt, das Leben erfüllter und leidenschaftlicher zu erleben.

Linda überreicht Kopien eines Auszugs von einer Seite aus Camus' Buch und die Gruppe liest ihn gemeinsam. Jeder Teilnehmer liest einen Satz, langsam

---

38. Albert Camus, *The Myth of Sisyphus [Der Mythos des Sisyphos] and Other Essays*, Vintage Book, New York 1991.

und laut, je nach der Sitzordnung. Nach dem Ende der Lektüre erlauben ihnen ein paar ruhige Sekunden ein erneutes Lesen und die Betrachtung des Textes als Ganzen.

„Selbstverständlich", erklärt Linda, „müssen wir nicht mit Camus übereinstimmen. In Wirklichkeit werden wir heute Abend keineswegs zustimmen oder nicht zustimmen. Legen wir unsere persönlichen Meinungen beiseite und hören wir einfach darauf, was der Text zu uns und zu den Verständnissen sagt, die er in uns hervorruft."

Sie legt ein Blatt Papier in den Mittelpunkt des Kreises und schreibt darauf das Wort „Sinn".

„Dies ist offenbar der zentrale Begriff in diesem Text", erläutert Linda. „Welche zusätzlichen Vorstellungen finden wir hier? Ich frage, weil wir Camus' Ideenlandschaft verstehen und die wichtigsten Orientierungspunkte in dieser Landschaft feststellen wollen. Aber um diese Frage zu beantworten, lassen Sie uns den Text rein theoretisch analysieren. Beschränken wir uns nicht auf Meinungen und logisches Denken. Machen wir uns darüber Gedanken, was es bedeutet, aus unserer inneren Tiefe zu denken, und wie wir den tieferen Verständnissen in uns Sprache verleihen."

Linda hält nun eine kurze meditative Konzentrationsübung ab, um die Gruppe in den Kontemplationsmodus zu führen. Bei dieser Übung benutzen die Teilnehmer ihren Körper als Metapher für ihr gesamtes Sein. Sie schließen die Augen, richten ihr Augenmerk auf die Luft, die durch ihre Nasenlöcher herein- und wieder herausströmt und sinken langsam die Luftsäule entlang hinunter in ihren Mund, in ihren Rachen, ihre Brust, ihren Magen und schließlich bis zu einem gedachten Punkt unterhalb ihres Körpers.

Diese meditative Übung ist kurz und nach fünf bis zehn Minuten öffnen die Teilnehmer langsam die Augen und entspannen sich.

Linda fängt wieder zu sprechen an, jedoch still und geruhsam. „Betrachten wir jetzt die Landschaft von Camus' Text und tun wir es im Miteinander. Dies bedeutet, dass ich nicht mit dir streite, keine Meinung vertrete und keine Ahnung von mir selbst habe. Alles was ich sage, ist ein Faden im Denken der Gruppe als Ganzen, eine Stimme in unserem Chor. Wir wollen uns alle untereinander verbinden wie Jazzmusiker, die zusammen spielen."

Zu diesem Zweck führt Linda ein „Wertvolles Sprechen" genanntes Verfahren ein: Du musst sparsam sprechen, als ob jedes einzelne deiner Worte wertvoll wäre, jedes Wort ein Geschenk an die Gruppe. Du vermeidest Wiederholungen, übermäßige Erklärungen und überzählige Wörter. Ein Satz ist gewöhnlich genug, um zu sagen, was du zu sagen hast. Und wenn Andere sprechen, öffnest du einen Raum der Stille in dir und hörst darauf.

Beim Anwenden dieser Prozedur fordert Linda nun die Kameraden auf, einen Begriff zu präsentieren, der ihnen im Text als wichtig aufgefallen ist. „Der Begriff der Erfahrung", trägt Larry gemächlich vor. Linda schreibt das Wort „Erfahrung" auf. Dann wendet sie sich wieder an ihn. „Und jetzt erklären Sie sie bitte in einem Satz."

„Wenn ich einen sinnvollen Moment habe, habe ich eine tiefe Erfahrung."

„Der Begriff der Neuheit", sagt Hilary. „Meine Momente sind mir kostbar, wenn sie neu und frisch und auffallend sind."

Nach langem Schweigen spricht Dan. „Absurd", meint er. „Selbst wenn das Leben absurd ist, ist es ein absurdes Leben noch wert, gelebt zu werden."

Nach mehreren weiteren Aussagen, als jeder wenigstens einmal gesprochen hat, macht Linda ein Stoppzeichen.

„Gut, wir haben jetzt einen Vorrat an Begriffen", sagt sie. „Versuchen wir ihn zusammenzubringen."

Sie lädt die Teilnehmer ein, aus dem Vorrat diejenigen Begriffe auszuwählen, die ihnen als am wichtigsten aufgefallen sind. Dabei erklären oder rechtfertigen sie sich nicht, sondern wiederholen nur den von ihnen ausgesuchten Begriff. Eine Handvoll Begrifflichkeiten kommt zum Vorschein, Linda schreibt sie mit großen Buchstaben auf das Blatt Papier und lässt den Rest weg.

„Dieses Ideennetzwerk ist wie eine Landkarte. Es ist unsere Karte von der Landschaft in Camus' Welt. Jetzt, da wir beginnen, diese Landschaft zu erkennen, lassen Sie uns einen Schritt dort hinein machen. Gehen wir herum und betrachten wir sie aus der Innensicht."

Gedanklich lassen die Teilnehmer ihre üblichen Meinungen und gewohnten Einstellungen und Ideen beiseite und stellen sich vor, in Camus' Geist einzudringen.

„Da wir jetzt drinnen sind", sagt Linda, „und wir gemeinsam in dieser Landschaft umherspazieren, sind Sie eingeladen, mit uns — weiterhin im Wertvollen Sprechen — zu teilen, was Sie ringsherum sehen: interessante Orientierungspunkte, Unterscheidungen und Widerstände, verborgene Verwicklungen, Verbindungen."

Wie eine Reisegruppe, die gemeinsam in eine neue Welt marschiert, teilen die Kameraden Beobachtungen über die Natur des Sinns, wie er in Camus' Welt erscheint. Sie stellen mehrere Arten von Situationen fest, die besonders bedeutsam in jener Welt sind, sie denken über den Platz für Liebe und Freundschaft nach und reflektieren über die Verbindung zwischen Sinn und Freiheit. Etwa zehn Minuten lang reden sie spontan im Wertvollen Sprechen, ohne Hin und Her.

„Gut", fasst Linda diese Übung zusammen. „Und jetzt, da wir die Umrisse von Camus' begrifflicher Landschaft im Kopf haben, versuchen wir, sie mit unserem persönlichen Leben in einen Zusammenhang zu bringen. Versuchen Sie, eine Alltagserfahrung abzurufen, die Sie kürzlich hatten und die ganz bedeutungslos für Sie war — nichts Dramatisches, vielleicht ein nutzloser Streit, vielleicht eine Zeitverschwendung, während Sie auf jemanden warteten, der nicht erschien. Bitte bringen Sie diese Situation in Ihr Gedächtnis."

Für einige Augenblicke denken die Kameraden schweigsam über die von ihnen ausgewählten Erfahrungen nach. Danach werden Freiwillige eingeladen, ihre Erfahrung der Gruppe zu beschreiben. Um in einer besinnlichen Geistesverfassung zu bleiben, beschränken sie sich auf nur zwei oder drei verdichtete Sätze.

David ist der erste, der spricht. „Ein befreundetes Pärchen schaute gestern Abend bei mir vorbei, wir quatschten und tranken Bier. Es war lauschig und gemütlich, aber nichts geschah wirklich, nichts, was wir sagten, war eine Erinnerung wert, kein Gefühl von Innigkeit."

„Danke, David", sagt Linda. „Und nun stellen wir uns alle selbst gestern Abend in Davids Wohnzimmer vor. Sie können Ihre Augen schließen, wenn Sie Ihre Vorstellungskraft steigern wollen. Sie sind nun bei David, sitzen mit seinen Freunden zusammen, träge plaudernd, ein Bier in der Hand. Sie spüren eine wohlige Trägheit in Ihrem Körper. Und Sie spüren auch das Gefühl von Bedeutungslosigkeit in Ihrem Verstand und Ihrem Herzen."

Einige Augenblicke lang lassen die Teilnehmer stumm ihre Vorstellungskraft in Davids Zimmer wandern. Dann fordert Linda sie auf, Davids Geschichte zu ändern: sie mit Bedeutungselementen aus Camus' Philosophie zu bereichern.

„Ich bin in Davids Wohnzimmer", spricht Heidi nachdenklich. „Doch plötzlich bin ich nicht mehr im Plappern über nichts versunken. Ich bin mir der Plauderei voll bewusst, ich erlebe intensiv jedes Wort und jeden Laut. Sie ist wunderbar ergiebig."

„Ich nehme meine Gefühle und Bilder wahr", fügt Jeff hinzu. „Mein Verstand ist nicht mehr leer."

„Ich folge jedem winzigen Gedanken in meiner Bewusstheit", spricht wieder Heidi. „Ich weiß, dass im großen Schema der Dinge das, was mir jetzt widerfährt, absurd ist. Und trotzdem genieße ich jedes Stück Erfahrung."

Die Kameraden genießen die sich vorgestellten Erfahrungen und spüren sie eindringlich in ihrem erwägenden Verstand, während sie sich an den Zusammenhang von Camus' Text erinnern. Sie fühlen sich, als ob sie in eine andere Welt schweben würden. Ein paar Minuten später, am Ende der kurzen

*Übung, bedankt sich David bei allen für ihren Besuch in seiner Welt, und sie
alle wenden sich nun ihrer nächsten Kameradin zu, Heidi, um in den von ihr
gewählten bedeutungslosen Moment einzutreten.*

*Am Ende der Runde, nachdem vier oder fünf Freiwillige die Gelegenheit
hatten, ihre persönliche Erfahrung zu teilen, entspannen sich die Kameraden
und tauschen sich mit der Gruppe darüber aus, was sie aus dieser Übung
mitnehmen. Nicht überraschend, dass keiner von ihnen zum Anhänger von
Camus geworden ist. Sie sind gemeinsam in Camus' Landschaft gereist und
haben ihr Verständnis bedeutungsvoller Erfahrungen aus Camus' Blickwinkel
heraus bereichert.*

*Die letzten zwanzig Minuten der Zusammenkunft werden einem
abschließenden Gespräch über die Sitzung und über Camus' Ideen gewidmet, sie
ist nicht mehr von gedanklichen Leitlinien eingeschränkt. Die meisten
Teilnehmer stimmen darin überein, dass diese tiefgründige besinnliche
Erfahrung sie in die Lage versetzt hat, in der Vertrautheit eines Miteinanders
intensiv potenzielle Mittel zu erlernen, mit denen der Sinn sich in ihrem Alltag
selbst ausdrücken kann.*

*Bei ihrem zweiten Treffen führt Linda ein anderes Verfahren ein, aber mit
einem ähnlichen Ziel: das Nachsinnen über mögliche Formen von
Sinnhaftigkeit. Diesmal möchte sie, dass die Kameradschaft mit einem
detaillierteren, planvolleren Verständnis des Textes beginnt. Vor der
gemeinsamen Lektüre macht sie ein paar einführende Bemerkungen darüber.*

Erich Fromm: das Überwinden unserer Isolation[39]

In seinem Buch *Die Kunst des Liebens* erklärt Erich Fromm (1900 -
1980), ein einflussreicher Denker und humanistischer Psychologe, dass
es unser Hauptbedürfnis sei, unsere Vereinsamung zu überwinden.
Unsere Fähigkeit, über uns selbst nachzudenken, mache uns bewusst,
dass wir abgesonderte Entitäten sind, getrennt von der Natur, getrennt
von anderen Menschen und trennbar von unseren Lieben wegen der
Aussicht auf den Tod und weitere unbeherrschbare Umstände.

Dies ruft eine gewaltige Furcht in uns hervor, die Fromm als die
Wurzel aller Ängste beschreibt. Infolgedessen versuchen wir ständig auf
vielfache Weise, unser Getrenntsein durch die Verbindung mit Anderen
und mit der Welt zu überwinden. Einige dieser Vorgehensweisen sind

---

39. Erich Fromm, *The Art of Loving [Die Kunst des Liebens]*, Harper & Row, New York
1989.

destruktiv: Konformität mit der Gruppe zum Beispiel, die Verschmelzung mit einer nationalistischen Ideologie oder deformierte Abhängigkeitsverhältnisse und der Verlust des Selbst. Sie sind zerstörerisch, weil wir durch sie unsere persönliche Freiheit und Identität verlieren.

Andere Wege des Überwindens unseres Getrenntseins sind jedoch zutiefst bedeutungsvoll: Die Kreativität vernetzt uns mit Welten jenseits unserer unmittelbaren Wirklichkeit; wahre Freundschaft und wahre Liebe verbinden uns mit anderen Menschen. Dies sind insofern bedeutsame Erfahrungen, als sie uns erlauben, unsere Grenzen zu transzendieren, während sie zugleich unsere Integrität und persönliche Identität bewahren und sogar aufwerten. In wahrer Liebe bekunden wir aktiv unsere Fähigkeit, aus dem Mittelpunkt unseres Seins zu geben, und drücken damit unsere persönliche Stärke und Individualität aus.

Es kann daher gesagt werden, dass bedeutungsvolle Situationen solche sind, in denen wir unser Getrenntsein überwinden, ohne unsere Identität zu verlieren. Fromm sagt, dass es eine der bedeutendsten und beglückendsten Erfahrungen im Leben sei, wenn die Mauer zwischen mir und einem anderen Menschen in die Brüche gehe und wir Zusammengehörigkeit und Einigkeit spürten.

Der Text, den Linda von Fromm ausgewählt hat, enthält fünf Absätze. Die Gruppe betrachtet jeden Absatz gesondert, nach jedem werden die Teilnehmer aufgefordert, auf dem Wege des Wertvollen Sprechens die Kernidee zu artikulieren, die sie dort erkennen. Zunächst geben die Kameraden eine Vielfalt von Aussagen von sich, doch nach einer Weile nähern sich die Stellungnahmen einem gemeinsamen Thema an, wenngleich nicht bis zu einem völligen Konsens. Wie Linda es ausdrückt, ist das Ergebnis keine einzelne Idee, sondern eine Sinfonie miteinander verbundener Ideen.

Der beschauliche Prozess des Wertvollen Sprechens ermöglicht es den Kameraden, sich einigen Ideen im Text zu öffnen, tief in sich darüber zu reflektieren und sie mit sich und allen Anderen zu verknüpfen. Nach etwa dreißig Minuten, wenn sie über die Hauptidee in jedem Absatz zu Ende meditiert haben, stellt Linda eine Schlussfrage, die im Verfahren des Wertvollen Sprechens zu beantworten ist: Wenn wir alles in Betracht ziehen, was wir bislang gelesen und gesagt haben, was nehmen Sie mit von Fromms Text?

„Fromm sagt mir", meint David, „dass der Sinn in der Sprache von Isolation gegen Zusammengehörigkeit, Getrenntsein gegen Mit-Sein spricht."

„Und auch in der Sprache der Angst," fügt Hilary hinzu. „Angst gibt mir ein Gefühl von Dringlichkeit, Mauern einzureißen, die mich umgeben, und mich mit Anderen zu verbinden. "

Andere Teilnehmer sprechen ebenfalls und die Runde des Wertvollen Sprechens geht ein paar Minuten weiter.

Jetzt hat die Gruppe ein reichhaltigeres Verständnis des Textes und Linda möchte, dass die Teilnehmer es mit ihren eigenen persönlichen Erfahrungen verknüpfen. Sie bittet sie zu versuchen, sich an eine kürzliche persönliche Erfahrung zu erinnern, die in Bezug zu etwas in Fromms Text steht. Sie ersucht sie, den Text still mit der Aufgabe im Kopf zu lesen.

Nach ein paar Augenblicken, als jeder anscheinend seine persönliche Erfahrung gefunden hat, unterbricht sie die Stille und fragt: „Was sagt Ihnen die persönliche Erfahrung, die Sie gefunden haben, über Ihr Sinngefühl? Hat es in genau der gleichen Sprache wie Fromms Vorstellungen gesprochen? Falls nicht, in welcher Sprache hat sie dann gesprochen?"

Sie hält inne und fügt dann hinzu: „Aber statt diese Frage mit vielen Worten zu beantworten, machen wir das lieber dichterisch. Poetische Worte verlangen von uns, innerlich zuzuhören, und sie können manchmal ausdrücken, was eine platte Erklärung nicht kann. Scheiben wir also ein Gruppengedicht, wir alle zusammen. Jeder von uns wird zwei Verse verfassen und hinterher werden wir alle unsere Verse in ein vereinigtes philosophisches Gedicht hineingeben. Ein Gedicht ist immer mehr als seine einzelnen Verse. Das Ganze beinhaltet neue Bedeutungen, die aus dem Wechselspiel zwischen den Zeilen erwachsen. "

Mehrere Minuten lang konzentrieren sich die Teilnehmer still, jeder einzelne versucht, sich die von ihm gewählte Erfahrung vorzustellen und ihr einen poetischen Ausdruck zu verleihen. Sei notieren ihre Gedichtverse in ihre Notizblöcke und kopieren sie später Zettel für Zettel zu einem gemeinsamen Blatt Papier zusammen.

Das entstandene Gruppengedicht ist überraschend reichhaltig, aber auch irgendwie unstimmig. Die verschiedenen Beiträge passen nicht immer zusammen. Die Gruppe arbeitet folglich daran, die Reihenfolge der Verse zu ändern und sie untereinander durch verbindende Fürwörter und Zeiten aneinander anzupassen. Das Ergebnis ist ein anregendes Gedicht. Die Kameraden lesen das Gedicht gemeinsam und denken in einem offenen Gespräch über seine Implikationen nach. Sie alle spüren, dass diese Übung ein neues Licht auf ihr persönliches Sinngefühl geworfen hat.

„Bisher", sagt Linda zu Beginn des dritten Treffens der Kameradschaft, „haben wir Ideen betrachtet, die von Philosophen der Geschichte entwickelt

wurden. Lassen Sie uns heute lieber voll auf unser eigenes, persönliches Sinngefühl konzentrieren. Aber zuerst bereichern wir unser Repertoire an historischen Ideen. Wir haben über Camus' Idee gesprochen, dass der Sinn aus dem Reichtum der Erfahrung kommt, und über Fromms Idee, dass der Sinn von der Liebe kommt, die uns über uns hinwegführt. Was ist mit einem Sinn, der von Erfolg, Kampf, Errungenschaft kommt?"

William James: der Kampf für ein Ideal[40]

In seiner Vorlesung „What makes life significant" (etwa: Was das Leben bedeutend macht) streitet der US-amerikanische Psychologe und Philosoph William James (1842 - 1910) gegen zwei Auffassungen von Sinn. Einerseits weist er die Ansicht zurück, dass wir ein Gefühl von Sinn bekommen, wenn unsere Bedürfnisse befriedigt werden. Haben wir alles, was wir körperlich und emotional benötigen, ohne Kampf oder Schwierigkeit, dann sei das Leben im Grunde genommen langweilig und leer. Andererseits lehnt James auch die Sichtweise ab, die er Tostoi zuordnet, dass nämlich jeder Kampf und jede Bedrängnis notwendigerweise sinnvoll sei. James argumentiert, dass eine Mühsal, die nicht auf ein Ziel oder Ideal ausgerichtet ist, unsinnig und öde sei. Sie sei nur bedeutsam, wenn sie einen Zweck habe.

Eine sinnstiftende Situation zeichnet sich daher durch zwei Elemente aus: Erstens umfasst sie Kampf, Beharrlichkeit und Entschlossenheit. Zweitens beinhaltet sie auch ein Ideal, auf das der Kampf gerichtet ist. James spricht hier nicht bloß über dramatische Anstrengungen um prächtiger Ideale willen, sondern auch über weltliche Bemühungen um bessere Lebensbedingungen, um Erfolg bei der Arbeit usw.

Die in einem solchen Kampf inbegriffene innere Einstellung wird von James in einem anderen Text verdeutlicht, in dem er den Willen erörtert.[41] James erklärt, dass üblicherweise alle Arten von Ideen in unserem Verstand unser Verhalten beeinflussten. In einem sinnvollen Kampf hielten wir jedoch eine spezifische Idee in unserem Verstand mit dem Bemühen um Beachtung lebendig. Wir würden an dieser Idee

---

40. William James, „What makes Leben significant", in: J. McDermott (Hg.), *The Writings of William James*, University of Chicago Press, Chicago 1977.
41. William James, „Will", in: J. McDermott (Hg.), *The Writings of William James*, S. 684 - 716, University of Chicago Press, Chicago 1977.

festhalten und auf diese Weise unsere Neigung überwinden, auf leichtere, sicherere, bequemere Pfade abzurutschen.

Eine sinnvolle Handlung umfasst demzufolge eine geistige Anstrengung — eine Anstrengung, unsere Aufmerksamkeit auf ein Ideal zu richten und andere, ablenkende Ideen zu vernachlässigen wie etwa das Äußern von Zweifel, Furcht oder Faulheit.

Eine Zeit lang skizzieren die Kameraden zusammen ein Geflecht von Begriffen, die für William James' Denkansatz wesentlich sind, und bedienen sich dabei des Wertvollen Sprechens. Als zentral für seinen Ansatz identifizieren sie die Begrifflichkeiten Kampf, idealer Wert, Ausdauer und Aufmerksamkeit.

Jetzt legt Linda die drei Konzeptlandkarten der von ihnen bis dahin berücksichtigten drei Denker Camus, Fromm und James auf den Tisch. „Dies ist unser Inventar an vorgefertigten Begriffen. Wir werden sie als Ausgangspunkt bei unserem Nachdenken über unsere persönliche Sinnvorstellungen benutzen."

Sie bittet jeden, an drei Erlebnisse zu denken, die sie vor Kurzem hatten und die kostbar und bedeutsam waren, und auch an zwei, drei Erfahrungen, die sich sinnlos, langweilig, leer anfühlten.

Nachdem die Teilnehmer still eine kurze Liste persönlicher Erlebnisse erstellt haben, fügt sie hinzu: „Und jetzt möchte ich, dass jeder von Ihnen über die von Ihnen gewählten Erfahrungen nachdenkt und sie zu einer vereinigten Sinn-‚Theorie' zusammenbringt. Versuchen Sie hierfür ausfindig zu machen, was allen Ihren sinnvollen Erfahrungen gemein ist und was sie von allen Ihren sinnlosen Erfahrungen unterscheidet. Dies wird ein vorläufiger Entwurf Ihrer persönlichen Theorie darüber sein, was sinnvoll und was sinnlos ist."

Diesmal arbeiten die Teilnehmer in kleinen Gruppen von drei oder vier Leuten. Um eine besinnliche Einstellung zu bewahren, begrenzen sie ihr Zusammenwirken auf verdichtetes Sprechen und konzentriertes Dem-Anderen-Zuhören. Wenn sie fertig sind, kehren sie zum Hauptkreis zurück und teilen ihre Listen mit allen Anderen.

Linda schließt nun die Tagesaktivitäten ab.

„Heute haben wir einen weiteren Schritt hin zum Verständnis der ‚Sprache' unserer Sinnerfahrungen gemacht. In der Gemeinsamkeit unserer Gruppe und mit Hilfe historischer Texte haben wir etwas über verschiedene Sinnvorstellungen und über unsere eigene Sinnvorstellung gelernt."

„Und was machen wir jetzt mit dem, was wir gelernt haben?", fragt Angela. „Die Erfahrungen, die wir untersucht haben, sind sehr speziell. Sie mögen wertvoll sein, aber sie passieren uns nicht sehr oft."

Linda nickt zustimmend. „Sie können diese Erfahrungen als kleine Juwelen inmitten Ihres Alltags ansehen. Wenn wir nicht in der Routine des täglichen Allerleis stecken bleiben wollen, wenn wir nicht auf Autopilot, an der Oberfläche unseres Seins, in unserer platonischen Höhle leben möchten, dann müssen wir uns dieser besonderen Augenblicke gewahr werden. Sie bieten uns flüchtige Blicke auf etwas sehr Wichtiges. Sie helfen uns, daran zu denken, dass es möglich ist, erfüllter zu leben. Sie laden uns ein, die tiefen Aspekte unseres Seins zu entwickeln, die wir gewöhnlich vernachlässigen. Dies ist das, was ich ,die innere Dimension' oder unsere ,innere Tiefe' nenne. "

Paul scheint zu grübeln. „Wie genau finden wir denn nun diese innere Dimension oder innere Tiefe, Linda?"

„Ich glaube nicht, Paul, dass so etwas in eine umfassende Formel gepackt werden kann. Jeder von uns muss sich selbst erforschen. Ich hoffe, dass wir in unseren bisherigen drei Sitzungen begonnen haben, die Sprache unserer persönlichen inneren Dimension zu verstehen — die Sprache unserer Sehnsucht, unserer wertvollen Erfahrungen, unseres Gefühls, dass das Leben mehr sein kann, als es von Haus aus ist. Ich hoffe, dass wir anfangen zu begreifen, was unsere innere Tiefe sagt. "

Die Kameraden stimmen zu. Zwar erweckt das Verstehen der Sprache der inneren Dimension diese noch nicht, aber es ist ein wichtiger erster Schritt.

„Denken wir auch daran", schließt Linda, „dass unsere innere Dimension keine feste Struktur ist. Sie ist nichts, was wir ein für allemal begreifen können. Sie kann sich in unserer Lebensspanne ändern, wachsen und weiterentwickeln, sie kann sich selbst nach und nach durch Ereignisse im Leben entfalten und offenbaren. Sie kann auch durch das beeinflusst werden, was uns widerfährt, und durch das, was wir tun: durch unsere Entscheidungen, durch die Haltungen, die wir einnehmen, durch den Lebensstil, den wir annehmen, durch unsere Aufgeschlossenheit oder Engstirnigkeit, durch unsere Liebe und durch die Weisheit, die wir über das Leben erwerben. "

„Meine innere Dimension ist etwas Lebendiges", deutet Heidi an.

„In der Tat", erwidert Linda. „Aber es ist nicht genau ein ,Ding'. Es ist nichts, was ich habe. Es ist ich, mein innerstes Ich. "

Teil 10

Die Pflege der
inneren Dimension

Inzwischen sind wir imstande, die Struktur des Umkreises eines Menschen zu verstehen, ebenso die Sprache der jenseits davon liegenden inneren Dimension. Aber dies scheint noch immer eine theoretische Art von Verständnis zu sein. Die Frage ist, wie man dieses theoretische Verständnis in die Praxis umsetzt und in einen echten Wandel seiner selbst übersetzt.

Die Kluft zwischen dem theoretischen Selbstverständnis und dem Selbstwandel könnte immens erscheinen, ist aber in Wirklichkeit nicht unüberbrückbar. Im Laufe der Geschichte stellen wir fest, dass die Besinnung auf theoretische Ideen in vielen weisheitsliebenden und spirituellen Traditionen sowohl im Osten als auch im Westen zur Selbsttransformation benutzt worden ist. Die antiken Gnostiker[42] beispielsweise, die zu Beginn des ersten Jahrtausends ihre Blütezeit erlebten, glaubten, dass geheimes Wissen die Funken göttlichen Lichts freisetzen kann, die in unserem Sein verborgen sind, und uns zu höheren Wirklichkeitsstufen hin zum Göttlichen erheben kann. Genau deswegen werden sie „Gnostiker" genannt, ein Wort, das die sprachliche Wurzel für „(er)kennen" enthält und „(Er-)Kenner" bedeutet. Ebenso ist im Judentum das Nachdenken über den heiligen Talmud eine wichtige tägliche Aktivität für jüdische Männer (und neuerdings genauso für Frauen) als Teil der Ausbildung der Person. Die tägliche Reflexion dient dazu, die Lebenseinstellung des Einzelnen zu formen, indem in seinem Verstand ein reiches Netz von Ideen

---

42. James Robinson (Hg.), *The Nag Hammadi Library*, HarperCollins, New York 1990. Für ein bewegendes Danksagungsgebet nach dem Empfang offenbarten Wissens siehe „The Prayer of Thanksgiving", S. 328 - 329.

geschaffen wird, die alle Aspekte des Alltags einbeziehen, vom Toilettenbesuch bis zum Gebet, von Insekten bis zum Maschinenpark.[43] Ein Beispiel aus der christlichen Welt ist die Lectio Divina,[44] eine vierstufige besinnliche Lesung der Heiligen Schrift, die als Erstes im Mittelalter von Kartäusermönchen entwickelt wurde. Diese Praxis ist dazu da, tiefgründige spirituelle Einsichten und ein Gefühl der Vertrautheit mit Gott als Teil des eigenen geistigen Wachstums hervorzubringen.

Diese drei westlichen Beispiele — das gnostische erfahrungsbezogene Wissen, die Analyse des Talmuds und die christliche Versenkung in einen Text — sind verschiedene Arten, auf die das Nachdenken über Ideen zum Wandel führen kann. Streng genommen ist allerdings keine von ihnen eine *philosophische* Tätigkeit. Eine Betätigung kann nur dann als Philosophieren gelten, wenn sie allermindestens eine unvoreingenommene Erkundung fundamentaler Lebenfragen beinhaltet, ohne bereits bestehenden Lehren verpflichtet zu sein, und die Bereitwilligkeit, alle Annahmen und Autoritäten in Frage zu stellen. Demgegenüber hält die religiöse Besinnung gewisse religiöse Lehrsätze, Schriften und Autoritäten für selbstverständlich, ohne ihre Berechtigung zu hinterfragen. Nichtsdestoweniger dienen diese althergebrachten Übungen als Bezeugung der transformativen Macht der Kontemplation.

Transformative Besinnung in Mark Aurels *Selbstbetrachtungen*[45]

In der philosophischen Überlieferung des Westens benutzen mehrere Vorgehensweisen die transformative Macht der philosophischen Reflexion. Ein besonders faszinierendes Beispiel findet sich in den vom römischen Philosophen und Kaiser Mark Aurel verfassten *Selbstbetrachtungen*. Die *Selbstbetrachtungen* sind ein stoisches Buch, das einige zentrale Ideen enthält, die man schon in früheren

---

43. Joseph Soloveitchik, *Halakhic Man [Der halachische Mensch]*, Jewish Publication Society of America, Philadelphia 1983.
44. Für moderne Formen dieser Praxis siehe Gustave Reininger (Hg.), *Centering Prayer in Daily Life and Ministry*, Continuum, New York 1998.
45. Frühere Fassungen dieses Teils wurden auf Spanisch als „Auto-Conversación de Marco Aurelio en las Meditaciones: una lección para la práctica filosofía" veröffentlicht, *Sophia: Revista de Filosofía* 5 / 2009, Ekuador, und auf Englisch als „Self-Talk in Marcus Aurelius' *Meditations*: a lesson for philosophical practice", in: *Philosophical Practice* 4 / 2009, S. 486 - 491.

stoischen Schriften findet, und sie auf eine fesselnde Weise neu darlegt und fortentwickelt.

Pierre Hadot[46] und A. A. Long,[47] zwei prominente Ideenhistoriker, deuten den Text als persönliches Merkbuch für stoische Übungen oder das, was Hadot „geistige Übungen" nennt.[48] Geht es nach ihnen, war Mark Aurels Hauptanlass zur Abfassung dieses Hefts weniger das Mutmaßen und mehr das Üben, nicht die *Aufzeichnung* seiner Gedanken und Einstellungen, sondern ihre *Beeinflussung*. In diesem Sinne können die *Selbstbetrachtungen* als einer der uralten Vorläufer der modernen Philosophischen Praxis angesehen werden.

Achten Sie zum Beispiel auf Mark Aurels Worte in Buch 2, Abschnitt 9 seiner *Selbstbetrachtungen*:[49] „Dies musst du immer im Sinn haben: Was ist die Natur des Ganzen, und was ist meine Natur, und wie ist diese mit jener verknüpft, und was für ein Teil ist sie von was für einem Ganzen; und dass es niemanden gibt, der dich daran hindern kann, immer die Dinge zu tun und zu sagen, die der Natur entsprechen, von der du ein Teil bist."

Die ersten paar Worte an dieser Textstelle — „Dies musst du immer im Sinn haben ..." — weisen wie viele andere im Buch darauf hin, dass der Verfasser jemanden anspricht. Dieser Jemand ist er selbst. Mark Aurel fordert sich auf, sich auf die Auseinandersetzungen des Tages durch Betrachtungen über das All und über seinen kleinen Teil darin vorzubereiten. Durch die Niederschrift dieser Worte versucht er, seine Gedanken, Einstellungen und Handlungsweisen so zu beeinflussen, dass sie seinen stoischen Idealen folgen. Dies ist Teil seines stoischen Programms der Selbsttransformation hin zu innerem Frieden und Harmonie mit dem kosmischen Logos.[50]

Diese in den *Selbstbetrachtungen* angewandten Übungen sind von ganz verschiedener Art. Einige von ihnen zielen auf das Entwickeln von

---

46. Pierre Hadot, *The Inner Citadel: The Meditations of Marcus Aurelius [Die innere Burg. Anleitung zu einer Lektüre Marc Aurels]*, Harvard University Press, Cambridge 1995. Siehe insbesondere S. 28 - 53.

47. A. A. Long, *From Epicurus to Epictetus. Studies in Hellenistic and Roman Philosophy*, Clarendon Press, Oxford 2006.

48. *The Inner Citadel*, Kapitel 3, S. 35 - 53.

49. Rezipiert aus *Selbstbetrachtungen*, Buch 2, Prometheus Books, Amherst 1991. Zur Erleichterung der Lektüre habe ich ältere Fürwörter und Flexionen durch modernere ersetzt.

50. Pierre Hadot, *The Inner Citadel: The Meditations of Marcus Aurelius*, S. 35 - 53, Harvard University Press, Cambridge 1995.

Selbstbeherrschung, andere auf das Ausbilden von rationalem Urteilsvermögen, Selbstwahrnehmung, moralischem Verhalten, Pflichterfüllung usw. Insgesamt geht es freilich mehr oder weniger um dasselbe: bestimmte stoische Ideen bewusst zu machen und ihnen auf diesem Weg die Wirksamkeit zu verleihen, den Verfasser den ganzen Tag lang anzuleiten.

Dies wirft allerdings eine hochinteressante Frage auf: Was ist der Clou dabei, sich selbst eine Idee mitzuteilen, die du schon kennst? Wenn du bereits begreifst, wie du denken und dich verhalten sollst, was ist dann das Argument dafür, dies aufzuschreiben, um dich zu überzeugen?

Die Antwort darauf ist, dass Mark Aurel die Seele als zweigeteilt betrachtet: die rationalen und die irrationalen Teile von einem selbst. Der erste Teil glaubt an die stoischen Prinzipien und spricht zum zweiten Teil, der noch nicht überzeugt ist. Letzterer, der irrationale Teil, besteht aus hartnäckigen psychologischen Mechanismen, die dazu tendieren, unseren Körper und unsere Geisteszustände zu kontrollieren, und von vielfältigen psychologischen und biologischen Kräften regiert werden, parallel zu dem, was ich unseren „Umkreis" nenne. Diese umfassen etwa unsere Leidens- und Vergnügensmuster, unsere Gefühlsreaktionen und die Begierden, die sie automatisch hervorbringen. Da sie von irrationalen Kräften und nicht von unserem freien Willen gesteuert werden, gelten sie bei Mark Aurel als nicht vollständig die unseren.

Im Gegensatz dazu ist das rationale Element in der Seele frei von psychologischen Kräften und Mechanismen. Dies ist das „Leitprinzip" oder „Daimon". In einer Linie mit der stoischen Philosophie drückt es unsere wahre menschliche Natur aus — die Vernunft, die in Harmonie mit dem Logos ist, welcher den ganzen Kosmos durchzieht. Als das rationale Prinzip in uns kann es unsere Situation vernünftig untersuchen, sie bewerten und entscheiden, wie zu handeln und zu reagieren ist. Für Mark Aurel ist nur das rationale Selbst frei. Es ist deshalb das einzige Element, das wahrlich ich ist, mein wahres Selbst.

Allerdings kann diese Unterscheidung zwischen dem Leitprinzip und den psychologischen Mechanismen nicht zur Gänze erklären, warum Mark Aurel zu sich selbst spricht. Wenn seine psychologischen Mechanismen nicht unter seiner Kontrolle sind und nicht im Einklang mit Vernunftgründen wirken, dann ergibt es keinen Sinn, zu ihnen zu sprechen und ihnen zu schreiben. Man kann nicht zu nicht rationalen

Mechanismen sprechen und sie können nicht durch philosophische Erwägungen überzeugt werden. Immerhin fordert er sich in seinen Ermahnungen an sich selbst auf, sich von seinen psychologischen Mechanismen zu distanzieren.[51]

Dies legt nahe, dass der Sprecher in den *Selbstbetrachtungen* — mutmaßlich Mark Aurels rationales Leitprinzip — zu sich selbst spricht, nicht zum irrationalen Teil. Doch wenn dem so ist, landen wir wieder bei unserer Anfangsfrage: Was ist die Pointe dabei, unserem Selbst eine Idee mitzuteilen, die sie bereits versteht? Was ist der Witz dabei, zu versuchen, ein Selbst zu überzeugen, das schon überzeugt ist?

Diese Frage ist indes auf eine irreführende Art formuliert. Sie unterstellt, dass Mark Aurels Selbstgespräch dazu vorgesehen ist, jemandem Ideen zu übermitteln. Solange wir diese Annahme akzeptieren, ist es schwer zu erkennen, wer dieser Jemand sein könnte. Der Ausweg aus diesem Problem ist, zu begreifen, dass das Ziel dieses Selbstgesprächs nicht ist, *zu* sich zu sprechen, sondern *aus* sich *heraus* zu sprechen. Sein Selbstgespräch ist erfolgreich, nicht weil sein wahres Selbst seine Ideen hört, sondern weil es sie spricht. Indem er das Leitprinzip darin bestärkt, sich selbst Ausdruck zu geben, spricht Mark Aurel es aus, erweckt es und stärkt es.

Beginn einer inneren Lichtung durch Kontemplation

Mark Aurels Übungen lehren uns eine interessante Lektion: dass wir den inneren Aspekt von uns — unsere innere Tiefe, unsere innere Dimension — stärken können, indem wir ihm Sprache verleihen und ihn ermutigen, sich zu äußern. Sie lehren uns auch, dass philosophische Ideen die Macht haben, uns zu ändern, vorausgesetzt, sie sind nicht durch abstraktes Denken begrenzt, sondern dazu geschaffen, unser tieferes Selbst einzubeziehen.

Um diese Idee bei der Philosophischen Praxis einzusetzen, müssen wir zunächst zwischen der Methodik von Mark Aurels Übungen und seiner stoischen Annäherung ans Leben unterscheiden. Er wendet seine Besinnungsmethoden auf stoische Ideen an, aber wir, die wir nicht dem Stoizismus verpflichtet sind, können diese Methoden nutzen, ohne seine besondere Philosophie zu übernehmen. Bei der Philosophischen Praxis wollen wir auf der philosophischen Reise keine vorgegebene Lehrmeinung aufdrängen. Unser Ziel ist es, die innere Dimension zu

---

51. Siehe zum Beispiel *Meditations*, Buch V, Abschnitt 26, und Buch XII, Abschnitt 3.

erwecken, ihr aber die Freiheit zu geben, nach ihrem eigenen, einzigartigen Weg zu suchen. Demzufolge sollten wir, anstatt Mark Aurels Übungen im Namen einer einzelnen Doktrin zu benutzen, sie mit einer Vielfalt von alternativen Ideen verwenden und unserer inneren Tiefe gestatten, sich mit ihnen auseinanderzusetzen, mit ihnen zu experimentieren und ihren eigenen Weg zu wählen oder zu erschaffen.

Auf der anderen Seite kann unsere innere Tiefe vermutlich nicht von einer beliebigen Idee angeregt werden. Sie kann nur von Ideen berührt werden, die ihr nahe genug stehen und bei denen sie einen Widerhall finden kann. Wenn wir deshalb unsere innere Tiefe auf eine nicht dogmatische Weise erwecken wollen, wenn wir sie dazu inspirieren wollen, ihren persönlichen Pfad aus der platonischen Höhle hinaus zu ergründen, dann müssen wir sie mit philosophischen Ideen anstoßen, die in Sprachen sprechen, die ihrer eigenen ähneln. Ist meine innere Dimension zum Beispiel auf die Begriffe Mitgefühl und Solidarität ausgerichtet, aber überhaupt nicht auf die Idee ästhetischer Schönheit, dann ist es unwahrscheinlich, vom Nachdenken über Philosophien der Ästhetik bewegt zu werden. Wenn wir daher die Sprache der inneren Dimension des Menschen kennen, wenn wir die wichtigsten Vorstellungen kennen, die ihrer Vision und Orientierung zugrunde liegen, dann können wir philosophische Texte hernehmen, die ähnliche Ideen enthalten, um sie zu erwecken und zu inspirieren.

Dies bedeutet nicht, dass wir im Voraus wissen müssen, welche philosophische Theorie die richtige für eine bestimmte Person ist. Es schadet nicht, verschiedenartige Alternativen auszuprobieren, besonders, da es unmöglich ist, genau zu wissen, wie die innere Dimension eines Menschen sich zu entwickeln in der Lage ist. Wie ein Säugling, der gerade erst beginnt, sich zu erkunden, kennt die innere Dimension ihre eigenen Präferenzen nicht im Vorhinein. Solange wir aufgeschlossen bleiben, uns in die Reaktionen eines Menschen einfühlen und bereit sind, unseren Kurs, wann immer angemessen, zu ändern, haben wir eine gute Chance, einen Pfad in die innere Dimension, in die innere Tiefe zu finden. Besonders ergiebig sind Texte oder Ideen, die im Zusammenhang mit grundlegenden Lebensfragen stehen — kurz gesagt, philosophisch sind, da das Nachdenken darüber voraussichtlich einen Bezug zu den fundamentalen Sehnsüchten und Kämpfen der Person herstellt.

Das Nachdenken über Ideen aus unserer inneren Dimension ist *nachsinnend.* Anders als gewöhnliche Formen des Denkens bedeutet nachsinnen, dass wir unsere normalen Denkmuster zum Schweigen bringen, einen inneren Raum öffnen und unserer inneren Dimension erlauben, das Denken zu tun. Die philosophische Kontemplation über Ideen von Belang ist folglich eine mächtige Art, unsere innere Dimension auszusprechen, sie wachzurufen und sie auf diese Weise anzuregen, über unseren Umkreis hinaus auszugreifen.

Ich nenne diesen allgemeinen Ansatz zum Heraustreten aus seiner platonischen Höhle *Den Weg philosophischer Kontemplation.* Er besteht erstens aus der Erkundung der in seinem Umkreis und seiner inneren Dimension „gesprochenen" Sprache; und zweitens aus der Verwendung im Zusammenhang stehender philosophischer Texte, um die innere Dimension zu erwecken, indem ich sie äußere, oder noch spezifischer, durch das philosophische Nachsinnen über die grundlegenden Begriffe, die sie ausfüllen.

Die Kontemplation ist keine leichte Praxis. Sie ist nichts, was man einfach durch das Durchexerzieren bestimmter Bewegungen machen kann. Wie uns Mark Aurel zeigt, müssen wir, um wirkungsvoll nachzusinnen, unsere Fähigkeit entwickeln, uns der Macht der Ideen zu öffnen. Wir sollten anders gesagt lernen, Ideen nicht mit unseren perimetrischen Denkmustern zu beantworten, sondern durch die Nutzung unserer inneren Dimension, unserer inneren Tiefe. Um eine geografische Metapher in Anspruch zu nehmen: Wir müssen lauschen und Ideen „von" einem anderen „Ort" in uns beantworten, namentlich von einem Aspekt von uns, der nicht von unseren automatischen perimetrischen Mustern kontrolliert wird. Je umfassender wir diese Fähigkeit ausbilden, desto mehr sind wir imstande, unsere perimetrischen Reaktionen wegzulassen und es neuen Verständnissen zu erlauben, in uns zu wirken und uns zu transformieren.

Es wäre wirklichkeitsfremd, von meinem Umkreis zu erwarten, dass er vollständig abschmilzt. Ich bin am Ende doch ein Mensch — ein Geschöpf mit einer spezifischen psychologischen Struktur und biologischen Verfassung, beeinflusst durch meine besondere Kultur, Sprache und persönliche Geschichte. Auch nach viel Praxis werden viele meiner Emotionen und Handlungsweisen weiter von meinen perimetrischen Verständnissen regiert werden und werden mich daher auf bestimmte Gefühls- und Verhaltensmuster beschränken. Dennoch werden diese perimetrischen Muster mich nicht vollständig dominieren, solange ich es schaffe, sicherzustellen, dass wenigstens gewisse Aspekte meines Seins, und sei es nur gelegentlich, nicht von ihnen beherrscht werden.

Meine Aufgabe ist es daher, zu lernen, in mir selbst einen Raum zu schaffen, der ohne mein perimetrisches Selbst ist, frei von meinen normalen strengen, engen Haltungen. Wir könnten dies eine *Lichtung* im Wald nennen: ein offener Platz inmitten des dichten Geflechts meiner perimetrischen Verständnisse. Wie das Bild der „Lichtung" suggeriert, geht es nicht darum, meinen perimetrischen „Wald" zu beseitigen, sondern dort einen freien Fleck zu schaffen, so klein er auch sein mag, der den Himmel öffnet. Dies würde mir wenigstens ab und zu erlauben, eine andere innere Lebenseinstellung einzunehmen, zumindest in bestimmten Situationen. Diese örtliche, zeitweilige Lichtung könnte es philosophischen Verständnissen ermöglichen, mich anzuregen, mich zu inspirieren, mich zu fördern. Ein paar Lichtstrahlen, die durch das Blattwerk dringen, erleuchten mitunter den ganzen Wald.

In manchen Fällen ist eine Lichtung wie ein „Geschenk", das wir unerwartet „bekommen", wie von selbst, wie eine vorübergehende Laune, unabhängig von unseren Anstrengungen. Zum Beispiel geschieht es manchmal aus einem nicht ersichtlichen Grund, dass wir uns mit großer Sensibilität und Klarheit des Verstandes ausgestattet fühlen. Gewöhnliche Ereignisse erscheinen uns voller neuer Bedeutungen, überraschende Einsichten steigen in uns auf und inspirieren uns, und wir sind auf neue Arten und Weisen von Ausblicken, von Worten, von Leuten und Landschaften gerührt. Dies kann mit einem Gefühl innerer Stille, von Fokussierung, Harmonie oder einem mühelosen Fließen einhergehen. Es ist, als wäre unser üblicher Geisteszustand beiseitegeschoben und eine neue wundersame Fülle würde seinen Platz für einige Minuten oder Stunden einnehmen.

Eine Lichtung hängt deshalb nicht immer von uns ab. Gleichwohl können wir in erheblichem Maß ihr Auftreten mit unseren eigenen Anstrengungen fördern. Das Mindeste, was wir tun können, ist, aufmerksam zu sein. Lichtungen tauchen in unserem Verstand öfter auf, als wir mitbekommen, aber wir sind gewöhnlich zu beschäftigt, um Notiz von ihnen zu nehmen. Unsere gewöhnlichen Muster und Vorstellungen sind zu mächtig und übernehmen schnell die Führung, bevor wir merken, dass sich gerade etwas Bedeutendes ereignet hat. Selbst wenn wir eine Lichtung wahrnehmen, blenden wir sie oft als bloße angenehme Stimmung aus. Doch wenn wir sie beachten und pflegen, erleben wir ein kleines Wunder. Es ist, als würde unsere Welt neue Horizonte übernehmen, die sich weit über unser gewohntes Selbst erstrecken.

Obendrein können Lichtungen das Ergebnis einer Praxis sein. Durch fortlaufende Erfahrung vermögen wir allmählich zu lernen, unsere normalen perimetrischen Kräfte zurückzudrängen und einen freien Raum in uns selbst zu öffnen, zumindest für eine Weile. Tägliche Übung eröffnet uns die Aussicht, uns bei unseren täglichen Arbeiten und Besorgungen an der Welt zu beteiligen und zugleich größer als unser kleines perimetrisches Selbst zu sein.

Eine Lichtung zu schlagen ist noch keine Kontemplation, jedenfalls keine philosophische, weil das aus sich heraus keine philosophischen Ideen einschließt. Aber wenn wir eine Lichtung in uns bewahren, und sei es nur kurzzeitig, können unsere philosophischen Reflexionen wahrhaft besinnlich werden.

Kontemplation mit einem philosophischen Text

Mehr als zwanzig Jahre lang habe ich Besinnungstechniken erforscht, teilweise allein, teilweise in verschiedenen Klöstern und teilweise in philosophischen Workshops und Klausuren in vielen Ländern. Die Erfahrung hat mich gelehrt, dass philosophische Texte eine mächtige Hilfe bei der Kontemplation sein können. Ein guter philosophischer Text zeigt uns ein reichhaltiges Netzwerk von Ideen über grundlegende Lebensfragen. Von daher kann er uns helfen, aus neuen Perspektiven und Tiefen heraus einen Blick auf das Fundament unseres perimetrischen Lebens zu werfen.

Es gibt viele textbasierte Übungen, die verwendet werden können, um unsere innere Dimension zu erwecken und ihr Stimme zu verleihen. Mit diesen Übungen können wir Begriffe untersuchen, Fragen stellen, Ideen zusammensetzen, Annahmen und Verbindungen feststellen — und dies nicht von unserem gewöhnlichen, eigensinnigen Selbst her, nicht von unseren automatischen Denkmustern her, sondern aus unserer inneren Dimension heraus. Eine solche Betätigung ist wahrlich kontemplativ, weil sie es uns erlaubt, unsere übliche Denkweise beiseitezuschieben, und tiefere Einsichten in uns aufkommen lässt.

Benutzen wir einen philosophischen Text für eine Textbetrachtung, stufen wir ihn nicht als eine Theorie ein, oder anders, als eine Darstellung der Wirklichkeit, die danach strebt, genau zu sein. Wir versuchen nicht, ihn zu beurteilen, zu analysieren oder über ihn zu streiten — diese Tätigkeiten involvieren unseren eigensinnigen Verstand. Diese verlangen von uns die Annahme der Haltung eines unvoreingenommenen Beobachters und ziehen uns deshalb von der besinnlichen Einstellung weg. Bei der Textbetrachtung *denken* wir nicht *über* den Text *nach*, sondern *mit* dem Text, indem wir eine innere Lichtung schlagen, durch die wir den Worten lauschen und mit ihnen mitschwingen. Das heißt nicht, dass wir mit dem übereinstimmen, was der Text besagt — einverstanden oder nicht einverstanden sein ist überhaupt nicht die Frage.

Nicht jeder philosophische Text ist für eine besinnliche Lesung gleich geeignet. Die einen Texte sind poetisch und inspirierend, während andere zu weitschweifig und intellektuell sind; einige sind aufschlussreich und gefühlvoll, während andere trivial oder trocken sind; einige können leicht mit alltäglichen Situationen verknüpft werden, während andere abstrakt und abwegig sind.

Es ist gewöhnlich am besten, einen kurzen, nicht mehr als drei oder vier Absätze langen Text zu wählen, und zwar einen, der verdichtet ist (ohne viele Wiederholungen oder langatmige Erklärungen) und der einen Alltagsbegriff behandelt (Selbst, Liebe, Freiheit usw.). Besonders zweckmäßig sind dichterisch verfasste philosophische Texte. Beispiele sind die Schriften von Mark Aurel, Nietzsche, Buber, Bergson und Emerson, um nur ein paar zu nennen. Allerdings enthalten Bücher, die im Großen und Ganzen trocken und abstrakt sind, häufig ergreifende Passagen, und diese können für eine besinnliche Lesung benutzt werden.

Besinnungsübungen für Einzelpersonen

Verschiedene Textbetrachtungsübungen sind für verschiedene Formate geeignet — Gruppenaktivität, Beratungssitzungen oder Arbeit mit Einzelpersonen. Beginnen wir mit Übungen, die von einem Einzelnen oder einem Ratsuchenden durchgeführt werden können.

Stille Schriftlesung

Dies ist eine vereinfachte, nicht religiöse Version einer überlieferten Technik, die im Mittelalter von katholischen Mönchen des Kartäuserordens entwickelt wurde und *Lectio Divina* (Göttliche Lesung) genannt wird. Die traditionelle, religiöse Methode konzentriert sich auf die Lektüre heiliger Schriften. In seiner philosophischen Form ist der

Lesestoff ein kurzer, weniger als eine Seite langer philosophischer Text, der vorzugsweise verdichtet, vielleicht sogar poetisch ist. Das Ziel ist, von einem anderen Ort in uns aus, aus unserer inneren Tiefe heraus über den Text nachzusinnen und ihn in uns „sprechen" zu lassen.

Eine stille Schriftlesung kann von einem Einzelnen, in einer Beratungssitzung zwischen Berater und Ratsuchendem oder in einer Gruppe durchgeführt werden. Wenn Sie bei der Individualversion ein einzelner Betrachter sind, der allein nachsinnt, ist es das Beste, mit einer kurzen meditativen Konzentrationsübung zu beginnen, um eine innere Lichtung herbeizuführen. Das Verfahren der stillen Schriftlesung besteht aus mehreren Schritten. Erstens lesen Sie den Text still und sehr langsam, viel langsamer als gewöhnlich. Sie lauschen aufmerksam den Worten des Textes, ohne eine Meinung oder Analyse einzuführen. Oft werden Sie erleben, dass der Text in Ihnen spricht, und spontan werden Ideen in Ihrem Verstand auftauchen, sozusagen von selbst. Lesen Sie denselben Text mehrmals.

Schreiben Sie zweitens in diesem Zustand innerer Stille einen Satzteil oder einen Satz auf, der Ihre Aufmerksamkeit erregt oder zu Ihnen sprechen „will". Richten Sie Ihr Augenmerk auf diesen Satz und lesen Sie ihn mehrmals, während Sie hören, was er sagt. Vielfältige Ideen können in Ihren Verstand hineinschweben, und wenn dies geschieht, hören Sie ihnen schweigend zu und versuchen Sie, sie in Worte zu fassen. Sie können sie auch schriftlich festhalten.

Nachdem mehrere unterschiedliche Ideen in Ihrem Kopf entstanden sind, ist es drittens an der Zeit, sie zusammenzubringen und ihnen eine Organisation und einen Schwerpunkt zu geben. Dabei bündeln Sie sanft Ihren Verstand, notieren sich wiederholende Themen und versuchen, sie in einem einzigen Satz zu vereinigen, der als Mittelpunkt all Ihrer anderen Ideen dienen kann.

Zuletzt sinnen Sie entspannter über diesen Satz nach, während Sie einen kleinen Spaziergang machen oder den Satz kalligrafisch niederschreiben.

In einer Beratungssitzung wird die stille Schriftlesung auf ähnliche Art durchgeführt, aber hier erfolgen die Lektüre und die Reflexion meistens laut. Der Ratsuchende liest den Text mit lauter Stimme und drückt in ein paar Worten die Ideen aus, die in seinem Verstand erscheinen. Der Berater fungiert als Alter Ego, gibt die Worte des Ratsuchenden wieder oder verfeinert sie, stellt Fragen und hilft ihm beim Artikulieren seiner Ideen.

Sprechen über einen wertvollen Moment

Dieses Verfahren eignet sich für die Beratungsversion. Der Ratsuchende hebt eine wertvolle Situation aus der jüngsten Vergangenheit in sein Bewusstsein und versucht dann, sie in sein Gedächtnis zu befördern. Er stellt sich selbst in dieser vergangenen Situation vor und versucht, aus ihrer Tiefe heraus zu denken, zu fühlen und zu handeln. Der Berater hilft ihm mit gelegentlichen Fragen und Kommentaren.

Der Versuch des Ratsuchenden, „aus" dem erinnerten wertvollen Moment heraus zu sprechen ist praktisch ein Versuch, seine innere Tiefe zu prüfen und ihr Stimme zu verleihen. Doch dies kann schwierig sein, vor allem da es nicht einfach ist, eine mächtige Erfahrung in Worte zu übersetzen. Aus diesem Grund ist es gewöhnlich das Beste, diese Übung durchzuführen, nachdem die Sprache der inneren Dimension des Ratsuchenden bis zu einem gewissen Grad erkundet worden ist und einige grundlegende Begriffe identifiziert worden sind (siehe vorheriger Teil). Der Berater kann diese Begriffe nutzen, um passende Fragen zu stellen und dem Ratsuchenden zu helfen, seine Antworten zu formulieren.

Eine gedachte Führung in einem philosophischen Text

Auch eine gelenkte Symbolik kann benutzt werden, um in die innere Tiefe zu gelangen. Hier wählt der Berater einen kurzen philosophischen Text, der im Geist der inneren Dimension des Ratsuchenden ähnelt. Der Berater weist danach den Ratsuchenden an, in seiner Vorstellungskraft in die Welt des Textes hineinzugehen, woraufhin die zwei sie dann gemeinsam erforschen.

Methoden für philosophische Kameradschaften[52]

Ratsuchenden fällt es bisweilen schwer, bei einer Vier-Augen-Beratung nachzusinnen, da sie sich vor den Augen des Beraters beschämt und gehemmt fühlen. Ein passenderes Format ist die philosophische Kameradschaft. Während die Einzelberatung tatsächlich das ideale Format für Umkreisanalysen ist, ist das

---

52. Für eine umfassendere, detailliertere Aufzählung von Besinnungsübungen für Gruppen siehe *Handbook of Philosophical Companionships*, Loyev Books, Vermont 2016.

Kameradschaftsformat ideal, um mit der inneren Dimension zu experimentieren. Die Kameradschaft versetzt den Einzelnen in die Lage, weniger ichbezogen zu sein und an einer Gruppenaktivität teilzunehmen, die sich nicht um ihn dreht.

Ein Gemeinschaftsgefühl ist sehr wichtig für den Erfolg der philosophischen Kameradschaft. *Das Miteinander* in seinem tieferen Sinn bedeutet, dass ich nicht mehr der alleinige oder letztendliche Besitzer meiner Gedanken und Ideen bin. Wie ein Musiker in einer Band, der mit seinen Kollegen im Einklang ist, um zusammen Musik zu erzeugen, erschaffe ich als Kamerad mit meinen Mitkameraden die „Ideenmusik" der Gruppe. Ich denke vor allem *mit* Anderen, weniger *über* das, was sie sagen.

In gewöhnlichen Gruppen ist dies nicht das, was üblicherweise geschieht. In einer typischen Gruppendiskussion beispielsweise behält jeder Einzene seine Individualität und Getrenntheit bei und verhält sich beim jeweiligen Thema wie ein eigenständiger, gesonderter Denker. Er hat seine eigenen Meinungen und seine eigenen Grundsätze, er denkt *über* die Ideen der Anderen nach und beurteilt sie als richtig oder falsch. Wollen wir deshalb ein Zusammengehörigkeitsgefühl unter den Gruppenmitgliedern pflegen — wollen wir, anders gesagt, eine Gruppe von Menschen zu Kameraden werden lassen, die im Miteinander nachsinnen —, dann müssen bestimmte Methoden eingeführt werden. Solche Verfahren könnten dazu führen, dass sich die Interaktion als „unnatürlich" anfühlt, da sie die Teilnehmer aus ihren üblichen Einstellungen herausholt.

Das Thema der philosophisch-kontemplativen Kameradschaften ist an früherer Stelle erwähnt worden, aber wir sehen jetzt klarer, wie sie arbeiten. Eine *philosophisch-kontemplative Kameradschaft* (oder kurz philosophische Kameradschaft) ist eine Gruppe von Personen, die auf der Suche nach bedeutungsvollen philosophischen Einsichten im Miteinander über grundlegende Lebensfragen nachsinnen. Sie treffen sich regelmäßig online oder von Angesicht zu Angesicht, üblicherweise mit einem Moderator, der Methoden und Übungen einführt. Jede Sitzung ist normalerweise auf einen kurzen philosophischen Text ausgerichtet, der als Ausgangspunkt für persönlich-philosophische Erkundungen dient.

Drei allgemeine Vorgaben geben den Aktivitäten in einer Kameradschaft die Richtung vor:

1. *Pflege einer besinnlichen Einstellung:* Die Kameraden treten aus ihren üblichen Meinungen und Denkmustern heraus und versuchen, aus einem tieferen Aspekt von sich heraus zu denken und zu interagieren. Anstatt automatische Meinungen und unpersönliche Ideen auszudrücken, verleihen sie ihrer inneren Dimension eine Stimme.

2. *Im Einklang mit Anderen im Miteinander.* Die Kameraden sind keine gesonderten Denker mehr, die sich Auge in Auge gegenübersitzen; vielmehr stehen sie alle Seite an Seite und sinnen im Miteinander nach. Statt des üblichen Argumentierens und Erklärens treten sämtliche Kameraden in Einklang zueinander wie Musiker, die gemeinsam eine „Gruppenmusik" von Verständnissen hervorbringen.

3. *Im Einklang mit dem Text (oder mit Ideen):* Die Kameraden treten auch mit dem philosophischen Text in Einklang, den sie zusammen lesen. Sie stellen einen Zusammenhang zu den philosophischen Ideen her, die sie im Text finden, wie eine Stimme, die sich im Chor mit einer anderen Stimme verbindet, sodass Übereinstimmung oder Nichtübereinstimmung nicht mehr die Frage ist. Die philosophischen Ideen im Text werden nicht als Theorie behandelt, das heißt als Aussage über die Art, wie die Realität wirklich ist, sondern als musikalischer Satz, mit dem es Übereinstimmung herzustellen gilt als Keim für weitere Kontemplation.

Eine Vielfalt an Methoden und Übungen kann uns helfen, diesen drei Grundsätzen zu folgen. Die nachstehenden sind ein paar Beispiele.

Stimmenmeditation in Vorbereitung auf eine besinnliche Lesung

Um eine Besinnungsübung wirkungsvoller zu gestalten, ist es gewöhnlich notwendig, zuerst eine Geisteshaltung innerer Stille und inneren Zuhörens zu erreichen. Eine wenige Minuten dauernde Meditationsübung kann helfen, diese Haltung hervorzurufen. Durch diese Übung hören wir auf, uns mit unserem beschäftigten, lärmenden Verstand zu identifizieren, und werden stattdessen eine Lichtung, ein leerer Raum, ein Kanal für Einsichten, die durch uns sprechen. Wir sind nicht mehr das Selbst, das herrscht, spricht und entscheidet, sondern empfänglich und verfügbar für jedes beliebige Verständnis, das beschließt, aus unserer Tiefe aufzusteigen.

Eine solche meditative Konzentrationsübung nutzt unseren Körper als Gleichnis für unsere innere Haltung. Durch das Regulieren unserer Körperhaltung können wir unsere Geistesverfassung beeinflussen. Wir stellen uns vor, wie wir Schritt für Schritt unsere Luftsäule hinabsteigen, von unseren Nasenlöchern durch unseren Rachen und Magen bis nach unterhalb unseres Rumpfs. Durch unsere Distanzierung von unserem Kopf (wo wir uns gewöhnlich verortet fühlen) erlangen wir eine neue innere Haltung.

Dazu setzen Sie sich an einem ruhigen Ort in symmetrischer, aber bequemer Position hin. Richten Sie Ihren Verstand auf Ihren Atem, wie er durch ihre Nasenlöcher hinein- und wieder hinausströmt. „Schauen" Sie nicht auf Ihre Nasenlöcher, aber versetzen Sie sich einfach dorthin und ruhen Sie sich dort aus. Wenn Ihnen Gedanken oder Bilder in den Sinn kommen, dann widerstehen Sie ihnen nicht. Ignorieren Sie sie und lassen Sie sie vorbeiziehen. Bewegen Sie nach drei langsamen Atemzügen Ihr Bewusstsein hinunter zu ihrem Mund und beachten Sie die Luftbewegung; bewegen Sie sich nach drei weiteren langsamen Atemzügen zum Halseingang, danach zum Hals selbst, zur Brust, dann zum Magen. Von dort geht es weiter hinunter zu den Hüften (die normalerweise die Atmung reflektieren) und schließlich noch weiter hinunter zu einem gedachten Punkt unterhalb Ihres Stuhls. An diesem Punkt sind Sie nicht länger an Ihrem gewöhnlichen Platz in Ihrem Körper; Sie werden nicht mehr mit Ihrem üblichen Selbst gleichgesetzt. Sie sind in etwas, was man, bildlich gesprochen, den Punkt des Schweigens, des Zuhörens, der Tiefe nennen kann.

Und jetzt, wo Sie „unter" Ihrem üblichen Selbst, „tiefer" als Ihr Selbst sind, kann der Hauptteil der Besinnungssitzung beginnen.

Wertvolles Sprechen

Wir unterscheiden zwischen Besinnungs*methoden* und Besinnungs*übungen*. Anders als Übungen sind Methoden nur einfache Techniken, die nicht für sich allein stehen. Sie können als Elemente in Übungen dienen. Eine Übung kann eine oder mehr Methoden beinhalten.

Das wertvolle Sprechen ist eine allgemeine Methode, die als Bestandteil vieler Übungen dient. Bei diesem Verfahren sind die Kameraden angewiesen, auf eine prägnante, verdichtete Weise zu sprechen, als ob jedes Wort wertvoll wäre, als ob jedes Wort ein Geschenk an die Gruppe wäre. Sie vermeiden Wiederholungen, übertriebene Erklärungen und überzählige Wörter. Nicht notwendige Worte wie „Nun, ich glaube dass …" werden aussortiert. Wann immer möglich beschränken sich die Kameraden darauf, jeweils nur einen Satz zu sagen.

Diese exakte Sprechweise hilft uns, uns aus unserem automatischen Denken und Sprechen herauszuholen. Es handelt sich um eine „unnatürliche" Art des Sprechens, die uns zwingt, dessen äußerst bewusst zu sein, was wir sagen und wie wir es sagen. Sie schränkt auch unsere Fähigkeit ein, eine ganze Meinung zum Ausdruck zu bringen, sie konzentriert unseren Verstand und kanalisiert unsere Gedanken und unsere Rede hin zu einem dichterischen Modus.

Das wertvolle Sprechen hat mehrere Spielarten. Beim *freien wertvollen Sprechen* werden die Kameraden aufgefordert, zu sprechen, wann immer sie möchten, und zu schweigen, wann immer sie möchten. Sie können die meiste Zeit ruhig dasitzen und nur sprechen, wenn ein Satz in ihrem Verstand in Erscheinung tritt und ausgesprochen werden „will". Das Ergebnis sind Zeiten der Stille, in denen die Teilnehmer nach innen horchen, gelegentlich unterbrochen von spontanen Sätzen.

Im anderen Fall, beim *rhythmisierten wertvollen Sprechen*, sprechen die Kameraden in einer festen Reihenfolge — nach ihrer Sitzordnung oder (in einer Online-Kameradschaft) in alphabetischer Reihenfolge. Sie werden gebeten, sofort zu sprechen, wenn sie an die Reihe kommen, ohne viel Verzug (oder sie können „passen", wenn sie lieber nicht sprechen). Das Ergebnis ist eine rhythmisierte Folge von Äußerungen, eine nach der anderen, die miteinander einen Zusammenhang bilden.

Absichtliches Gespräch

Manchmal möchten wir, dass die Teilnehmer ihre Gedanken ausführlicher darlegen, als es bei der Methode des wertvollen Sprechens gestattet ist, die nur einen einzigen kurzen, verdichteten Satz erlaubt. Zum Beispiel könnten wir wollen, dass sie eine persönliche Erfahrung beschreiben, über die Bedeutung eines Begriffs oder eines Absatzes nachdenken oder sich miteinander über einen vorgegebenen Punkt unterhalten. Doch gleichzeitig wollen wir nicht, dass sie ihre besinnliche Geistesverfassung verlieren und zu ihrer üblichen automatischen, eigensinnigen Denk- und Redeweise zurückkehren. Der Standardmodus unseres Verstandes ist sehr mächtig und sobald wir ihm die Gelegenheit geben, ist er schnell dabei, zu übernehmen.

Das absichtliche Gespräch ist eine Technik, die zwangloser ist als das wertvolle Sprechen, aber nicht völlig zwanglos. Die Besinnungshaltung wird nicht durch die Begrenzung der Rede auf einzelne Sätze aufrechterhalten, sondern durch Anleitungen, die die erwünschte innere Haltung bewahren. Diese Anleitungen sind keine richtigen Regeln, da sie nicht immer durchgesetzt werden können (eine innere Haltung ist von außen nicht einsehbar) und da sie zu einer inneren Anstrengung aufrufen. Sie werden „Absichten" genannt.

Vier Absichten leiten das absichtliche Gespräch:

1. Die Absicht der verdichteten Rede: Wann immer du sprichst, versuch, deine Ideen verdichtet zu formulieren und Wiederholungen, übermäßige Erklärungen und unnötige Wörter zu vermeiden.

2. Die Absicht des Zuhörens: Anderen zuzuhören ist ein wesentlicher Teil dieser Methode. Wann immer Andere sprechen, versuch, ihre Worte und Ideen in deinem Verstand präsent zu machen. Anders ausgedrückt, du sollst deinen inneren Raum in dir öffnen — eine Lichtung — und in diese Lichtung alles hineinsetzen, was gesagt wird. Stimm dem Sprecher weder zu noch nicht zu, denk nicht daran, wie du antworten wirst oder was du sagen wirst, wenn du an der Reihe bist — verschaff einfach den Worten und Ideen des Sprechers eine Anwesenheit in deinem Verstand.

3. Die Absicht des Sprechens aus der Gegenwart: Wenn du sprichst, verleih nur dem Stimme, was in dem Augenblick in dir lebt. Schieb deine vertrauten Meinungen aus dem Kopf und aus deiner Rede wie auch jeden Gedanken aus der Vergangenheit, der nicht mehr lebendig ist.

4. Die Absicht zur Resonanz: Bezieh dich auf das, was deine Kameraden zuvor gesagt haben, aber nicht, indem du *darüber* sprichst. *Verbinde dich* vielmehr mit dem, was sie gesagt haben. Denk dabei an dich als Sänger in einem Chor. Du und deine Kameraden erschaffen zusammen Musik, jeder mit einer anderen Stimme, gemeinsam improvisierend, so wie es eben vorangeht. Dies führt dazu, dass unterschiedliche Verständnisse Seite an Seite auftreten können, selbst wenn sie einander zu widersprechen scheinen und dadurch eine Mehrstimmigkeit hervorrufen.

Langsame Lesung

Die langsame Lesung ist eine weitere Methode, die in vielen Übungen als Element benutzt werden kann. Hierfür ist ein kurzer philosophischer Text erforderlich, einer, der prägnant, reich an Bedeutung und nicht zu weitschweifig, wiederholend oder technisch ist.

Einer der Teilnehmer liest den Text sehr langsam laut vor und unterbricht jedes Wort für einen längeren Augenblick. Eine Art Schweigeminute kann am Ende jedes Satzes abgehalten werden. Jeder

Leser dürfte den automatischen Drang spüren, mit dem nächsten Wort fortzufahren, aber es ist wichtig, diesen Impuls zu überstehen und beim langsamen Rhythmus zu bleiben. Die Teilnehmer sind angewiesen, sorgfältig auf jedes Wort zu achten wie auch auf die Verständnisse, die in ihnen als Reaktion erwachsen können. Die äußerste Langsamkeit der Lesung ebenso wie das Aufbrechen der syntaktischen Einheiten helfen dabei, normale Denkmuster auszuschalten.

Nachdem der ganze Text gelesen worden ist, können die Teilnehmer mit der Gruppe ihre persönlichen Verständnisse in wertvollem Sprechen, in absichtlichem Gespräch, schriftlich oder mit einer Zeichnung teilen.

Besinnliches Skandieren[53]

Das besinnliche Skandieren ist die vierte Methode, die in viele Übungen einbezogen werden kann. Der Moderator wählt einen wichtigen Satz aus einem philosophischen Text aus und die Kameraden wiederholen denselben Satz ein ums andere Mal, einer nach dem anderen je nach ihrer Sitzposition (in leibhaftigen Gruppen) oder alphabetisch (in Online-Gruppen). Mehrere Runden des Wiederlesens desselben Satzes kann auf diese Weise erfolgen. Das Ergebnis ist ein fortlaufendes Skandieren, das eine besinnliche Atmosphäre schafft und die Kameraden aus ihren üblichen Denkmustern herausholt.

Auch hier können die Teilnehmer am Ende der Übung mit der Gruppe die persönlichen Verständnisse teilen, die in ihrem Verstand hochgekommen sind. Sie können dies in wertvollem Sprechen, in absichtlichem Gespräch, schriftlich oder mit einer Zeichnung tun.

Übungen für philosophische Kameradschaften

Die obigen Methoden sind Bestandteile längerer Übungen und gewöhnlich keine eigenständigen Aktivitäten, die gleichsam auf eigenen Füßen stehen. Die nachstehenden sind vollständige Übungen, die aus mehreren Elementen oder Schritten bestehen. Einige von ihnen beinhalten die oben genannten Arbeitsweisen.

---

53. Ich bin meinem Kollegen Gerald Hofer zu Dank verpflichtet, der bei einer internationalen Online-Kameradschaft, die ich im Dezember 2015 organisierte, eine eindringliche Version dieser Methode präsentierte.

Stille Lesung (Gruppenversion)
Wie die zuvor beschriebene Individualversion ist die Gruppenversion der stillen Lesung eine vereinfachte Fassung der traditionellen Textbetrachtung namens Lectio Divina. Die Grundidee ist hier, dass, während die Kameraden den Text im Besinnungsmodus lesen, in ihrem Verstand Einsichten hochkommen, die sie danach in wertvollem Sprechen äußern. Dem kann eine zweite Phase folgen, in der die Kameraden diese Erkenntnisse zu einem gebündelten zusammenhängenden Ganzen zusammenführen.

Um die Übung zu beginnen, sitzen die Teilnehmer in einem Kreis (oder versammeln sich online), jeder mit einer Textkopie. Der Text sollte zwischen einem Absatz und einer halben Seite lang sein (er kann freilich Teil eines längeren Textes sein, den die Mitwirkenden bereits im Voraus gelesen haben). Um in eine besinnliche Geistesverfassung einzutreten, beginnt die Gruppe mit einer kurzen Konzentrationsübung.

In der zweiten Phase liest die Gruppe den Text gemeinsam als erste Begegnung mit seinen Grundideen. Dies kann in Form einer langsamen Lesung oder eines besinnlichen Skandierens erfolgen (siehe oben) oder aber einfach durch das Lesen des Textes und das sorgfältige Zuhören. Nach jedem Absatz folgte eine Runde wertvolles Sprechen, in der jeder Teilnehmer versucht, in wenigen Worten die zentrale Idee auszusprechen, die er wahrgenommen hat. Diese Worte können auch auf ein Blatt Papier in der Mitte geschrieben werden.

Während die zweite Phase darauf abzielt, ein erstes oberflächliches Verständnis des Textes zu gewinnen, ist die nächste Phase durch und durch besinnlich und arbeitet darauf hin, persönlicheren, durchdachteren und kreativeren Einsichten Stimmen zu verleihen. Der Text wird entweder von einem Freiwilligen oder jeder Satz von einem anderen Kameraden laut vorgelesen, die Lektüre kann mehrmals wiederholt werden. Unterdessen schenken die anderen Teilnehmer ihr aufgeschlossen Aufmerksamkeit und lassen den Text in ihnen selbst sprechen, ohne zu versuchen, ihm irgendeine Analyse oder Erläuterung aufzuerlegen.

Der Moderator stellt jetzt eine allgemeine Frage über den Text wie etwa: „Was für eine Art von Liebe versucht der Text Ihnen zu beschreiben?" Die Kameradschaft ist nunmehr offen für jeden, seine Antwort in der Methode des wertvollen Sprechens zu äußern. Das Ziel ist die Offenlegung einer Vielfalt von Einsichten, die aus dem

Ursprungstext zum Vorschein kommen. Die Betonung in dieser Phase liegt nicht auf Organisation oder Konzentration, sondern auf Mannigfaltigkeit und Reichhaltigkeit.

In den oben genannten Phasen sollen die Teilnehmer einen besinnlichen Geisteszustand bewahren und den Vorgaben des wertvollen Sprechens folgen. Dies sollte vorher erklärt werden.

Sehr oft reicht der Vorgang bis hierhin aus. In diesem Fall ist es Zeit für den letzten Schritt: eine enspanntere Runde wertvollen Sprechens oder absichtliches Gesprächs, in der die Teilnehmer sich darüber austauschen, was sie aus der Übung mitnehmen. Sonst ist allerdings ein weiterer Schritt wünschenswert, und zwar einer, der es den Mitwirkenden erlaubt, ausführlicher über das Gesagte nachzudenken, es zusammenzubringen und es in ein vereinigtes Ganzes überzuführen. Dabei benutzen die Teilnehmer das Verfahren des absichtlichen Gesprächs, um gemeinsam zu reflektieren und einen Satz (oder wenige Sätze) auszuformulieren, der ein wesentliches Verständnis ausdrückt. Sie äußern Vorschläge für einen solchen Satz, verknüpfen sie mit anderen und fusionieren sie allmählich zu einer einzigen Formulierung.

Eine Schlussrunde des „Was nehme ich mit?" kann die Aktivität beenden.

Gruppengedicht

Wenn wir auf dichterische Art schreiben, formulieren wir unsere Gedanken in Versen, wir vernehmen die Worte auf eine besondere Art. Wir schauen nicht „durch" die Wörter hindurch auf die Ideen, wie wir es gewöhnlich tun, wenn wir einen normalen Text schreiben, sondern beachten die Wörter selbst, ihren Rhythmus, ihre Klänge und Bedeutungsschattierungen. Wir nehmen daher eine besondere, gefühlstiefe Hörhaltung an, die für eine Kontemplation genutzt werden kann.

In dieser Übung erhält jeder Teilnehmer die Kopie eines kurzen, verdichteten philosophischen Textes. Wie in der vorherigen Übung wird der Text zunächst laut vorgelesen und die Kameraden sinnen kurz über ihre oberflächliche Bedeutung nach, möglicherweise Absatz für Absatz, und machen in wertvollem Sprechen Bemerkungen über ihren einfachen Sinn.

Sobald die Grundidee des Textes verstanden worden ist, wird er sehr langsam laut vorgelesen, womöglich mehrmals. Dann schreibt jeder Teilnehmer ein zwei Verse umfassendes Stück Gedicht (zwei Zeilen eines Gedichts), das seine persönliche innere Antwort auf diesen Text ausdrückt.

Die Doppelverse aller Teilnehmer werden danach auf einem Blatt Papier miteinander kombiniert, einer unter dem anderen, sodass sie sich zu einem Gruppengedicht summieren. (Wenn die Gruppe zu groß ist, kann sie in zwei kleinere Teams aufgeteilt werden, die jedes ihr eigenes Gedicht verfasst.) Da die Verse nicht gut übereinstimmen dürften, verwendet die Gruppe danach etwas Zeit darauf, sie neu zu ordnen und ihre Zeiten und Fürwörter anzupassen. Hin und wieder liest die Gruppe das ganze Gedicht und hört darauf, wie es fließt.

Bei einer anderen Spielart dieser Übung schreibt jeder Mitwirkende sein eigenes individuelles Gedicht. Der philosophische Text wird zunächst in vier oder fünf Teile aufgeteilt. Der erste Teil wird langsam gelesen und jeder Teilnehmer verbindet sich mit ihm, indem er den ersten Vers seines Gedichts aufschreibt. Nach ein paar Minuten wird der zweite Teil des Textes gelesen und die Kameraden schreiben die zweite Zeile in ihr jeweiliges Gedicht. Es folgen ein dritter und vierter Satz, bis jeder Teilnehmer ein Gedicht aus vier oder fünf Versen hat. Danach verwenden sie einige Minuten darauf, ihr Gedicht zu glätten und zu ordnen. Wenn jeder fertig ist, teilen sie ihre Gedichte untereinander und sinnen über sie im Miteinander nach.

Beide Varianten dieser Übung bringen schöne Gedichte hervor, die tiefe Verständnisse ausdrücken, welche sogar die Autoren selbst überraschen. Offenbar ist der Schreibprozess nicht nur ein Weg, Ideen festzuhalten, sondern auch, sie zu kreieren.

Ideen zeichnen

Um unsere persönlichen Verständnisse zum Ausdruck zu bringen, müssen wir nicht unbedingt sprechen. Das Zeichnen ermöglicht es uns manchmal, das zu äußern, was schwer in Worte zu fassen ist oder sich gar vollkommen unserem Bewusstsein entzieht. Dies ist der Grundgedanke der Übung, bei der man Ideen zeichnet.

Wie bei anderen philosophischen Techniken wird nach einer Konzentrationsübung ein kurzer philosophischer Text laut gelesen. Danach wird eine Runde wertvolles Sprechen oder absichtliches Gesprächs eingelegt, um sicherzustellen, dass jeder die oberflächliche Bedeutung des Textes verstanden hat.

Der Text wird nun langsam gelesen, während die Teilnehmer in sich gekehrt ruhig zuhören. Der Moderator bittet die Mitwirkenden, auf einem Blatt Papier das zu zeichnen, was ihnen der Text persönlich gesagt hat. Zur Vermeidung des verbalen Denkens müssen sie folgende Anweisungen befolgen: Erstens kein Objekt zeichnen, das identifizierbar ist (eine Blume, ein Gesicht, einen Stern usw.). Zweitens kein Symbol zeichnen, das eine besondere Idee symbolisiert (zum Beispiel ein rotes Herz, das für Liebe steht). Drittens nichts auf ihre Zeichnung schreiben. Kurz gefasst: Die Teilnehmer müssen eine abstrakte expressionistische Zeichnung anfertigen.

Sind die Zeichnungen fertiggestellt, werden alle auf einen Tisch in der Mitte gelegt. Ein anderes weißes Blatt wird neben jede Zeichnung gelegt. Die Teilnehmer gehen in frei gewähltem Tempo um den Tisch und betrachten schweigend die Zeichnungen. Auf jedes weiße Blatt schreiben sie einen Titel, den sie für die danebenliegende Zeichnung vorschlagen (zum Beispiel „Dunkle Wolken, die näherkommen" oder „Ich gehe in mich selbst hinein"). Wenn alle fertig sind, sammelt jeder Mitwirkende beide Blätter ein und schaut auf das Verzeichnis der Titel, die die Anderen seiner Zeichnung gegeben haben. Diese Liste dient der Rückkopplung, die die Aufmerksamkeit der Teilnehmer darauf lenkt, was sie bei der Anfertigung der Zeichnung vielleicht nicht bemerkt haben.

Schließlich setzen sich die Teilnehmer im Kreis und zeigen der Gruppe ihre Zeichnungen und auch das Feedback, das sie erhalten haben.

Wanderung in einer philosophischen Landschaft

Eine Wanderung in einer Ideenlandschaft bedeutet die Erkundung einer philosophischen Theorie von innen, indem wir selbst in sie eintauchen. Wir analysieren oder beurteilen den Text nicht aus dem Blickwinkel eines äußeren Beobachters, wie wir es oft in akademischen Diskussionen tun, und wir pflichten ihr weder bei noch nicht bei. Wir setzen uns selbst in die Wirklichkeit hinein, die der Text abbildet, und wir schauen darauf, wie die Realität aus der Perspektive desjenigen aussieht, der in ihr lebt.

Wie wir an früherer Stelle des Buches erkannt haben, kann eine philosophische Theorie als Ideennetzwerk angesehen werden — ein Geflecht von Vorstellungen, Unterscheidungen, Annahmen usw. Sinngemäß besteht eine Landschaft daher aus besonderen Orientierungspunkten, die auf bestimmte Arten und Weisen miteinander einen Zusammenhang bilden — Hügel, Flüsse, Seen,

Hochebenen usw. In dieser begrifflichen Landschaft zu „wandern"
heißt die verschiedenen Wahrzeichen erforschen, als ob sie unsere
eigene Wirklichkeit wären, und sehen, was sie für uns bedeuten, wenn
wir uns vorstellen, in dieser Welt zu sein.

In einer einfachen Version dieser Übung lesen die Teilnehmer zuerst
gemeinsam einen Text, um sicherzustellen, dass jeder seine
oberflächliche Bedeutung begreift. Anschließend schlagen sie auf dem
Wege des wertvollen Sprechens Begriffe vor, die sie als wesentlich für
den Text betrachten. Dadurch wird ein kleiner Vorrat an grundlegenden
Begriffen geschaffen, die dann auf ein Blatt Papier in der Mitte
geschrieben werden, ausgebreitet wie eine Ideenlandschaft. Schließlich
werden die Teilnehmer aufgefordert, sich selbst in dieser Wirklichkeit
vorzustellen, sich eine persönliche Begegnung mit einigen dieser
Begriffe auszumalen und das sich daraus ergebende Verständnis in
wertvollem Sprechen vorzutragen.

In einer etwas aufwendigeren Übung werden die Teilnehmer
gebeten, an ein kürzliches Erlebnis zu denken, das mit den fraglichen
Begriffen verbunden ist. Sie beschreiben danach der Gruppe dieses
Erlebnis in der Methode des absichtlichen Gesprächs. Andere können
reagieren oder Fragen über das Erlebnis stellen.

Philosophisch gelenkte Aufklärung

Gelenkte Aufklärung kann benutzt werden, um ein breites Spektrum
persönlicher Reaktionen auf Texte und Ideen hervorzurufen. Wie in
den vorangegangenen Übungen beginnen die Teilnehmer mit der
Lektüre eines kurzen philosophischen Textes und stellen sicher, dass
alle seine oberflächliche Bedeutung verstehen. Als Nächstes fordert der
Moderator sie auf, ihre Augen zu schließen und sich selbst in der im
Text beschriebenen Welt vorzustellen. Die Kameraden erkunden dann
in ihrer Vorstellungskraft die Landschaft, die sie betreten haben.

Offensichtlich ist hierfür ein malerischer Text besonders nützlich. So
kann die Gruppe etwa angewiesen werden, sich vorzustellen, wie sie
alle in Platons Höhle sitzen und die Schatten an der Wand beobachten.
Sie werden danach instruiert, sich vorzustellen, aufzustehen, ihrem
üblichen Alltag den Rücken zu kehren, durch den Ausgang
hinauszuschreiten und sich dann die neue Welt anzuschauen, die sie
draußen entdecken.

Es gibt verschiedene Stile von gelenkter Aufklärung, einige sind
straffer gelenkt, während andere offener und freier sind. Beispielsweise

kann in einer gelenkten Aufklärung bei Platons Höhle der Moderator Schritt für Schritt spezifische Anweisungen geben, wie die Höhle zu verlassen und die Welt draußen zu betrachten ist. Als Alternative dazu kann der Moderator am Anfang nur allgemeine Vorgaben geben und dann die Teilnehmer mit ihrer eigenen Geschwindigkeit die Höhle verlassen und sie erkunden lassen, was immer sie möchten.

Zum Abschluss der Übung tauschen sich die Teilnehmer untereinander darüber aus, was sie sich vorgestellt haben, und die neuen Einsichten, die sie mitnehmen.

Sitzungsschluss

Das Ende der Sitzung ist ein wichtiger Teil derselben. Sie ist eine Gelegenheit, darüber nachzudenken, was geschehen ist. Normalerweise lädt der Moderator die Teilnehmer dazu ein, persönlich über das zu reflektieren, was das Treffen sie gelehrt hat, insbesondere über sich selbst und die Wege, über sich hinauszugehen.

Zwei Arten von Methoden des Abschließens sollten voneinander unterschieden werden. Eine davon wird im Geiste der Besinnung ausgeführt und ist als solche ein integraler Bestandteil der Sitzung. Die andere Art ist das freie Gespräch und kommt deshalb erst zur Anwendung, nachdem die Besinnungssitzung geendet hat. Beide Abschlüsse sind wichtig und können als sich untereinander ergänzend betrachtet werden.

Beim besinnlichen Abschluss werden den Kameraden ein paar Augenblicke der Reflexion über die gesamte Sitzung gewährt, besonders über die Erfahrungen und Einsichten, die sie während des Treffens gewonnen haben. Dann werden sie aufgefordert, das zu teilen, was sie mitnehmen, wobei eine Besinnungsmethode benutzt wird wie wertvolles Sprechen oder absichtliches Gesprächs.

Demgegenüber sprechen bei einem unterhaltenden Abschluss die Kameraden frei.

Persönliche Variationen unter Kameraden

Werden philosophisch-kontemplative Übungen individuell oder im Rahmen einer Vier-Augen-Beratung durchgeführt, können die ausgewählten Texte und Methoden auf die spezifische Ausrichtung der Einzelpersonen zugeschnitten werden. Je nach dem individuellen persönlichen Umkreis und der wahrnehmbaren Sprache seiner inneren Tiefe können geeignete Texte und Methoden gewählt werden, die einen

Bezug zu seinem Umkreis, seinen Sehnsüchten, übergreifenden
Unzufriedenheiten und wertvollen Momenten haben.

In einer Kameradschaft ist es allerdings schwierig, den spezifischen
Umkreis und die innere Tiefe eines jeden Teilnehmers zu behandeln.
Die philosophische Kontemplation in Gruppen bearbeitet
hauptsächlich allgemeine Lebenfragen und Texte, die für die ganze
Gruppe ausgewählt wurden. Eine philosophisch-kontemplative Übung
über einen Text von Platon zum Beispiel hat nicht unbedingt einen
direkten Bezug zu Sarahs Sehnsucht, ihr Gefühl der Leere gegenüber
einem Gefühl der Fülle zu überwinden, oder zu Davids Verlangen,
seine Isolation gegenüber einem Gefühl der Gemeinsamkeit mit der
Welt zu meistern.

Doch auch so sind philosophisch-kontemplative Übungen für die
meisten Teilnehmer hilfreich, weil sie jedem genügend Freiheit geben,
sich mit den Ideen und Erfahrungen zu verbinden, die persönlich von
Belang sind. Philosophische Texte behandeln grundlegende
Lebensfragen, und eine Lebensfrage wirft durch ihr bloßes Wesen ein
Licht auf viele Aspekte des Lebens. Wenn Kameraden gebeten werden,
ein persönliches Erlebnis auszuwählen oder sich auf einen Satz zu
konzentrieren, der zu ihnen spricht, wählen sie natürlich das, was sie
persönlich berührt. Dies ist besonders der Fall mit Teilnehmern, die
schon mit ihrem Umkreis und mit ein paar Aspekten der Landschaft
außerhalb vertraut sind.

Für den Moderator ist es daher wichtig, die Übungen auf eine Weise
aufzubauen, die den Teilnehmern die persönliche Freiheit gibt, zu
entscheiden, auf welche Worte, Ideen oder Erfahrungen sie ihr
Augenmerk richten wollen. So ist es besser, die Kameraden
anzuweisen, für die Kontemplation einen Satz auszuwählen, der ihre
Aufmerksamkeit erregt, als alle zu bitten, über denselben Satz
nachzusinnen.

Fallstudie: eine philosophische Kameradschaft

*Linda richtet eine Wochenendklausur für eine neue philosophische
Kameradschaft aus. Die elf Kameraden treffen sich am Freitagnachmittag in
einem ruhigen Landhaus, wo sie bis zum Sonntagabend ihre Zeit mit
philosophischer Kontemplation verbringen wollen.*

*Am Freitagnachmittag versammeln sie sich und stellen sich kurz gegenseitig
vor. Für die erste Sitzung am Freitagabend hat Linda als Thema die Quellen
des Selbst gewählt. „Nicht alles, was wir sagen, fühlen oder denken, kommt aus*

demselben Ort in uns", erklärt Linda der Gruppe ihre Wahl. „Zum Beispiel rühren viele unserer Gedanken von einer oberflächlichen, automatischen Denkstufe her — sie kommen und gehen ohne Reflexion. Aber sonst kann ein neues Verständnis etwas tief in uns aufwirbeln. Ergibt das für Sie einen Sinn?"

„Sicher", sagt Melanie. „Mitunter beeindruckt mich ein Satz, den ich in einem Buch lese, und ich spüre, dass er mir etwas Wichtiges sagt. Ich muss aufhören zu lesen und nachdenken. "

Jonathan nickt. „Oder mich trifft ein Satz in einem Song, ich bin mir nicht einmal sicher, wieso. Ich fühle, dass tief in ihm etwas ist, wissen Sie, was ich meine? Der Rest des Songs mag nur durchschnittlich sein, aber dieser besondere Satz berührt etwas tief in mir. "

Ein paar andere teilen ähnliche Erfahrungen.

„Schön", pflichtet Linda bei. „Selbstverständlich ist ‚tief' eine Metapher. Wir hoffen, dieses Wochenende Erfahrungen und Verständnisse zu haben, die als ‚tief' beschrieben werden könnten, also fangen wir besser an, über den Sinn dieser Metapher nachzudenken. "

Ein Teilnehmerpärchen möchte seine Meinungen vortragen, doch Linda hält sie behutsam davon ab. „Beginnen wir unsere Erkundung nicht mit Meinungen. Meinungen lassen sich zu leicht ausdenken und aussprechen. Was können uns Meinungen letzten Endes über eine Angelegenheit jenseits von Meinungen sagen? Lassen Sie uns über die Sache nachsinnen!"

Linda verteilt nun einen kurzen Text des US-amerikanischen Philosophen Ralph Waldo Emerson aus dem 19. Jahrhundert. „Emerson spricht in seinem poetischen Stück über etwas, was er ‚die Über-Seele' [englisch: ‚the over-soul'] nennt — die höhere Quelle unserer Eingebung und Schöpferkraft, die nahe an das heranreicht, was wir ‚Tiefe' nennen. Doch wir brauchen nicht mit ihm übereinzustimmen — egal. Für uns ist dieser Text keine Theorie, die richtig oder nicht richtig ist, sondern ein Ausgangspunkt für eine Besinnung, die unsere Gedanken auslösen kann. Er ist wie ein musikalischer Satz, der uns inspirieren kann, unsere eigene Musik von Ideen zu komponieren. "

Der Rest der Sitzung besteht aus zwei Phasen. Die erste Phase widmet sich einer ersten Untersuchung von drei kurzen Absätzen, die Linda ausgewählt hat, obgleich nicht auf objektive, unparteiische Weise, sondern auf eine persönliche besinnliche Art. Nach einer kurzen Konzentrationsübung öffnen die Kameraden die Augen und schauen auf den Text in ihren Händen. Sie lesen zusammen den ersten Satz — jeder Kamerad liest ihn langsam laut vor, einer nach dem anderen gemäß ihrer Sitzordnung, ihn immer wieder lesend. Haben alle den ersten Satz gelesen, fahren sie mit dem zweiten Satz fort und danach mit dem dritten. Die vielen Wiederholungen derselben Worte verleihen den Teilnehmern ein

seltsames Gefühl von Desorientierung. Sie denken nicht mehr auf ihre vertraute
automatische Art. Während die Worte wiederholt werden, beginnen Bilder und
Gedanken in ihrem Verstand hochzusteigen.

„Der Mensch ist ein Strom, dessen Quelle verborgen ist. Unser Sein
versinkt in uns von dem, was wir wissen, nicht vom Wo. Der genaueste
Rechner kann nicht vorhersagen, dass etwas Unberechenbares im
nächsten Augenblick geschehen wird. Ich bin in jedem Moment
gezwungen, einen höheren Ursprung der Ereignisse anzuerkennen als
den Willen, den ich ‚das Meine' nenne ...“[54]

Linda gibt der Gruppe zu verstehen, dass sie mit dem Lesen aufhören soll.
Es ist Zeit, sich zu besinnen, was sie bis jetzt gelesen haben. Unter Verwendung
des wertvollen Sprechens sagen alle in einem Satz, was sie in diesem Absatz
wesentlich oder bezeichnend finden.

„Ich gehöre nicht voll mir selbst", sagt Larry, „und meine Gedanken und
Taten gehören mir nicht voll."

Nach kurzem Schweigen trägt Tammy vor: „Ich bin nicht vollständig eins
— ein Teil von mir kommt von mir selbst, ein Teil von mir kommt von
anderswo."

Es folgt eine weitere Stille. Diesmal wird sie von Sally unterbrochen, die
Emersons Satz paraphrasiert. „Ich bin ein Strom, dessen Quelle verborgen ist."

„Ich kenne mich selbst nicht vollauf", sagt Becca nach einem langen
Schweigen, „weil ich nicht ganz weiß, was mich in fünf Minuten berühren
wird."

Nachdem alle Teilnehmer gesprochen haben, fordert Linda zu Antworten
auf, die das, was jeder gesagt hat, zu einem einigenden Thema integrieren.
„Versuchen Sie jetzt nicht, für sich selbst zu sprechen, sondern für die ganze
Gruppe. Bemühen Sie sich, den vielen Sätzen, die wir gerade gehört haben,
Stimme zu verleihen."

„Ich bin mehr als mein vertrautes Selbst", sagt Tammy.

„Ich bin viel mehr als mein vertrautes Selbst", wiederholt Larry.

Drei weitere ähnliche Sätze werden geäußert, und es ist klar, dass die Gruppe
in einem gemeinsamen zentralen Thema in den ersten Abschnitten
übereinstimmt. Insgesamt hat das Nachsinnen über den ersten Absatz etwas
mehr als zehn Minuten in Anspruch genommen. Linda fordert sie jetzt auf, sich

---

54. „The Over-soul", in: William Gilman (Hg.), *Selected Writings of Ralph Waldo Emerson*,
    S. 281, New American Library, New York 1965.

dem zweiten Absatz zuzuwenden. Erneut lesen die Teilnehmer den Absatz Satz für Satz, wiederholen jeden Satz mehrmals und sprechen dann ihr Verständnis in wertvollem Sprechen aus.

Am Ende der etwa vierzig Minuten, nachdem sie mit den drei Absätzen fertig sind, wechselt Linda zu einer persönlicheren Übung.

„Nun, da wir ein persönliches Verständnis von jedem Absatz haben, schauen wir auf den Text als Ganzes — aber auf eine privatere Art. Was hören Sie persönlich, was der Text Ihnen sagt? Was zu sehen oder zu tun ruft er Sie auf? Ich frage Sie nicht danach, was er Ihnen über Menschen ganz allgemein sagt, sondern was er Ihnen sagt. Nehmen Sie sich ein paar Minuten, um darüber zu reflektieren. "

Sie wartet einige Augenblicke, dann fügt sie hinzu: „Aber denken wir nicht abstrakt über ihn nach. Bitte lesen Sie den Text still Ihnen selbst vor, ganz langsam immer und immer wieder und lassen Sie die Antwort in Ihnen emporsteigen. Schreiben Sie ein Wort oder eine Wendung auf, das oder die Sie berührt, Ihre Aufmerksamkeit gewinnt, ‚Sie ruft'. Lauschen Sie ruhig, was der Ausdruck Ihnen sagt — und schreiben Sie ihn für sich auf. Dann teilen Sie mit uns all das, bei dem zu teilen Sie sich wohlfühlen. "

Als jeder seine Notizen beendet hat, legen die Kameraden ihr Schreibgerät nieder und beginnen eine Runde des Austauschs. Diesmal ist die Methode nicht die des wertvollen Sprechens, weil Linda möchte, dass die Teilnehmer etwas freier und ausführlicher sprechen. Sie schlägt deshalb die Methode des absichtlichen Gesprächs vor. Wie zuvor erwähnt, liegt hier der Schwerpunkt nicht auf dem, was man zu sagen hat, sondern auf einer besonderen Art des Zuhörens: Man schiebt seine Gedanken und Meinungen beiseite und öffnet eine „Lichtung" — einen inneren Raum des Schweigens und Lauschens. Wenn Andere sprechen, legt man ihre Worte in seine Lichtung.

Linda bittet die Kameraden, mit der Erklärung zu beginnen, welcher Satz oder welche Wendung im Text sie berührt hat.

„Ich bin von den Worten ‚unser Sein versinkt in uns' erfasst worden", beginnt Rick. „Sie haben mir gezeigt, dass ich mich an mein ‚höheres' Sein erinnern und zulassen sollte, dass es in mich versinkt. Ich bin hier auf der Erde, immer beschäftigt, immer tausend Dinge machend, und der Satz sagt mir: Halt, Rick, Halt! Mach ab und zu eine Pause und sei einfach still. "

Aus Zeitmangel beschließt Linda, die Anderen nicht einzuladen, Rick Fragen nach seinem Einblick zu stellen. Anne beschreibt danach ihre eigene Einsicht und ein paar Andere folgen ihr etwa zehn Minuten lang.

„Danke für das Teilen", sagt Linda. „Bevor wir weitermachen, gehen wir zurück zum Text, sodass wir mit ihm verbunden bleiben. Er ist die zentrale Achse unserer Sitzung heute Abend."

Die Gruppe wendet sich wieder Emerson zu. Im Geiste der Kontemplation, der sich eine Zeitlang im Raum entwickelt hat, lesen sie ihn langsam und wiederholt, sodass die Gesamtwirkung ein Skandieren ist.

„Und jetzt", meint Linda, „sind wir bereit für unsere letzte Übung. Lassen Sie uns versuchen, uns mit den Emerson'schen Einsichten über tatsächliche Erfahrungen, die wir erlebt haben, zu verbinden. Nehmen Sie sich ein paar Augenblicke Zeit und denken Sie über ein spezielles Erlebnis nach, das Sie kürzlich hatten und Ihrem Verständnis von Emersons Worten ähnelt."

Linda lässt die Kameraden ein paar Momente still reflektieren. „Hat jeder eine Emerson'sche Erfahrung gefunden? Gut. Schreiben wir sie nun auf und tauschen wir uns untereinander darüber aus. Allerdings brauchen wir nichts über die Einzelheiten Ihres Erlebnisses zu erfahren — wie genau es sich zutrug, wo und wann. Wir wollen nur die Kernaussage hören. Also drücken Sie bitte Ihre Über-Seelen-Erfahrung auf eine dichterische Art aus. Mit anderen Worten: Bitte schreiben Sie zwei poetische Verse, die Ihrem Erlebnis Stimme verleihen."

„Augenblick mal, Linda", unterbricht Debbie. „Meinen Sie eine dichterische Beschreibung des Gefühls, das ich gehabt habe?"

Linda schüttelt lächelnd den Kopf. „Keine Anweisungen mehr! Sie sind frei, irgendwelche zwei Verse zu schreiben, die Ihnen in den Sinn kommen und Ihr Erlebnis zum Ausdruck bringen."

Als das Niederschreiben nach ein paar Minuten endet, übertragen die Kameraden ihre Verse auf ein großes Blatt Papier, einen unter den anderen, sodass sie sich zu einem langen Gedicht summieren. Ein Freiwilliger liest das Gedicht laut und danach ein zweiter Freiwilliger und ein dritter.

Ich war eingepackt in Decken von Schüchternheit und Hemmungen,
aber dann kam ein belebender Geist und blies sie weg.

Ein einziges Wort ist manchmal genug,
einen Fluss unbekannter Energien auszulösen.

Ich hatte keine Worte zum Aussprechen, mein Verstand war müde und blank.
Jedoch verlangte etwas in mir zu sprechen, und ich ließ es zu.

Ich weiß, es ist ich, und ich weiß, es ist nicht ich,
so klein, wie ich bin, und so groß wie die Welt.

(Und so weiter …)

Das entstehende Gedicht ist noch nicht fertig. Einige Berichtigungen sind
erforderlich, damit es zusammenhängend fließt, und die Gruppe arbeitet eine
Weile daran. Das endgültige Gruppengedicht wird langsam vorgelesen,
während die Teilnehmer schweigend zuhören.

„Zum Abschluss unserer heutigen Kontemplation", sagt Linda, „nehmen
wir uns ein paar Augenblicke Zeit, um uns durch den Kopf gehen zu lassen, was
uns in dieser Sitzung widerfahren ist. Fragen Sie sich selbst: Was haben die
Ideen, denen wir begegnet sind, mir zu sehen oder zu verstehen geholfen?"

Sarah spricht als Erste. „Emerson hat mich überlegen lassen, ob ich nicht zu
selbstbeherrscht bin. Sollte ich nicht stiller sein und empfänglicher dafür, was das
Leben mir sagt?"

„Was mich beeindruckt hat", sagt Rick, „waren nicht so sehr die Ideen
selbst, sondern das Gefühl, ihnen in tiefer Stille zu lauschen. Es war wunderlich,
sie in meinen Verstand fließen und dann wieder hinausfließen und verschwinden
zu hören. Das hat mich begreifen lassen, dass meine Ideen nicht immer unter
meiner Kontrolle sind. Ich weiß nicht, ob ich an Emersons Über-Seele glaube,
aber ich habe definitiv eine Ideenquelle. Das ist etwas Neues für mich."

„Ich hatte eine ähnliche Erfahrung", erwidert Debbie. „Ich spürte, dass ich
etwas in mir sprechen ließ, besonders in den Runden des wertvollen Sprechens
am Anfang. Ich sollte versuchen, diesem ‚Etwas' mehr Raum zu geben."

„Deine Über-Seele", murmelt Michael.

„Ich will ihm keinen Titel verleihen. Über-Seele, mein verborgenes Selbst,
die innere Tiefe — der Name tut nichts zur Sache. Es geht darum, dass irgendein
Teil von mir, der gewöhnlich ruhig ist, zu sprechen angefangen hat."

Auch Andere hatten ähnliche Erfahrungen.

„Es scheint also", fasst Linda zusammen, „dass wir in dieser Sitzung etwas
in uns Stimme verliehen haben, dem wir gewöhnlich keine Aufmerksamkeit
schenken. Wenn wir ihm eine Stimme geben, erwecken wir es, pflegen wir es.
Die Pflege unserer inneren Dimension oder inneren Tiefe ist ein langer Prozess.
Aber in dieser Klausur werden wir beginnen, daran zu arbeiten."

Lindas Kameradschaftssitzung verdeutlicht, wie
Besinnungsübungen Kameraden helfen können, eine schlafende

Dimension in ihnen zu aktivieren. Dies ist tatsächlich ein wichtiger Schritt beim Vorgang des Heraustretens aus unserer platonischen Höhle. Wie wir gesehen haben, ist unsere platonische Höhle unser „Umkreis" — unsere starre, automatische Vorstellung vom Leben, die wir durch unsere normalen Denkmuster, Gefühle und Handlungsweisen ausdrücken. Philosophische Selbstbesinnung und Kontemplation können uns helfen, sie zu erkennen, aus ihnen herauszutreten und eine breiter angelegte Einstellung zu uns und unserer Welt zu entwickeln, eine Einstellung, die mehr von uns selbst einbezieht, vor allem die innere Dimension unseres Seins.

Aufrechterhaltung der besinnlichen Einstellung den ganzen Tag lang
Die oben vorgestellten Übungen sind fraglos erst der Beginn eines längeren Prozesses. Es ist nicht einfach, eine besinnliche Einstellung den ganzen Tag lang aufrechtzuerhalten und unser automatisches Selbst beiseitezuschieben. Unsere täglichen Besorgungen, Belastungen und Gespräche lenken ständig unsere Aufmerksamkeit ab und zerren uns zurück zu unseren üblichen perimetrischen Einstellungen. Sogar nach einer eindrucksvollen Besinnungsübung neigen wir dazu, alles davon zu vergessen und uns rasch in unseren täglichen Angelegenheiten zu verlieren. Es ist daher wichtig, auf kontemplativ-philosophischen Übungen zu beharren, um eine sinnvolle Selbsttransformation zu erlangen.
Hier sind mehrere Empfehlungen, wie sie zu bewerkstelligen sind:
- Beginnen Sie den Tag mit einer etwa zehnminütigen (oder längeren) besinnlichen Lesung.
- Versuchen Sie den Rest des Tages, in Ihrem Verstand einen ausgewählten Satz aus dem von Ihnen gelesenen Text zu behalten sowie die Verständnisse, die in ihnen hochkamen, während sie über ihn nachsannen. Analysieren sie diese nicht, aber behalten Sie sie einfach im Kopf. Lassen Sie sie sprechen, wenn sie zu sprechen „wünschen", und folgen Sie ihnen, wohin Sie sie auch mitnehmen. Es ist möglich, dass am Ende des Tages diese Verständnisse Sie weit weg von dort führen werden, wo Sie am Morgen begonnen haben.
- Wenn Sie wie die meisten normalen Menschen sind, werden Sie bestimmt Ihre besinnliche Einstellung oftmals am Tag über längere Zeiträume verlieren. Dies ist normal und kein Grund zur Verzweiflung. Aber es wird empfohlen, dass Sie regelmäßig eine kurze *Wiedererinnerungsübung* durchführen, um Sie zurück in den

Kontemplationsmodus zu bringen. Eine solche Übung besteht aus der Ausführung einer kleinen vorab gewählten Gebärde, die als Gedächtnisstütze dient. Wenn Sie zum Beispiel Ihre morgendliche Besinnung abrufen und merken, dass Sie sie verloren haben, berühren Sie sanft Ihre Stirn oder Ihre Brust und sammeln Sie sich erneut in Ihrem Inneren.

- Eine weitere Wiedererinnerungsübung ist die Vergegenwärtigung, anders ausgedrückt, das Etwas-in-Ihrem-Bewusstsein-anwesend-Machen. Versuchen Sie mehrmals am Tag, dasjenige „anwesend zu machen", was immer Ihnen im Moment geschieht: Ihre körperlichen Bewegungen, Ihre Gedanken, Gefühle, Reaktionen wie auch die Menschen und Dinge um Sie herum. Beurteilen und analysieren Sie nicht während der Vergegenwärtigung und betrachten Sie sich nicht von außerhalb, aus dem Blickwinkel eines externen Beobachters. Lassen Sie einfach das vergegenwärtigte Objekt intensiv in Ihrem Bewusstsein zugegen sein. Sie können diese Vergegenwärtigung - Übung jeweils eine oder zwei Minuten lang durchführen, oder möglicherweise länger, während Sie auf einen Bus warten, essen, zu Fuß gehen oder sich sogar unterhalten. Sie kann dazu dienen, Sie in die besinnliche Einstellung zurückzubringen.

So ein Besinnungsplan, selbst wenn er Ihnen die meiste Zeit am Tag abhandenkommt (was Ihnen wahrscheinlich passieren wird), öffnet Ihnen voraussichtlich neue Verständnisse. Einige von Ihnen werden wohl aus dem Text erwachsen, den Sie am Morgen gelesen haben.

Sie werden bald lernen, dass nicht nur neue Verständnisse, sondern auch die besinnliche Offenheit selbst — die Lichtung — in gewissem Maß wie unerwartete „Geschenke" sind. Sie hängen nicht voll von unseren Anstrengungen ab. Manchmal weigern sie sich zu kommen, egal, wie eifrig wir sie einladen. Zu einem anderen Zeitpunkt durchdringen sie uns quasi von selbst, mühelos, aus keinem ersichtlichen Grund. In diesen besonderen Augenblicken können wir uns selbst als Teil eines Reichs des Lebens und der Wirklichkeit erleben.

Wie schon an früherer Stelle erwähnt, hängen Lichtungen dennoch bis zu einem gewissen Grad von unseren Bemühungen und unserer Aufmerksamkeit ab. Sie sind zum Teil die Frucht von Arbeit und Erfahrung. Durch konsequentes Arbeiten an unserer Kontemplation können wir allmählich lernen, eine beständigere und tiefere besinnliche Einstellung zu entwickeln. Wir können dann herausfinden, wie wir in unseren täglichen Besorgungen stecken, während wir zugleich auch jenseits unseres Umkreises präsent sind.

Teil 11

Polyfone Weisheit
und jenseits von ihr

Wir haben unsere philosophische Reise mit der Beobachtung begonnen, dass vieles in unserem normalen Leben auf enge, starre und automatische Denk-, Gefühls- und Verhaltensmuster beschränkt ist. Diese Einsicht ist von vielen Denkern über die Zeiten hinweg zum Ausdruck gebracht worden. Sie wird auch von unserer Sehnsucht bezeugt, ein erfüllteres und sinnvolleres Leben zu führen. Ich habe diese Grenzen unseren „Umkreis" oder, Platons Bild benutzend, unsere „Höhle" genannt.

Diese Denker, die ich als „Transformationsphilosophen" bezeichnete, haben tiefschürfende Beobachtungen über den Weg gemacht, auf dem wir aus unserem kleinen Leben herausschreiten können. Jeder von ihnen äußerte freilich nur eine bestimmte Art des Verständnisses unseres Umkreises und seines Transzendierens, eine Art, die zu oft zu beschränkt und dogmatisch ist. Wie ich andeutete, müssen wir, wenn wir über die Enge und den Dogmatismus einer spezifischen philosophischen Theorie hinausgehen wollen, feststellen, dass das Leben komplizierter und fassettenreicher ist als jede einzelne Theorie. Die Menschen unterscheiden sich, ihre Umkreise unterscheiden sich und die möglichen Wege zum Überschreiten ihrer Grenzen unterscheiden sich.

Auf der Basis jahrelanger Arbeit mit Einzelpersonen und mit Gruppen schlug ich in diesem Buch einen pluralistischeren Denkansatz vor, der persönliche und philosophische Abweichungen akzeptiert. Statt dem Leben eine Theorie „von der Stange" überzustülpen, sollten wir den vielen Stimmen des Lebens Beachtung schenken. Wir sollten der Art und Weise zuhören, wie das Leben des Einzelnen spricht, dessen ganz eigenen Umkreis herausfinden, seine spezifische Begriffswelt und Sprache und die einzigartige Weise, ihn zu transzendieren. In der ersten Phase unserer Reise untersuchten wir die Landschaft unseres Umkreises. Danach erkundeten wir den zweiten Schritt im philosophischen Prozess, nämlich das Herausschreiten aus dem Umkreis. Beide Phasen gründeten auf der Macht der Ideen oder der Macht des Verständnisses. Philosophische Ideen weisen einen ungeheuren Reichtum und eine Tiefe auf, weshalb sie uns über das Fundament unseres Gefängnisses aufklären können wie auch über mögliche Wege, aus ihm herauszuschreiten. Sie können uns auch dazu beflügeln, diesen Schritt hinaus zu tun.

Das Problem ist, dass unsere Ideen normalerweise begrenzt sind. Wenn man normale Leute beispielsweise über die Natur der Liebe oder der Freiheit befragt, ist da meistens wenig, was sie über grob vereinfachende oder beliebte Schlagwörter hinaus sagen können. Zum Glück birgt die Geschichte der Philosophie viele Schätze der Weisheit. Zahlreiche Denker haben über die Zeiten hinweg grundlegende Lebensfragen erforscht und eine große Vielfalt an tiefsinnigen Texten darüber verfasst. Das Nachdenken über historische philosophische Texte kann deshalb unsere Erkundungsarbeit bereichern und uns helfen, unser persönliches Verständnis unseres Umkreises und dessen, was darüber hinausreicht, zu weiterzuentwickeln.

Philosophische Ideen als Stimmen der Wirklichkeit

Wenn wir lernen, philosophischen Ideen aus der Tiefe unseres Seins zu lauschen — nicht einfach von unseren analytischen Gedanken her, nicht einfach von unseren Meinungen ausgehend —, dann geschieht etwas Erstaunliches. Wir finden uns dann in einer ganz und gar neuen Geistesverfassung wieder, in einer, die nicht an oberflächliche, automatische Denkmuster gekoppelt ist. Dies ist ein Zustand besonderer Offenheit gegenüber dem komplexen Gewebe der menschlichen Wirklichkeit. Wir spüren nicht mehr das Bedürfnis, diesem oder jenem philosophischen Text zuzustimmen oder nicht zuzustimmen, weil diese Texte keine Theorien über die menschliche Realität mehr sind. Sie sind einige der vielen Stimmen, mit denen das Leben in uns spricht, von daher können sie uns berühren, uns anspornen, in uns eine Resonanz finden.

Wir stellen daraufhin fest, dass das Leben auch in philosophischen Schriften spricht — immerhin sind sie von Menschen wie Sie und ich geschrieben worden — und durch sie in uns spricht und unsere eigenen Verständnisse und Einsichten hervorbringt. Das Leben oder allgemeiner die menschliche Wirklichkeit ist nicht mehr ein Spektrum objektiver Tatsachen, die da vor dem festen Blick eines unbeteiligten Beobachters hervorstechen. Das Verständnis der Realität ist nicht länger auf Meinungen oder Theorien über diese oder jene Tatsache beschränkt. Die menschliche Wirklichkeit hallt in uns wider, mehr als dass sie nur ein Schauspiel von Fakten wäre. Sie hat in den Gemütern großer Denker tiefe Verständnisse erweckt, und wenn wir ihre Schriften lesen, erzeugt das jetzt neue Verständnisse auch in uns. Obwohl das Leben durch uns alle mit seinen vielen Stimmen spricht, haben große Denker die Fähigkeit, diese Stimmen auf inspirierende Weise zu artikulieren.

Die Fähigkeit, die Stimmen der menschlichen Wirklichkeit zu hören, hängt von unserem Vermögen ab, aus der Höhle unserer normalen, oberflächlichen und starren Einstellungen herauszutreten, das heißt aus unserem Umkreis. Sobald wir einen Schritt heraus aus unseren perimetrischen Einstellungen getan haben, und sei es nur für wenige Minuten, können wir grundlegende Lebenfragen auf vollkommen neue Art verstehen. Wir können dann die Stimmen des Lebens hören, die sich in uns erheben, und neue Einblicke gewinnen. Dies sind keine persönlichen Meinungen mehr, die wir mit unserer persönlichen Geschicklichkeit hervorbringen. Sie sind Ausdruck des menschlichen Lebens, wie es in uns nachhallt. Wenn wir einen gedankenschweren philosophischen Text lesen, sind seine Worte keine Theorie *über* die Wirklichkeit, sondern ein Verständnis, das *aus* der Realität zu uns kommt. Ihre geheime Macht liegt nicht in ihrer theoretischen Genauigkeit oder in ihrer Kapazität, die Tatsachen mit ihren Aussagen „einzufangen". Keine einzelne Theorie kann das. Ihr Geheimnis liegt in ihrem Vermögen, in uns einen Widerhall zu erzeugen und uns zu inspirieren, dem Leben Sprache zu verleihen.

Aus diesem Blickwinkel sollte eine tiefgründige Philosophie nicht als Theorie angesehen werden — als ein System, das den Anspruch erhebt, ein genaues Bild der Welt zu sein, selbst wenn die Absicht des Autors in diese Richtung ging. Es ist nicht das, warum sie uns nahegeht. Wenn wir möchten, dass uns ein philosophischer Text erhebt, wenn wir möchten, dass er uns über unsere starren perimetrischen Einstellungen hinausführt, dann sollten wir ihn als eine Stimme behandeln, die zu uns spricht und in uns spricht, als eine, die uns aufruft, sich mit ihr zu verbinden und das Leben so auszudrücken, wie es in uns spricht.

Das Leben spricht zu uns in einem vielstimmigen Chor. Wir können ein Bewusstsein für diese Polyfonie entwickeln — oder das, was *polyfones Bewusstsein* genannt werden kann —, wenn wir es schaffen, aus unserem engen Umkreis herauszutreten und den Stimmen der Weisheit aus unserer inneren Dimension, aus unserer inneren Tiefe zuzuhören. In diesem Sinn bedeutet das Nachsinnen über philosophische Ideen das Lauschen der Polyfonie der menschlichen Wirklichkeit, wie sie in uns widerhallt. Und dieses neu polyfone Bewusstsein, das aus unserer inneren Dimension stammt, dient auch dazu, jener inneren Dimension in uns Stimme zu verleihen, sie zu erwecken und sie zu pflegen. Dies ist folglich das Hauptziel unserer philosophischen Reise, beschrieben von vielen Transformationsphilosophen die Zeitläufe hinweg: das Heraustreten aus unserem Umkreis hin zu einer Fülle des Seins, die aus unserer inneren Tiefe heraus wahrgenommen werden kann.

Zweifelsohne meint das Heraustreten aus unserem Umkreis in diesem Sinne nicht, unsere sämtlichen Verhaltens- oder Gefühlsmuster loszuwerden. Als Menschen aus Fleisch und Blut mit unserer biologischen und psychologischen Ausstattung können wir keine Engel werden. Ein Baum kann nicht seine biologischen Strukturen abwerfen, die ihn zum Baum machen; vielmehr *braucht* er diese Strukturen.

Dennoch können wir damit aufhören, uns auf diese Strukturen zu beschränken, und zu mehr als diese werden. Unser Umkreis ist ein Teil von uns, aber er ist nicht alles, was uns eigen ist. Im Analogieschluss ist unser Skelett ein wesentlicher Teil von uns, aber wir sind mehr als unser Skelett. Ebenso können wir nicht und sollen wir nicht in unserem Körper die Schmerzmechanismen, die Hungermechanismen oder die Furchtmechanismen beseitigen, doch wir brauchen nicht in ihnen gefangen zu sein und von ihnen kontrolliert zu werden. Wir sind mehr als diese Funktionen. Wir können uns unseres Kopfwehs oder unserer Angst bewusst sein, aber nicht in diesen automatischen Gefühlen eingeschlossen bleiben. In diesem Sinne können wir uns über sie erheben.

Es mag unmöglich sein, die ganze Zeit aus unserem Umkreis herauszutreten und offen gegenüber den Stimmen der Weisheit zu sein. Gelegentlich werden wir unser Verhalten und unsere Emotionen wie zuvor von unserem alten Umkreis entführt vorfinden. Doch zeitgleich mit diesem automatischen Umkreis werden wir auch das umfassendere polyfonische Bewusstsein haben, das unsere innere Tiefe mit einbezieht. Unsere alten Verhaltens- und Gefühlsmuster werden nicht verschwinden, obwohl sie höchstwahrscheinlich geschwächt sein werden. Viel von uns — unser Verhalten, unsere Gefühle und Gedanken — werden noch in den alten Grenzen unseres gewohnten Umkreises verbleiben. Trotzdem werden wir nicht mehr völlig in ihnen versunken sein und von ihnen kontrolliert werden. Eine neue Dimension unseres Seins wird nach und nach zum Vorschein und als neues Bewusstsein zum Ausdruck kommen, das nicht auf eine spezifische Theorie oder Einstellung festgelegt ist. Wir werden jetzt ein Bewusstsein haben, das sämtliche Einstellungen überblickt und das die Stimmen der Wirklichkeit als Ganzes wahrnimmt, ohne uns selbst mit irgendeiner bestimmten gleichzusetzen.

Diese neue Offenheit gegenüber den vielen Stimmen der Realität ist eine Form von Weisheit. Sie ist die Fähigkeit, uns über unsere private Theorie zu erheben und Teil eines weiteren Lebenshorizonts zu sein, nicht zu diesem oder jenem Denkansatz zu gehören, sondern zur gesamten Sinfonie der Stimmen, die im Leben sprechen.

Fazit: hin zu einem unkartierten Gebiet

Was ich hier sage, ist zweifellos vage. Man könnte wünschen, mehr über die genaue Natur des polyfonen Bewusstseins zu wissen, über die innere Dimension oder Tiefe und über die Landschaft jenseits des Umkreises.

Jedoch muss unsere Erörterung des philosophisch-kontemplativen Prozesses hier enden (auch wenn der Prozess selbst weitergehen soll), weil wir an diesem Punkt ein unkartiertes Gebiet betreten. Ab diesem Punkt können Anweisungen nur hinderlich sein. Wahres Hinweggehen muss alle Anweisungen und Methoden transzendieren, all das, was vorherbestimmt und verallgemeinert ist, weg von den Straßen, die im Voraus gepflastert worden sind. Nur so kann die Erforschung wahrlich philosophisch, persönlich und offen gegenüber neuen Horizonten werden. Sie kann uns zu unerwarteten Regionen führen und sogar Widersprüchliches beenden, das in vorherigen Phasen der Reise gesagt worden ist, so hilfreich es bis dahin gewesen sein mag. Hier passt

Wittgensteins geflügeltes Wort am besten, dass wir, sobald wir die Leiter erklommen haben, sie wegtreten sollen.[55]

Es gibt eine große Versuchung, Regeln festzulegen und allgemeine Theorien einzuführen. Dies ist anschaulich in der Geschichte der Religionen bezeugt. Sogar in Angelegenheiten göttlicher Realität und mystischer Erfahrungen, die gemeinhin unbeschreibbar und jenseits menschlicher Vorstellungen liegen, hielten Denker über die Zeiten hinweg Lehrgebäude und angebliche „Wahrheiten" aufrecht. Dies ist eine Versuchung, der wir widerstehen sollten. Wir müssen Doktrinen außen vor lassen.

Wir begannen dieses Buch mit den ersten Schritten der philosophischen Reise. In diesen frühen Phasen waren die Streitpunkte noch der Analyse und Verallgemeinerung unterworfen, weil sie Umkreise behandelten. Umkreise sind von ihrer eigenen Natur her strukturiert und in beträchtlichem Ausmaß kann ihre Landschaft kartiert werden. Je weiter wir in Richtung des Prozesses des Heraustretens aus der Höhle und des Erkundens des außerhalb Liegenden fortfuhren, desto weniger gab es etwas auf genaue und allgemeine Weise zu sagen. Zwar empfahl ich sogar in diesen späteren Teilen des Buches verschiedene Vorgaben, Methoden und Übungen. Aber sie sollten als Saat für persönliches Experimentieren, als unverbindliche, zu transzendierende Wegweiser dienen. Und jetzt müssen sogar diese unverbindlichen Wegweiser zurückgelassen werden, da wir einen Pfad ansteuern, der von seinem Wesen her persönlich ist und auf Entdeckung wartet. Wie Nietzsches Zarathustra sagt: „Jetzt gehe ich allein, meine Schüler. Ihr geht jetzt auch allein. Also will ich das. Fürwahr, ich rate euch: Geht von mir weg und widersteht Zarathustra! ... Man zahlt es dem Lehrer schlecht zurück, wenn man immer nichts anderes bleibt als ein Schüler."[56]

---

55. Ludwig   Wittgenstein,   *Tractatus   Logico-Philosophicus   [Logisch-philosophische Abhandlung]*, Abschnitt 6.54, Routledge, New York 1974.

56. Friedrich Nietzsche, *Thus Spoke Zarathustra [Also sprach Zarathustra]*, Teil 1, in: Walter Kaufmann (Hg.), *The Portable Nietzsche*, „The Gift-Giving Virtue", Abschnitt 3, S. 190, Viking Penguin, New York 1982.